Justice restaurative

Collection *Sciences criminelles*
dirigée par Robert Cario

La collection ***Sciences criminelles*** se destine à la publication de travaux consacrés à l'analyse complexe du phénomène criminel. Multidisciplinaire par définition, elle a vocation à promouvoir les réflexions critiques portées par les disciplines impliquées, dont l'angle d'approche spécifique enrichit la connaissance globale du crime, tant en ce qui concerne les protagonistes (infracteur, victime, société) que les stratégies d'intervention sociale (prévention, répression, traitement). En France comme à l'étranger.
Les contributions, émanant de chercheurs, de praticiens de la justice ou du travail social, empruntent la forme d'ouvrages de doctrine, de recherches collectives ou d'actes de rencontres scientifiques.

Deux séries complètent la Collection. Le ***Traité de sciences criminelles***, multi-auteurs, présente sous la forme de manuels les principales disciplines qui composent les sciences criminelles : philosophie criminelle, criminologie, politique criminelle, droit criminel, procédure pénale, criminalistique, médecine légale et victimologie.

Les ***Controverses*** rassemblent de courts essais sur des questions majeures de la connaissance scientifique dans le champ criminologique. En pointant leurs contradictions, (re)découvertes et zones d'ombre, les réflexions participent à une meilleure compréhension de la complexité des conduites humaines.

Derniers ouvrages parus
M. Jaccoud (Dir.), Justice réparatrice et médiation : convergences ou divergences ?
D. Salas (Dir.), Victimes de guerre : en quête de justice
I. Dréan-Rivette, Le principe de personnalisation de la peine dans le code pénal
O. Chevrier, Crime ou folie : l'affaire Joseph Vacher
L. Mortet, La suspension médicale de peine
P. Thys, Criminels de guerre. Etude criminologique
L.M. Villerbu (Dir.), Identification et sérialité
Inavem (Dir.), Humanité et compétence dans l'aide aux victimes
P. Mbanzoulou et al. (Dir.), Les nouvelles figures de la dangerosité
N. Pignoux, La réparation des victimes d'infractions pénales
J. Piednoir, La police à l'épreuve des incivilités
L.M. Villerbu (Dir.), Temps psychique, temps judiciaire

Traité de sciences criminelles
7-1. J.P. Allinne, Gouverner le crime. Histoire des politiques criminelles françaises : 1789-1920
7-2. J.P. Allinne, Gouverner le crime. Histoire des politiques criminelles françaises : 1920-2002

Controverses
Y. Le Pennec, Centre fermés, prisons ouvertes. Luttes sociales et pratiques éducatives spécialisées
R. Cario, La prévention précoce des comportements criminels. Stigmatisation ou bientraitance sociale ?
R. Cario, P. Mbanzoulou (Dir.), La victime est-elle coupable ?
P. Mbanzoulou, N. Tercq, La médiation familiale pénale
P. Mbanzoulou, La violence à l'école : où est passé l'adulte ?
P.V. Tournier, Loi pénitentiaire : contexte et enjeux

Collection Criminologie
P. Tournier (Dir.), La Babel criminologique
S. Abdellaoui (Dir.), Les jeunes et la loi

Robert CARIO

Justice restaurative

Principes et promesses

2ème édition

L'Harmattan

du même auteur

Femmes et criminelles, Erès 1992

Introduction aux sciences criminelles, L'Harmattan (1995), 6ème éd. 2008

Les femmes résistent au crime, L'Harmattan, 1997

Jeunes délinquants. A la recherche de la socialisation perdue, L'Harmattan (1996), 2ème éd. 2000

Victimologie. Volume 1 : De l'effraction du lien intersubjectif à la restauration sociale, L'Harmattan, 3è éd. 2006

Victimologie. Volume 2 : Les textes essentiels, L'Harmattan, 2è. Ed. 2003

L'aîné(e) victime. La fin d'un tabou ?, Ed. L'Harmattan, 2004

La prévention précoce des comportements criminels. Stigmatisation ou bientraitance sociale ?, L'Harmattan, 2004

En (co)direction

La criminalité des femmes, Erès 1989

La Personnalité criminelle, Erès 1991

La peine de mort au seuil du troisième millénaire, Erès 1993

Profession criminologue : spécialisation ou professionnalisation ?, Erès, 1994

La médiation pénale : entre répression et réparation, L'Harmattan, 1997

Les abuseurs sexuels : quel(s) traitement(s) ?, L'Harmattan, 1998

Les politiques publiques interministérielles d'aide aux victimes, 2001

Œuvre de justice et victimes, L'Harmattan, 2001

Victimes : du traumatisme à la réparation, L'Harmattan, 2002

L'aide aux victimes : 20 ans après, L'Harmattan, 2003

La victime est-elle coupable ?, L'Harmattan, 2004

Les droits des victimes d'infraction, PPS, La Documentation française, 2007

Psychocriminologie. Prévention, prise en charge, expertise, Ed. Dunod, 2008

5-7, rue de l'Ecole polytechnique, 75005 Paris

http://www.librairieharmattan.com
diffusion.harmattan@wanadoo.fr
harmattan1@wanadoo.fr

ISBN : 978-2-296-12557-5
EAN : 9782296125575

à Antonio Beristain

et Tony Peters

qui m'ont guidé sur le chemin
de la justice restaurative

PRINCIPALES ABREVIATIONS

A.A.I.	Autorité administrative indépendante
Adde..................	Ajouter
A.I.C...................	Annales internationales de criminologie
A.I.D.P.	Association internationale de droit pénal
A.J.pénal............	Actualité Juridique pénal
Al.	Alinéa
ANJAP	Association nationale des juges de l'application des peines
A.P.A.V.I.M.......	Association pyrénéenne d'aide aux victimes et de médiation
A.P.J...................	Agent de police judiciaire
A.Q.P.V..............	Association québécoise Plaidoyer-Victimes
A.R.C.A..............	Association régionale de criminologie d'Aquitaine
Arch. Phil. Droit.	Archives de philosophie du droit
Arch. Pol. Crim..	Archives de politique criminelle
Art.	Article
A.S.J...................	Annuaire statistique de la justice
Assoc..................	Association
BEX....................	Bureau de l'exécution des peines
B.J.S...................	Bureau of Justice Statistics, US Department of Justice
Bull....................	Bulletin
Bull. crim.	Bulletin des arrêts de la Cour de cassation (Chambre Criminelle)
C.A....................	Cour d'appel
C. Ass................	Cour d'assises
Cass...................	Cour de cassation
C.C.P.D/C.D.P.D.	Conseil communal/Départemental de prévention de la délinquance
C.D.P.C.	Comité européen des problèmes criminels
C.E.	Conseil de l'Europe
C.E.D.H..............	Cour européenne des droits de l'homme
C.E.S.D.H...........	Convention européenne de sauvegarde des droits de l'homme et des libertés fondamentales
C.E.S.D.I.P.	Centre de recherches sociologiques sur le droit et les institutions pénales
Cf	Confer
C.G.F./F.G.C......	Conférence du groupe familial / Family group conferencing
Chap.	Chapitre
Chron.................	Chronique
C.I.V.I.	Commission d'indemnisation des victimes d'infractions
C.I.C.C.	Centre international de criminologie comparée
C.I.D.H..............	Cour interaméricaine des droits de l'homme
C.I.P.	Conseiller d'insertion et de probation
C.J.C.E.	Cour de justice des communautés européennes

C.L.C.J./C.J.	Comité de liaison des associations de contrôle Judiciaire / Citoyens et justice
C.L.S.P.D.	Contrat local de sécurité et de prévention de la délinquance
C.N.A.V..	Conseil National de l'aide aux victimes
C.N.E.F.P.N.	Centre national d'études et de formation de la Police nationale
C.N.E.R.P..........	Centre national d'études et de recherches pénitentiaires
C.N.I.D.F.F.	Centre national d'information et de documentation des femmes et des familles
C.N.I.L.	Commission Nationale de l'Informatique et des libertés
C.N.O.	Centre national d'observation de Fresnes
C.N.P.D.	Conseil national de prévention de la délinquance
C.N.V.	Conseil national des villes
Coll....................	Collection
Comp.	Comparez
Concl.	Conclusion
Contra................	Solution contraire
C.P.....................	Code pénal
C.P.I.	Cour pénale internationale
C.P.P.	Code de procédure pénale
C.P.T.	Comité européen pour la prévention de la torture
C.R.I.V.	Centre de recherche interdisciplinaire de Vaucresson
C.R.P.C.	Comparution sur reconnaissance préalable de culpabilité
C.S.J.R.	Centre de Services de justice réparatrice, Montréal
C.T.N.E.R.H.I. ...	Comité technique national d'études et de recherches sur les handicaps et les inadaptations
D........................	Recueil Dalloz
Déc.	Décret
D.D.A.S.S..........	Direction départementale de l'action sanitaire et sociale
Dir.	Ouvrage publié sous la direction de...
D.I.V.	Délégation interministérielle à la ville
Dr.	Droit
Dr. pén...............	Droit pénal (revue)
Dév. et soc./D.S..	Déviance et société (revue)
Ed.	Editions, éditeur
E.N.A.P.	Ecole Nationale d'Administration pénitentiaire
E.N.M................	Ecole nationale de la magistrature
Eod. loc.	Eodem loco, même référence, même endroit
EPCVM.............	Enquêtes permanentes sur les conditions de vie des ménages / Insee
Gaz.pal.	Gazette du Palais
F.I.P.P................	Fondation internationale pénale et pénitentiaire
HALDE	Haute autorité de lutte contre les discriminations et pour l'égalité

HEUNI...............	Institut européen sur la prévention et le contrôle du crime d'Helsinki
Ibid....................	Ibidem, même référence
I.H.E.S.I./INHES	
INHESJ	Institut des hautes études de la sécurité et de la justice
I.N.A.V.E.M.......	Institut national d'aide aux victimes et de médiation
I.N.E.D.	Institut national d'études démographiques
Infra...................	Ci-dessous
I.N.S.E.E.	Institut national de la statistique et des études économiques
JCP / S.J.	La semaine juridique
J. Cl. Pén.	Jurisclasseur droit pénal
J.A.P..................	Juge de l'application des peines
J.D.J...................	Journal du droit des jeunes
J.L.D..................	Juge des libertés et de la détention
J.O.	Journal officiel
J.O.C.E.	Journal officiel des communautés européennes
J.R.	Justice restaurative
JUDEVI.............	Juge délégué aux victimes
L.	Loi
L.G.D.J..............	Librairie générale de droit et de jurisprudence
LPA	Les petites affiches
Min. Justice	Ministère de la justice
n°	Numéro
N.E.P.................	Nouvelles études pénales
Not.....................	Notamment
O.C.D.E.............	Organisation de coopération et de développement économiques (1960)
O.I.P.	Observatoire international des prisons
O.M.S................	Organisation mondiale de la santé
O.N.G................	Organisation non gouvernementale
O.N.U.	Organisation des Nations unies
Op. cit................	Opere citato, Ouvrage, article... déjà cité
O.P.J.................	Officier de police judiciaire
Ord.	Ordonnance
P., pp.	Page(s)
P.E.P..................	Projet d'exécution des peines
P.J.J.	Protection judiciaire de la jeunesse
P.P.S..................	Problèmes politiques et sociaux
PTSD.................	Post traumatic stress disorder / Etat de stress post-traumatique
P.U.F.	Presses universitaires de France
R.A.A.P.............	Rapport annuel de l'administration pénitentiaire
Rap.	Rapport
R.D.P.C.	Revue de droit pénal et de criminologie
R.D.V.................	Rencontres détenus-victimes

Rev.	Revue
Rev. pénit.	Revue pénitentiaire et de droit pénal
Rev. sc. crim....... (ou R.S.C.)	Revue de science criminelle et de droit pénal comparé
R.F.D.A.	Revue française de droit administratif
R.F.S.	Revue française de sociologie
R.I.C.P.T.	Revue internationale de criminologie et de police technique
R.I.D.P.	Revue internationale de droit pénal
R.I.S.S.	Revue internationale des sciences sociales
R.P.D.S..............	Revue pratique de droit social
R.P.E.	Règles pénitentiaires européennes
R.P.S.	Revue pénale suisse
R.T.D.H.	Revue trimestrielle des droits de l'homme
SARVI...............	Service d'aide au recouvrement des victimes d'infraction
S.I.D.F.	Société internationale de défense sociale
S.I.C.	Société internationale de criminologie
S.M.P.R.	Service médico-psychologique régional
S.P.I.P................	Service pénitentiaire d'insertion et de probation
Suiv., ss.	Suivants(s)
Supra	Ci-dessus
T........................	Tome
T.G.I.	Tribunal de grande instance
T.I.G.	Travail d'intérêt général
T.T.R.	Traitement en temps réel
U.E.	Union européenne
U.M.J.................	Unité médico-judiciaire
Univ...................	Université
V........................	Voir
Vol.....................	Volume
V.O.M	Victim-offender mediation
V.O.R.P.	Victim-offender reconciliation program
Z.U.S.	Zone urbaine sensible

Introduction

« Restorative justice is a journey [...]. To stay on the right road, or to get back on it, we need to deliberate about four things : we need to be evaluated and to take the result seriously ; we need to make ourselves accountable in conscious ways ; we need to encourage open dialogues among the various sectors that are impacted by our work ; and we need to not only articulate our principles but also let our practices be guided by those principles ».

Howard ZEHR [1]

Depuis plus d'une trentaine d'années, la Justice restaurative ou réparatrice (*restorative justice*) connaît un succès remarquable, un peu partout dans le monde, autant auprès des personnes concernées par le crime commis que des acteurs socio-judiciaires chargés d'en gérer les multiples conséquences. Sans doute parce que la Justice restaurative a le souci de tous. Une telle philosophie humaniste, englobante, conduit à dynamiser, dans la complémentarité de leurs apports les plus constructifs, les fonctions traditionnelles de la peine : punition de l'acte, protection de la société, réhabilitation de l'infracteur et réparation des dommages. En ce sens, auteur, victime, proches et membres des communautés concernées sont invités à envisager, ensemble, les répercussions du crime éprouvé et à proposer des modalités de sortie du conflit de nature criminelle acceptables

1. Evaluation and restorative justice principles, *In* E. ELLIOTT, R.M. GORDON (Eds), *New directions in Restorative justice. Issues, practice, evaluation*, Willan publishing, 2005, p. 302.

pour tous. La Justice restaurative participe ainsi à la réalisation, tournée vers l'avenir de la restauration de l'Harmonie, d'un triple objectif : la resocialisation du condamné, la réparation globale de la victime, le rétablissement de la paix sociale. Ce n'est donc pas un hasard si les Institutions internationales [2] ou régionales [3] consacrent désormais des dispositions précises quant à ses conditions de mise en œuvre. Dans le même esprit, le Forum européen de justice restaurative [4] développe des recherches, suscite, accompagne et évalue les programmes en cours. En France même, le Conseil national de l'aide aux victimes (CNAV) s'est interrogé sur les possibilités d'intégration de la Justice restaurative dans le Système de justice pénale actuel [5].

S'agissant seulement de la médiation entre la victime et l'infracteur, mesure certes la plus prisée de Justice restaurative, on dénombre pas moins de 300 programmes aux Etats-Unis et au Canada et environ 700 dans le reste du monde (Nouvelle-

---

2. V. Résolution 2002-12 adoptée le 24 juillet 2002 par le Conseil économique et social des Nations unies sur les *Principes de base concernant le recours à des programmes de justice réparatrice en matière pénale*, www.un.org.fr/ecosoc, confirmée par une Déclaration de l'Assemblée générale des Nations Unies lors de son 11ème Congrès le 22 avril 2005 à Bangkok ; V. également le *Manuel sur les programmes de justice réparatrice* publié par l'Office contre la drogue et le crime, Vienne 2008, multigraph., *In* Série de manuels sur la réforme de la justice pénale, 107 p. ; Résolution n° 2 relative à *la mission sociale du système de justice pénale – justice réparatrice*, 26ème Conférence des ministres européens de la justice, Helsinki, 7-8 avril 2005, *In* Soutien et aide aux victimes, *op. cit.*, pp. 203-205.

3. V. Décision-cadre du 15 mars 2001, « relative au statut des victimes dans le cadre de procédures pénales » ; V. également les nombreuses Recommandations du Conseil de l'Europe qui, pour n'avoir pas la même valeur impérative, n'en constituent pas moins des incitations remarquables à l'adoption d'un modèle plus restauratif de justice pénale. V. sur ces aspects, R. CARIO, *Victimologie. De l'effraction du lien intersubjectif à la restauration sociale*, Ed. L'Harmattan, Coll. Traité de sciences criminelles, Vol. 2-1, 3è éd. 2006, 187 et s., Vol. 2-2, *Victimologie. Les textes officiels*, Ibid., p. 17 s. ; *Soutien et aide aux victimes*, Ed. Conseil de l'Europe, 2è éd. 2006, 266 p.

4. V. euforumrj.org.

5. V. *La Justice restaurative*, Pub. Min. Justice, multigraph., 2007, 61 p. ; criminologie.univ-pau.fr

Zélande, Australie, Angleterre, Allemagne, Pays scandinaves, France, pays d'Europe centrale notamment). Il est cependant encore trop tôt pour affirmer que cette nouvelle philosophie de la justice supplantera les conceptions actuelles de l'œuvre de justice, souvent rapidement qualifiées d'abusivement rétributives, d'excessivement utilitaires ou de naïvement réhabilitatives. Il n'est pas du tout certain que ces trois formes de réponses, apparemment bien distinctes dans les stratégies qu'elles mettent en place pour lutter contre le crime, soient si exclusives l'une de l'autre. C'est bien davantage de reconnaissance réciproque et de complémentarité, pénologique et processuelle, qu'il s'agit. L'histoire, y compris celle de la justice criminelle, est en perpétuel (re)commencement. La (re)émergence de la Justice restaurative et, surtout, la puissance de sa pénétration des systèmes de justice contemporains, en sont une preuve évidente. Le temps semble venu de substituer, enfin, au pessimisme de l'intelligence et de l'observation, l'optimisme de la volonté et de l'action [6], car la force de la Justice restaurative est bien de nature à offrir l'espoir, pour paraphraser Samuel BECKETT, que « le sujet ne meurt avant d'atteindre le verbe ».

Trois principales raisons concourent à l'émergence de ce nouveau modèle de justice. Elles sont d'ordre pénologique ou criminaliste, au travers de la crise de la pénalité moderne ; victimologique au travers de la (re)connaissance de la personne de la victime ; anthropologique au travers de la (re)découverte de pratiques traditionnelles de régulation des conflits d'ordre pénal. Dans un tel contexte, il apparaît difficile d'échapper à la refondation de notre Système de justice pénale, en France comme dans le monde.

Avant d'entrer dans le détail de ces sévères remises en cause, il importe de préciser que la Justice restaurative se doit de s'affranchir de trois sérieux et dangereux travers en résistant aux démons de l'abolitionnisme pénal et/ou criminologique,

6. Attribuée à A. GRAMSCI, cette belle formule est, selon ses écrits mêmes empruntée à R. ROLLAND (« Il faut allier le pessimisme de l'intelligence à l'optimisme de la volonté »)(*In Lettres de prison* (1947), Ed. Gallimard, Coll. Témoins, 1971, p. 220.

aux tentations du populisme victimaire et sécuritaire, comme au non respect des droits humains et des principes fondamentaux de procédure pénale. Mais pour autant et dans le même esprit, il convient de ne pas caricaturer la Justice restaurative en la croyant uniquement préoccupée par les victimes. Eriger les souffrances de la victime comme paradigme de la Justice restaurative constitue une grave erreur. Son ambition est plus prometteuse : réparer tous les préjudices causés par le crime (à la victime certes, mais encore à l'infracteur lui-même et à la communauté), responsabiliser tous les acteurs et promouvoir la restauration sociale (en termes de paix, de justice et de partage).

a) La crise de la pénalité moderne

La crise de l'Etat pénal, du « tout répressif » est patente. Débordé de toutes parts, l'Etat peine à maintenir le jaloux monopole de la répression qu'il s'est constitué au cours des siècles passés. Il n'empêche que des avancées considérables ont été acquises tout au long de cette lente évolution, précipitées depuis le siècle des Lumières et concrétisées par l'avènement récent des droits humains. Il ne saurait être question de les ignorer. Le système de justice pénale contemporain est en effet soucieux de respecter les droits des protagonistes en conflit en assurant la prééminence du droit (principes de légalité, d'égalité, de garantie judiciaire principalement) et la protection des personnes (principes de dignité, de protection de la victime, de présomption d'innocence essentiellement). Le procès pénal apparaît de plus en plus équitable (au travers des principes d'indépendance et d'impartialité des magistrats, de respect des droits de la défense, d'égalité des armes, de professionnalisme) et efficace (principes de proportionnalité et de célérité). Dans le même sens, la prise en compte de la personnalité des protagonistes (infracteur, victime et proches) et de leur environnement respectif, le souci de leurs attentes et la réponse à leurs besoins ont conduit à mettre à leur disposition des programmes d'accompagnement et de suivi (juridique, psychologique et social) dès la commission des faits jusqu'à leur réintégration la plus complète et harmonieuse possible parmi nous.

Néanmoins et très curieusement, la machine pénale tourne aujourd'hui encore à l'aveugle : elle ne définit ni le crime, ni la sanction, ni la victime. Une telle liberté avec l'objet même de sa raison d'être n'est pas spécifique à la France mais frappe la plupart des pays au monde. Elle est lourde de conséquences en laissant le champ libre à toutes sortes d'interprétations et en évacuant toute possibilité d'évaluation des objectifs à atteindre. Or chacun de ces concepts-clés de la justice pénale peut recevoir une définition synthétique, sans beaucoup de problèmes… sinon celui, notamment, de devoir par-là même reconnaître explicitement les insuffisances fonctionnelles et les dysfonctionnements structurels du système actuel. Le *crime*, au sens large de la pénologie, se matérialise par une atteinte à une valeur établie comme fondamentale pour la pérennité humaine, sociale et culturelle du groupe au sein duquel le conflit a ainsi émergé. Il ne s'agit là que d'une application logique et cohérente des principes de justice et d'utilité, seuls de nature à légitimer et opérationnaliser l'incrimination des actes et/ou des comportements prohibés [7]. La *victime* apparaît alors tout aussi logiquement comme une personne en souffrance(s). De telles souffrances doivent être personnelles, réelles, socialement reconnues comme inacceptables et de nature à justifier une prise en compte des personnes concernées, passant, selon les cas, par la nomination de l'acte ou de l'événement, par des soins médicaux, psychothérapeutiques, un accompagnement psychologique, social et/ou une indemnisation [8]. Dans un tel contexte notionnel, la *sanction* (entendue au sens large des peines et des mesures de sûreté) de l'atteinte à ces valeurs sociales essentielles d'où résultent les torts causés aux victimes, consiste en l'infliction, par l'autorité judiciaire du groupe concerné ou ses représentants, d'une punition (incompatible avec toute forme de souffrance), à toute personne reconnue responsable pénalement.

---

7. V. R. Cario, *Introduction aux sciences criminelles. Pour une approche globale et intégrée du phénomène criminel*, Ed. L'Harmattan, Coll. Traité de sciences criminelles, Vol. 4, 6è éd. 2008, p. 177 et s. ; V. *Infra*, Chap. 4, C.

8. V. R. Cario, Victimologie, *op. cit.*, p. 26 et s.

Elle est tendue vers la resocialisation de l'intéressé et, plus globalement, vers la restauration de l'Harmonie sociale [9].

La crise de la pénalité moderne peut être aisément illustrée par quelques exemples tirés des dispositifs et des pratiques judiciaires répressives. L'inflation pénale – qui se grossit de surcroît d'enflure [10] – est si forte que les contentieux corrélatifs ne peuvent être utilement absorbés. Pathologique, la logorrhée législative et réglementaire – récidivante voire incurable – est stigmatisée par tous [11], y compris par ses acteurs eux-mêmes [12]. Or « qui dit inflation dit dévalorisation : quand le droit bavarde, le citoyen ne lui prête plus qu'une oreille distraite » [13]. Le taux de classement sans suite des plaintes, dénonciations et procès verbaux de police judiciaire le confirme sans nuance : dans huit cas dix. Et l'invention du « taux de réponse pénale », rassemblant les chiffres relatifs aux seules affaires poursuivables, ne change rien au constat ; au mieux il rassure artificiellement les justiciables dont la confiance en la Justice ne cesse de s'ef-

9. V. not. G. KELLENS, *Punir. Pénologie et droit des sanctions pénales*, 2000, Ed. juridiques de l'Université de Liège, p. 7 et s.

10. V. J. CARBONNIER, *Droit et passion du droit sous la Vè République*, Ed. Fammarion, 1997, p. 107 et s., spé. p. 109. l'auteur souligne encore, p. 136 qu' « avec le Code pénal, le trouble procéderait plutôt d'une impression d'accouchement perpétuel ».

11.V. Conseil d'Etat, *Rapport public 1991*, La Doc. Française, 1992-43, Coll. Etudes et documents, p. 19 ; J. DANET, Présentation, *In Le nouveau procès pénal après Perben II*, Ed. Dalloz, 2004, p. XIII et s. ; du même auteur, *Justice pénale : le tournant*, Ed. Gallimard Folio / Le Monde, 2006, p. 20 et s. ; La spéculation pénale enfle, crevons la bulle !, *In Hommes et libertés*, 2007-139, pp. 12-15 ; *Ibid.*, Cinq ans de frénésie pénale, *In* L. MUCCHIELLI, (Dir.), *La frénésie sécuritaire. Retour à l'ordre et au nouveau contrôle social*, Ed. La Découverte, 2008, pp. 19-29, où est souligné que « de 2002 à 2007, quarante lois ont modifié le code de procédure pénale et trente le code pénal », p. 20 ; E. ROHDE, « Trop de loi, tue la loi.... La jungle législative, *In Le Monde*, 24 janvier 2007, pp. 20-21 ; J.P. JEAN, *Le système pénal*, Editions La Découverte, Coll. Repères, 2008, p. 31 et s. ; R. CARIO, Introduction aux sciences criminelles, *op. cit.*, p. 26 et s.

12.V. not. P. ROGER, Parlementaires au bord de la crise de nerf, *In Le Monde*, 27 janv. 2010, p. 16.

13.V. Conseil d'Etat, *op. cit.*, p. 20.

friter [14]. La croyance irréfléchie dans la norme et dans sa prétendue fonction d'intimidation collective est battue en brèche [15]. Pour le plus grand bonheur des infracteurs échappant ainsi à la sanction attachée en principe à l'acte commis, pour le plus grand malheur des victimes abandonnées subséquemment à leur victimisation. Et si la problématique du manque peut être appelée en forme de justification, elle est loin de solder le compte de l'efficacité, pour le moins médiocre, de la sanction pénale [16].

L'intimidation individuelle de l'interdit pénal n'offre guère de meilleurs résultats. Bien que très souvent disproportionnée relativement à la gravité des faits commis (stabilisés massivement autour d'une délinquance d'appropriation), la réaction sociale s'affirme très sévère, la « prison ayant colonisé la peine » [17]. Et l'augmentation significative, ces dernières décennies, de la stratégie de « prisonisation [18] » (plus de 100 000 années de détention fermes prononcées en 2008) [19], malgré une surpopulation carcérale endémique (61 706 détenus au 1er avril 2010 pour 56 324 places opérationnelles) [20], le doublement de la durée moyenne de la peine délictuelle, l'augmentation des peines privatives de liberté comprises entre cinq et dix ans, la chute ahurissante des mesures de libération conditionnelle, demeure sans effet sur le volume des transgressions [21]. Dans le

---

14.V. R. Cario, Introduction aux sciences criminelles, *op. cit.*, p. 16 ; E. Sire-Marin, Statistiques judiciaires ou présentation d'un vrai faux bilan ?, groupeclaris.wordpress.com

15.V. en ce sens, G. Kellens, *Punir. Pénologie et droit des sanctions pénales*, 2000, Liège, Ed. juridiques de l'Université de Liège, p. 61.

16.V. *Infra*, Chap. 4, C, 1).

17. V. R. Merle et A. Vitu, *Traité de droit criminel. Problèmes généraux de la science criminelle*, Tome 1, *Droit pénal général*, Ed. Cujas, 7è éd. 1997, p. 900, citant M. Foucault.

18.V. G. Kellens, *op. cit.*, p. 76 et s. et réf. citées.

19.V. P. Tournier, *In Arpenter le champ pénal,* 2010-175, arpenter-champ-penal.blogspot.com

20.V. P. Tournier, *Ibid.*

21.V. not. M. Lebranchu, Le choix de la justice et de la raison, *In* Collectif « octobre 2001 », *Comment sanctionner le crime ? »*, Ed. Erès, Coll. Trajet, 2002, pp. 23-34 ; V. également les travaux de P. Tournier et A.

même sens, le taux moyen de récidive, y compris pénitentiaire, s'inscrit à un niveau anormalement élevé, sauf à observer – et la remarque est essentielle – que la récidive criminelle demeure très exceptionnelle [22]. Et que penser de l'incarcération de plus en plus fréquente de personnes dont le discernement était aboli au moment des faits ? Ainsi et contrairement à ce que pensait MONTESQUIEU, la sévérité des peines ne convient pas qu'aux seuls gouvernements despotiques [23].

Or la morphologie du phénomène criminel ne justifie pas une telle sévérité. Quant aux actes, ils sont massivement délictuels, d'appropriation banale contre les biens, dont la possession est vantée indispensable dans nos sociétés d'hyper consommation [24]. Quant aux infracteurs, ils proviennent massivement des populations précarisées, accablées de multiples pau-

---

KENSEY qui établissent (à partir d'un échantillon représentatif de la cohorte des sortants de prison entre le 1er mai 1996 et le 31 avril 1997) un taux de libérations conditionnelles de 11,7 %, avec des disparités selon la nature de l'infraction (5,6 % des violences volontaires, 10,3 % des délits sexuels, 23,1 % des crimes sexuels, 33,3 % des homicides volontaires)(*In Questions pénales*, pub. CESDIP, 2002-XV-3).Ces mêmes auteurs soulignent (même population) que la proportion de temps effectué par rapport à la peine prononcée (dont la moyenne s'établit à 69 %) varie de 63 % (homicides volontaires), 67 % (délits sexuels), 69 % (crimes sexuels) à 75 % (violences volontaires)(*In Questions pénales*, pub. CESDIP, 2001-XIV-5) ; A. KENSEY, *Prison et récidive. Des peines de plus en plus longues : la société est-elle vraiment mieux protégée ?*, Ed. A. Colin, Coll. Sociétales, 2007, pp. 79-159.

22.V. not. A. KENSEY, P. TOURNIER, *Prisonniers du passé ? Cohorte de personnes condamnées, libérées en 1996-1997 : examen de leur casier judicaire 5 ans après la levée d'écrou (échantillon national aléatoire stratifié selon l'infraction)*, Pub. Min. justice, Adm. Pénitentiaire, Coll. Travaux et documents, 2005, multigraph., 548 p. ; S. PORTELLI, *Traité de démagogie appliquée*, Ed. Michalon, Coll. Régénération, 2006, 138 p. ; du même auteur, *Récidivistes. Chroniques de l'humanité ordinaire*, Ed. Grasset, 2008, 262 p. ; A. KENSEY, Prison et récidive,*op. cit.*, pp. 161-219 ; A. BENAOUDA, A. KENSEY, La récidive des condamnés à la perpétuité, *In Cahiers d'études pénitentiaires et criminologiques*, 2008-24, multigraph., pub. Administration pénitentiaire, 8 p.

23.V. *L'esprit des lois*, Livre VI, Chap. IX, cité par G. KELLENS, p. 107.

24.Sur la démographie du phénomène criminel, V. not. R. CARIO, Introduction aux sciences criminelles, *op. cit.*, p. 39 et s.

vretés [25]. Dans de telles conditions, une attention très sérieuse doit être portée aux contours du « marché » du crime, dont les logiques, strictement économiques, perverses, semblent paralyser toutes réflexions et actions humanistes à l'égard des exclus de nos civilisations occidentales [26].

Le « tout carcéral » présente ainsi de réelles limites pénologiques, alors que, paradoxalement, les sanctions exécutées au sein de la communauté (prononcées actuellement dans à peine plus d'une condamnation sur dix) apparaissent non seulement plus proportionnées mais encore moins coûteuses (sinon pour les placements sous surveillance électronique), plus efficaces à ne pas désocialiser davantage les condamnés.

La perte de confiance dans le système de justice pénale, aggravée par une perception erronée de l'insécurité criminelle, politiquement et médiatiquement diabolisée par rapport aux autres formes d'insécurité qui accablent certains de nos conci-

---

25.Sur cette forme de pénalisation de la misère, V. L. WACQUANT, *Punir les pauvres. Le nouveau gouvernement de l'insécurité sociale*, Ed. Agora, 2004, 364 p. ; Note de la Fondation Copernic, *L'indigent et le délinquant. Pénalisation de la pauvreté et privatisation de l'action sociale*, Ed. Syllepse, 2008, p. 29 et s.

26.V. not. N. CHRISTIE, *Crime control as industry. Towards gulags, Western style ?*, Routledge Pub., 1993, 208 p. (Trad. française, *L'industrie de la punition. Prison et politique pénale en Occident*, Ed. Autrement Frontières, 2003, 221 p.) ; H.J. ALBRECHT, L'économie du droit pénal et de l'exécution des peines. Evolution et tendances de l'aspect économique du droit pénal, *In R.I.C.P.T.*, 1997-1, pp. 17-37 ; M. MCMAHON, La répression comme entreprise : quelques tendances récentes en matière de privatisation et de justice criminelle, *In Déviance et Société*, 1996-20, pp. 103-118 ; L. MUCCHIELLI, *Violences et insécurité. Fantasmes et réalités dans le débat français*, Ed. La Découverte, 2001, 142 p. ; L. BONELLI, Tolérance zéro pour les « encombrants », *In Justice*, 2001-167, pp. 13-17 ; D. SALAS, *La volonté de punir. Essai sur le populisme pénal*, Ed. Hachette, 2005, p. 103 et s. ; selon l'OCDE, le chiffre d'affaires mondial de la sécurité aurait atteint 274 milliards de $ en 2003 ; si le budget de la justice ne représente que 6 Mds d'euros en 2006 (1,88 % du budget de l'Etat, plaçant la France au 23è rang européen – budget par habitant)(6,86 Mds € en 2010, soit 2,40 %), le coût total de lutte contre le crime (public et privé) s'établirait à 29 Mds d'euros ; une récente étude évalue de manière audacieuse « le coût du crime et la délinquance » à 5,6% du PIB (soit à 115 Mds d'euros), V. J. BICHOT, *In Etudes et analyses*, 2010-8, 77 p., institutpourlajustice.com.

toyens les plus démunis, abusivement assimilée à la peur du crime provenant d'une expérience vécue de victimisation, est aujourd'hui patente. A un point tel que les victimes, de plus en plus souvent regroupées en association de défense de leurs intérêts *a priori* légitimes, investissent avec d'autant plus de force la scène pénale qu'elles en ont été longtemps écartées.

b) La (re)considération de la personne de la victime

Un tel échec dans la prise en charge des violences agies ou des souffrances subies provient de l'éclatement, du cloisonnement, de l'éparpillement des interventions judiciaires, psychologiques et sociales (au sens large), autant dans le domaine de la prévention que dans celui du traitement des conflits intersubjectifs.

La naissance de la victimologie, à partir des années 1950, va conduire à mieux considérer l'envers du crime, à rééquilibrer la balance au bénéfice de la victime. Les premières recherches en victimologie se sont focalisées sur la culpabilité de la victime dans le passage à l'acte. Avec excès, elles ont conduit à des typologies de victimes, de l'innocence à la provocation. Décriées par les victimologues féministes, elles ont eu pour heureuse conséquence de focaliser alors les recherches sur les actions à mettre en place pour venir en aide aux souffrances des victimes, notamment de violences familiales et sexuelles. Dès la fin des années 1960 dans le monde anglosaxon tout d'abord, puis sur le vieux continent vingt ans plus tard, se sont constitués des Services d'aide aux victimes, prônant l'approche globale et pragmatique de leurs besoins consécutifs au crime, aux plans matériel, informationnel, psychologique et social.

Les recherches victimologiques les plus récentes soulignent l'urgence d'une évolution radicale des politiques criminelles actuelles. En effet, l'inégalité sociale devant le crime est frappante : c'est au sein même des populations les plus dominées que se recrutent infracteurs et victimes. Les crimes les plus graves sont commis dans le cadre de relations interpersonnelles privilégiées entre victimiseurs et victimisés : famille, quartier, travail notamment. Dans le même sens, la survictimisation est d'autant plus fréquente que les intéressés éprouvent à l'égard de leurs bourreaux des sentiments ambivalents, où l'amour et la haine se bousculent au gré des circonstances familiales, où la perversion de la domination conduit de la plainte à la culpabilité, voire au rejet de la victime par la communauté de travail par exemple. Plus troublant encore, les auteurs d'infractions les plus graves contre les personnes ont eux-mêmes été fréquemment victimes durant leur enfance ou adolescence, sans bénéficier d'accompagnement affectif, psychologique et social de nature à apaiser leurs souffrances [27]. Pour le moins, une telle incurie sociétale a fait le lit d'une reproduction intergénérationnelle de la violence, ardoise pivotante s'il en est [28], lors de la survenue de conflits intersubjectifs.

Néanmoins, les mentalités évoluent à un rythme assez soutenu ces dernières années et, parallèlement à cette prise en charge en provenance du milieu associatif privé, les droits des victimes se sont affichés dans des textes d'origine réglementaire ou législative. La situation de la victime dans notre Système de Justice pénale apparaît aujourd'hui assez satisfaisante, quand bien même il y a toujours loin de la loi aux pratiques. Détentrice depuis le Code d'instruction criminelle du pouvoir de se constituer partie civile, y compris en cas d'inaction du Ministère public depuis 1906 [29], pour toutes les infractions depuis 1913 [30], assistée d'un conseil depuis 1921, la victime s'est vu

---

27.Sur ces aspects, V. not. M. CUSSON, *La criminologie*, Ed. Hachette, Coll. Les Fondamentaux, 4è éd. 2005, p. 107 et s. ; R. CARIO, Victimologie, *op. cit.*, Vol. 2-1, 2è éd. 2001, p. 129 et s. ; E. DEBARBIEUX (Dir.), *L'oppression quotidienne. Recherches sur une délinquance juvénile*, La Doc. Française, 2002, p. 9 et s. ; T. DE VILLETTE, *Faire justice autrement. Le défi des rencontres entre détenus et victims*, Ed. Médiaspaul, 2009, p. 72 et s.

28.V. M.L. MARTINEZ, Victime et œuvre de justice : éclairages de l'anthropologie relationnelle, *In* R. CARIO (Dir.), *Victimes : du traumatisme à la réalité*, Ed. L'Harmattan, Coll. Sciences criminelles, 2002, pp. 305-344.

29.V. *Crim.* 8 déc. 1906, Placet (dit Laurent/Atthalin), *In D.* 1907, 1, 207, note F.T. et Rapport Laurent-Atthalin.

30.V. *Crim.* 25 juill. 1913, Suter/Suniard, *In* J. PRADEL et A. VARINARD, *Les grands arrêts du droit criminel*, Tome 2 : le procès, la sanction, Ed. Sirey, 3è éd. 1992, pp. 66-73.

offrir, tardivement, un véritable statut juridique, dont le dernier et conséquent acte provient de la Loi du 15 juin 2000 (modifiée notamment par celles du 9 sept. 2002, 9 mars 2004, 12 décembre 2005, 1er juillet 2008 et le Décret du 13 novembre 2007) [31]. A juste titre car elle possède manifestement des droits, tant d'un point de vue éthique, victimologique que processuel [32]. Il demeure que la réparation de la victime est aujourd'hui encore assez exclusivement indemnitaire. Son accompagnement psychologique et/ou social, lorsqu'il est nécessaire, apparaît toujours très insuffisant. Il faut pourtant bien se convaincre que seule une approche globale des droits et des besoins de la victime lui permettra de retrouver sa « plénitude » [33]. Un tel constat conduit bien sûr à rejeter toute politique criminelle fondée sur la pitié, prompte à instrumentaliser et à humilier celui/ceux qui en est/sont l'objet. A l'inverse, la compassion, tant décriée aujourd'hui, ne saurait pour autant s'entendre autrement que comme « une passion qui, en tant que telle, ne s'adresse qu'à l'individu singulier et appelle la réciprocité » [34]. Une telle posture, soucieuse de la singularité en souffrance (dans l'endroit comme dans l'envers du crime), permet aux intéressés et/ou à leurs proches, en tout cas à la victime de sortir de son statut juridique (inévitable) pour recouvrer le plus vite et plus harmonieusement possible son état de personne.

Nos sociétés modernes n'auraient-elles pas finalement les victimes qu'elles méritent ? S'il en a été souvent ainsi, le débat

---

31.V. sur ces point G. LOPEZ , S. PORTELLI, S. CLEMENT, *Les droits des victimes. Droits, auditions, expertise clinique*, Ed. Dalloz, Coll. États de droit, 2è éd. 2007, 411 p. ; C. DAMIANI, C. VAILLANT, *Etre victime : aides et recours*, Ed. Vuibert, Coll. Guid'utile, 2003, 188 p. ; R. CARIO (Dir.), Les droits des victimes d'infraction, *In Problèmes politiques et sociaux*, 2007-943, 120 p. ; Victimes, *In Le passe murailles*, Pub. Génepi, multigraph. 2008-12, 32 p. ; J. LEROY, *Procédure pénale*, LGDJ / Lextenso Ed., 2009, p. 7 et s.

32 . V. *Infra*, Chap. 4 *in fine*.

33.V. A. GARAPON, F. GROS, T. PECH, *Et ce sera justice. Punir en démocratie*, Ed. O. Jacob, 2001, p. 270.

34.V. M. REVAULT D'ALLONNES, *L'homme compassionnel*, Ed. du Seuil, 2008, p. 54 ; J.P. LE GOFF, *La France morcelée*, Ed. Gallimard, Coll. Folio actuel, 2008, 291 p.

doctrinal se crispe aujourd'hui autour du constat du prétendu « sacre » de la victime. Avec force de pertinents arguments, si tous les observateurs semblent se féliciter de l'évolution des droits des victimes, ils paraissent également unanimes pour en dénoncer les « excès », les « dérives », les « effets pervers ». Que la société, désemparée par l'affaiblissement des grandes idéologies, par la perte de sens global conduisant à brouiller les grandes références normatives, par le développement de l'individualisme démocratique, par l'appel ou le retour aux communautarismes, par la crise des régulations sociales plus généralement, participe à la fabrication des « victimes » est vraisemblable [35]. Que les médias, en devenant le relais de telles évolutions, participent, depuis quelques années, à la co-construction de « l'insécurité » [36], à celle des « victimes » aujourd'hui, est peu discutable.

Mais de quelles victimes parle-t-on véritablement ? De la victime « singulière » accompagnée au quotidien par les professionnels de terrain ou de la figure fantasmée d'une victime « invoquée » [37] ? Car, dans le même temps, rares sont ceux en effet qui semblent se soucier de la réalité de la mise en œuvre des droits de la victime, de la réalité des souffrances subies par les protagonistes du crime éprouvé (infracteurs, victimes et communautés d'appartenance), de la réalité des modalités de leur prise en charge et des moyens alloués, de la réalité des résultats concrètement obtenus au regard des objectifs pénologiques et victimologiques initialement ciblés. Ceux qui s'y attardent ne manquent pourtant pas de souligner que les prisons françaises constituent « l'humiliation de la

35.V. not. C. PRIEUR, L'affaire Marie L. révèle une société obsédée par ses victimes, *In Le Monde*, 22-23 août 2004, p. 5 ; D. CONROD, V. BROCARD, L'État ambulance, *In Télérama*, 2004-2859, pp. 28-33 ; T. LEVY, *L'éloge de la barbarie judiciaire*, Ed. O. Jacob, 2004, spé. pp. 147-185 ; D. SALAS, L'inquiétant avènement de la victime, *In Sciences humaines*, Hors-série « Violences », 2004-47, pp. 90-93.

36.V. not. M. DAGNAUD, Médias et violence. L'état du débat, *In Problèmes politiques et sociaux*, 2003-886, pp. 1-123 ; R. CARIO, Médias et insécurité : entre droit d'informer et illusions sécuritaires, *In Rec. Dalloz*, Chron., 2004, pp. 75-80 et réf. citées.

37.V. D. SALAS, La volonté de punir, *op. cit.*, p. 18, 63 et s.

République »[38] et que les victimes demeurent toujours, « par insoutenable légèreté »[39], les éternelles oubliées de la justice.

S'il en a été souvent ainsi, l'opposition des pratiques entre l'endroit et l'envers du crime se cristallise actuellement sur le terrain des droits et attributs dont est supposé jouir chacun des deux titulaires directement engagés dans le conflit. Avec force, dans la crainte d'une quelconque instrumentalisation ou domination de l'une des parties sur l'autre, le débat s'enferme dans l'invective réciproque, stérile et contre productive pour la défense de leur reconnaissance sociale respective. Si l'on ne peut nier l'influence des revendications des victimes, il est caricatural, dans un tel contexte, de la désigner comme seule responsable de la dégradation des droits des condamnés. N'est-il pas fallacieux de prétendre, en ce sens, qu'être victime risque de devenir une « vocation, un travail à plein temps »[40], un « business »[41], un « sport national »[42] ? Qu'« idolâtrée, [la victime] aggrave un peu plus le déséquilibre au détriment de l'accusé »[43], que sa présence « bouleverse jusqu'à l'architecture du droit pénal »[44] et que sa « prépotence »[45] au cœur du

38.V. en ce sens J.J. HYEST, G.P. CABANEL, *Prisons : une humiliation pour la République*, Les Rapports du Sénat, 1999/2000-449, 2 vol., 224 et 551 p. (Annexes), senat.fr ; V. également Rapport J. FLOCH, *Situation dans les prisons françaises*, 2000-2521, assemblée-nationale.fr ; Collectif « octobre 2001 », *Comment sanctionner le crime ?*, Ed. Erès, Coll. Trajet, 2002, 150 p. ; X. LAMEYRE, D. SALAS (Dir.), Prisons. Permanence d'un débat, *In Problèmes politiques et sociaux*, 2004-902, pp. 5-117.

39.V. D. PEYRAT, *Eloge de la sécurité*, Ed. Gallimard/ Le Monde, 2003, p. 130 et s.

40.V. P. BRUCKNER, *La tentation de l'innocence*, Ed. Grasset, 1995, Livre de Poche, 13927, p. 113 et s., spé. p. 130.

41.V. F. CASORLA, La victime et le juge pénal, *In Rev. Pénitentiaire et de droit pénal*, 2003-4, pp. 639-648.

42.D. ABIKER, *Le mur des lamentations : tous victimes et fiers de l'être*, Ed. Michalon, 2006, 281 p.

43.V. T. LEVY, Éloge de la barbarie judiciaire, *op. cit.*, p. 10 ; comp. A. BLANC, La question des victimes vue par un président d'Assises, *In AJpénal*, 2004-12, pp. 432-434.

44.V. M. TUBIANA, Le champ des réformes, *In Hommes et libertés*, 2010-149, pp. 37-38.

procès fait « trembler toute notre culture juridique » [46], soumise à « la dictature de l'émotion » [47] ? Que la souffrance des victimes, « contrairement à l'innocence », « ne se présume pas » : « elle se constate » et il n'est « actuellement pas décent » de la « mettre en doute » [48] ? Qu'adopter le point de vue de la victime, c'est s'engager sur une voie périlleuse entre tentation populiste et déni des droits des justiciables [49], transformer « la justice en vengeance au nom de la confusion entre droits des victimes et intérêt général » [50], alors qu'il « avait pourtant fallu des siècles pour arracher la justice pénale à la vengeance privée » [51] ? Dans une société « gouvernée » par la peur, où la « victime est reine », on pourrait par conséquent craindre que le système de justice pénale ne soit traversé par une « idéologie victimaire » [52]. La montée du populisme pénal, inexorable, ne peut ainsi qu'emballer la volonté de punir [53], le victimisme consistant de surcroît « à vouloir remplacer la solidarité par la charité » [54].

La société éprouverait-elle une peur si forte à l'égard des victimes en général pour n'apercevoir dans leurs revendications qu'une résurgence de la vengeance la plus archaïque [55], de

---

45.V. M.L. Rassat, *Le droit pénal*, Ed. Dalloz, Coll. Connaissance du droit, 2005, pp. 139-143.

46.V. J. Coignard, citant, F. Gros, Une sacralisation des victimes qui embarrasse les juges, *In Libération*, 2 nov. 2004, p. 16.

47.V. G. Erner, *La société des victimes*, La Découverte, 2006, p. 204.

48.V. X. Pin, La privatisation du procès pénal, *R.S.C.*, 2002, pp. 245-256.

49.V. D. Salas, L'inquiétant avènement de la victime, *op. cit.*, p. 90 ; P. Robert-Diaz, Le plaignant souverain, *Le Monde des livres*, 3 déc. 2004-IV.

50.V. P. Dubois, La France défigurée, *In LDH Info*, 2007-169, p. 1.

51.V. Note de la Fondation Copernic, *op. cit.*, p. 36.

52. V. D. Simonnot, Notre système pénal est traversé par une idéologie victimaire, *In Libération*, 8-9 oct. 2005, pp. 46-47.

53.V. D. Salas, *La volonté de punir. Essai sur le populisme pénal*, Hachette littératures, 2004, 287 p.

54.V. G. Erner, *op. cit.*, pp. 191-192.

55.V. not. J. Coignard, Une sacralisation des victimes qui embarrasse les juges, *In Libération*, 29 nov. 2004, p. 16 ; X. Molenat, Pourquoi tant de victimes ?, *In Sciences humaines*, 2005-156, p. 9 ; C. Ambroise-Casterot,

« mécanismes victimaires » plus ou moins conscients [56] ? Si la stratégie victimaire – si éloignée des réalités de terrain [57] – doit être fermement dénoncée, il convient de bien mesurer qu'elle procède davantage du mépris, voire de l'humiliation, dont les victimes sont encore trop fréquemment l'objet plutôt que d'une réactivation organisée de la vendetta la plus aveugle [58], se manifestant par « un rétributivisme punitif populiste » [59]. Loin d'être un « animal judiciaire » [60], un agent martial de la répression » [61], un « acteur sauvage », « ventriloque » [62], la victime n'institue qu'exceptionnellement le pretium doloris comme « point final de sa thérapie » [63]. Si elle « envahit », voire « pollue », selon certains auteurs, le procès pénal jusqu'à le

---

Dissociation de l'action civile et recevabilité de l'action vindicative de la victime, *In Rev. Pénit.*, 2007-2, pp. 379-382 ; M. GIACOPELLI, Victimes et application des peines, *In Rev. Pénit.*, 2007-4, pp. 789-801.

56.V. à cet égard les travaux de R. GIRARD, not. *La violence et le sacré* (Ed. Grasset, 1972, Coll. Pluriel, 534 p.) ou *Le bouc émissaire* (Ed. Grasset, 1982, Coll. Pluriel, 315 p.).

57.V. Y. CHARPENEL, *Les rendez-vous de la politique pénale. Concilier devoir de justice et exigence de sécurité*, Ed. A. Colin, 2006, qui dénonce la « victimôlatrie » attribuée à un courant criminologique minoritaire, p. 230 ; V. *contra* R. GASSIN qui s'inquiète des effets pervers du « mouvement victimophilique actuel », *In Criminologie*, 6è éd. Dalloz, Coll Précis, 2007, p. 236 ; D. SALAS, Le droit pénal à l'ère du libéralisme autoritaire, *In* M. MASSE, J.P. JEAN, A. GIUDICELLI (Dir.), *Un droit pénal postmoderne ? Mises en perspectives des évolutions et ruptures contemporaines*, PUF, Coll. Droit et justice, 2009, pp. 114-115 ; J. COTTA, P. MARTIN, *La révolte des victimes*, Documentaire AV, InfraRouge, 2008, 1mn 10.

58.V. J. GAILLARD, *« Des psychologues sont sur place... »*, Ed. Mille et une nuits, Coll. Essai, 2003, p. 156 et s.

59.V. Y. CARTUYVELS, Les paradigmes du droit pénal moderne en « période postmoderne » : évolutions et transformations, *In* M. MASSE et al. (Dir.), Un droit pénal postmoderne, *op. cit.*, pp. 94-95.

60.M.L. RASSAT, *Traité de procédure pénale*, PUF, Coll. Droit fondamental, p. 252.

61.V. J. CARBONNIER, Droit et passion du droit sous la Vè République, *op. cit.*, p. 147.

62.V. J. DANET, *Défendre. Pour une défense pénale critique*, Dalloz, Coll. États de droits, 2è éd. 2004, p. 246.

63.V. J. GAILLARD, *Ibid.*, p. 170.

dominer et menacer « la sérénité des magistrats » [64], ce n'est certainement pas pour contribuer à « un jeu de massacre » [65], ou pour vider l'Œuvre de justice de sa substance [66], alimenter une « industrie » [67] ou installer un « empire » [68] du traumatisme, mais pour sortir de la détresse et retrouver son désir de vivre [69].

Et cela passe aussi par la reconnaissance de leur état de victime et leur réparation intégrale, par la nomination de la faute, par la sanction de l'auteur en vue de sa resocialisation. Il s'agit bien là des objectifs que promeut le procès équitable, consacré par l'article préliminaire du Code de procédure pénale : « I. La procédure pénale doit être équitable et contradictoire et préserver l'équilibre des droits des parties... II. L'autorité judicaire veille à l'information et à la garantie des droits des victimes au cours de toute procédure pénale » [70]. Et quoi qu'on en pense, le travail de deuil ne commencera la plupart du temps que lorsque le juge, dans un jugement définitif, séparera les deux parties au procès pour qu'elles puissent continuer leur destinée humaine respective. Ainsi s'affirme la réalité symbolique du procès pénal conduisant à

64.V. J. BARILLON, P. BENSUSSAN, *Le désir criminel*, Ed. O. Jacob, 2004, pp. 91-130.

65.V. T. LÉVY, *op. cit.*, p. 169.

66.V. D. SOULEZ LARIVIERE, H. DALLE, *Notre justice. Le livre vérité de la justice française*, Ed. Laffont, 2002, pp. 309-313.

67.V. J. DANET, *Justice pénale, le tournant*, Gallimard Folio / Le Monde, 2006, p. 237 et s.

68.D. FASSIN, R. RECHTMAN, *L'empire du traumatisme. Enquête sur la condition de victime*, Ed. Flammarion, 2007, 452 p.

69.V. M. CHOLLET, Reconnaissance ou sacralisation ? Arrières-pensées des discours sur la « victimisation », *In Le Monde diplomatique*, 2007-9, pp. 24-25.

70.V. not. A. GIUDICELLI, Premières applications jurisprudentielles de l'article préliminaire du code de procédure pénale, *In Rev. Sc. Crim.*, 2003, p. 122 et s. ; C. LAZERGES, De l'écriture à l'usage de l'article préliminaire du code de procédure pénale, *In Mélanges en l'honneur du professseur Reynald Ottenhof. Le champ pénal*, Dalloz, 2006, pp. 71-87 ; E. VERGES, L'effet normatif de l'article préliminaire du Code de procédure pénale, *In Mélanges offerts à Raymond Gassin. Sciences pénales et criminologiques*, P.U. Aix-Marseille, 2007, pp. 327-343.

conforter l'humanité des victimes, à les réinscrire dans la réciprocité juridique [71], loin de tout fantasme thérapeutique [72]. Ainsi s'affirme la réalité sociale du procès pénal favorisant la (ré)intégration sociale des protagonistes et, à travers elle, la pacification des communautés éprouvées.

Sans doute convient-il d'accueillir les prétentions des victimes avec prudence. Et la surenchère victimaire, pour demeurer exceptionnelle, est bien réelle [73]. Le sens commun, ne reposant sur aucun constat scientifique par définition, recèle en ce sens de réels dangers : celui de l'instrumentalisation politicienne de la victime pour énerver toujours plus la répression pénale, celui de la confiscation de leur parole authentique par certaines associations de défense [74], celui de leur maintien prolongé dans le processus pénal, au-delà du jugement définitif, durant l'exécution des peines notamment [75]. Raisons de plus pour l'associer, le plus tôt et le plus complètement possible, au procès pénal, à la manière de son implication, durant de longs siècles, dans des modalités beaucoup plus participatives de régulation des conflits.

71.V. A. GARAPON, F. GROS, T. PECH, *op. cit.*, p. 271.

72.V. La justice est-elle thérapeutique ?, *In Justice*, 2006-188, pp. 30-33 ; R. BADINTER, Ne pas confondre justice et thérapie, *In Le Monde* 9-10 sept. 2007, p. 13 ; comp. X. PIN, La victime : définitions et enjeux, *In A.P.C.*, 2006-28, pp. 49-72, où l'auteur précise qu'à « défaut de pouvoir être thérapeutique, le procès pénal semble être au moins devenu sympathique ».

73.V. en sens *Infra*, Chap. 2, les pressions contemporaines des pénalistes néo-utilitaristes ou des criminologues actuariens.

74.Dont la légitimité n'est pour autant pas à remettre en question. V. art. 2-1 à 2-19 *C.P.P.* ; V. cependant *Infra*, Chap. 1 *in fine*.

75.V. R. CARIO, Qui a peur des victimes ?, *In A.J.pénal*, 2004-12, pp. 434-437 ; De la victime oubliée… à la victime sacralisée ?, *In A.J.pénal*, 2009-12, pp. 491-494.

c) La (re)découverte des pratiques traditionnelles de régulation des conflits

La Justice restaurative se révèle être aujourd'hui une voie prometteuse de consolidation de l'Harmonie sociale. Comme elle le fut à de nombreux égards par le passé : apaiseurs, conciliateurs et arbitres dans la France du Haut Moyen Age. Comme elle le demeure dans quelques civilisations épargnées : cercles de guérison ou de sentence chez les Inuits du Québec et plus largement au sein des Premières Nations d'Amérique du Nord ; Conférences du groupe familial chez les Maoris, aborigènes de Nouvelle Zélande, justice traditionnelle et palabre en Afrique [76], notamment.

Le succès de cette Justice restaurative semblerait tenir à deux principales séries de raisons qui viennent d'être évoquées : la faible efficacité apparente des programmes de resocialisation des condamnés, constat que d'aucuns – parmi les observateurs définitivement installés dans un désolant pessimisme – préfèrent évoquer en termes d'inefficacité des programmes de lutte contre la récidive. La seconde, de préoccupation plus récente, provient de l'insuffisance criante des prises en charge au bénéfice des victimes directes et, plus largement encore, des personnes concernées par le crime, qu'il s'agisse de leur famille proche et/ou des communautés auxquelles elles appartiennent, ou encore des témoins (notamment mineurs) de ces actes criminels commis au sein de la famille.

Il demeure que la démarche conduisant à entrer dans un processus restauratif est très difficile et extrêmement courageuse pour les participants. Il leur faut en effet affronter leurs peurs et leurs craintes diffuses, reconnaître et assumer les

76.V. not. N. ROULAND, *Anthroplogie juridique*, PUF, 1988, 318 p. ; M. RAYNAL, *Justice traditionnelle et justice moderne. Le devin, le juge, le sorcier*, Ed. L'Harmattan, Coll. Logiques juridiques, 1994, 338 p. ; J.G. BIDINA, *La palabre. Une juridiction de la parole*, Ed. Michalon, 1997, 127 p. ; E. LEROY, *les Africains et l'Institution de la Justice. Entre mimétisme et métissage*, Ed. Dalloz, Coll. États de droits, 2004, 282 p. ; P. REDEKOP, *Changing paradigms. Punishment and restorative discipline*, Herald press, 2008, p. 53 et s. ; B. GARNOT, *Histoire de la justice. France, XVIè-XXè siècle*, Ed. Gallimard, Coll. Folio histoire, 2009, 789 p.

conséquences de leurs actes, dépasser la honte envahissante relativement à l'acte commis ou subi... en présence, notamment dans les rencontres élargies, des personnes que l'on aime et en qui l'on a une confiance particulière. Au risque d'être déstabilisé dans ses croyances, de sens commun, relativement à la figure du monstre d'un côté, à la posture de vindicte de l'autre. En ne se crispant pas sur le seul passé de la faute, la Justice restaurative, soucieuse de rétablir les relations entre les personnes affectées par le crime, est de nature à réinscrire chacun dans l'humanité de l'autre. Mais elle n'est certainement pas une solution facile comme le soulignent de nombreux auteurs [77].

Ce n'est pas un hasard si les programmes de Justice restaurative ont été initialement (ré)activés et prospèrent aujourd'hui dans les pays anglo-saxons. Sans doute parce qu'ils comportent tous d'importantes minorités indigènes, ayant survécu à la colonisation. Plus certainement encore parce que ces autochtones sont plus que proportionnellement présents parmi les populations de condamnés, notamment à des privations pénales de liberté. Mais également parce que de forte tradition communautaire, leurs populations civiles se sont toujours solidairement engagées dans la lutte contre le crime, à titre préventif et, plus récemment, dans les réponses à lui apporter. Sensibles aux inégalités sociales générées par nos sociétés toujours plus consuméristes, les communautés locales complètent les politiques publiques mises en place en n'hésitant pas à s'attaquer aux injustices de tous ordres qui en découlent, facteurs évidents de risque de passages à l'acte criminel futurs. La tradition de bénévolat au bénéfice des personnes en difficulté est fortement ancrée et toujours active dans les pays anglo-saxons.

Dans le même sens, la procédure criminelle anglo-saxonne, n'offrant à la victime qu'un statut de témoin, a conduit, tout d'abord, à développer autour d'elle tout un réseau d'entraide matérielle, psychologique et sociale et, ensuite, à promouvoir

---

77.V. not. les propos de B. STUART, P. ALLARD, J. SCOTT not. *In Le défi des conflits pour les collectivités. Points de vues sur la Justice réparatrice*, Commission du Droit du Canada, Vidéo, 2000, 34 mn.

un embryon de statut légal lui permettant l'exercice d'un certain nombre de droits. Assez fréquemment, la possibilité offerte à la victime, dans le cadre de notre procédure pénale, de se constituer partie civile, est vantée comme un modèle abouti et satisfaisant, quand bien même ses laudateurs n'ignorent pas qu'elle est fortement remise en cause [78] et que la réparation obtenue par la victime demeure encore trop largement indemnitaire.

La Justice restaurative a plusieurs ambitions. Elle entend principalement opérer une redistribution des rôles : à l'Etat la responsabilité du maintien de l'ordre public, à la communauté la responsabilité du maintien de la paix sociale. Selon une telle stratégie, il importe de passer du droit comme instrument du contrôle social au droit comme moyen de faciliter l'interaction sociale harmonieuse [79]. La Justice restaurative défend également l'idée selon laquelle la rencontre permet de rompre l'indifférence [80] si caractéristique du système classique, autant à l'égard des victimes d'agressions corporelles qu'à celui des victimes scandaleusement spoliées par le crime en col blanc.

Les mesures que la Justice restaurative promeut (médiation victime-infracteur, conférences et rencontres restauratives, cercles principalement) [81] reposent sur un fondement commun : le principe de la honte envisagée dans une optique de réintégration

---

78.V. not. X. PIN, La privatisation du procès pénal, *In R.C.S.*, 2002, pp. 245-261 ; J. VOLFF, La privatisation rampante de l'action publique, *In JCP*, Doctr., 2004,146, pp. 1217-1220 ; B. SIBI, Le principe de l'égalité des armes et la victime au procès pénal, *In Rev. pénit. dr. pén.*, 2005-2, pp. 547-567 ; J. PRADEL, Notre procédure pénale défend-elle l'intérêt général ?, *In Rev. Pénit. Dr.pén.*, 2005-3, p. 521 et s. ; P. MAISTRE DU CHAMBON, Ultime complainte pour sauver l'action publique, *In* Mélanges offerts à Raymond Gassin, *op. cit.*, pp. 283-291 ; V. art. 85 al. 2 *C.P.P.* introduit par L. 5 mars 2007.

79.Commission du droit du Canada, *De la justice réparatrice à la justice transformatrice*, multigraph., 1999, pp. 5-6.

80.V. A. GARAPON, F. GROS, T. PECH, *op. cit.*, p. 274 et s.

81.V. *Infra*, Chap. 3 ; V. not. H. ZEHR, *The little book of restorative justice*, Good books Pub., 2002, 72 p. ; B. TOEWS, *The little book of Restorative justice for people in prison : rebuilding the web of relationships*, Good books Ed., 2006, pp. 60-70 ; G. JOHNSTONE, D. VAN NESS (Eds.), *Handbook of Restorative justice*, Willan Publishing, 2007, 650 p.

théorique et non dans une optique d'humiliation, de stigmatisation et/ou d'exclusion de la personne [82]. L'infracteur s'entend ainsi reprocher solennellement l'indignité de l'acte commis, inacceptable socialement. Mais dans le même temps, ses proches lui témoignent de l'amour qu'ils continuent d'avoir pour lui, la communauté de la confiance qu'elle place en lui, l'invitant ainsi à regretter la transgression, à en réparer les répercussions et à réintégrer le groupe humain. Et cette honte réintégrative (*reintegrative shame*) ne saurait être confondue avec les sanctions honteuses (*shame sanctions*) qui inondent la pénalité états-unienne de *just desert*, jusqu'à l'ignominie de la *tough policy* dans quelques Etats [83]. C'est de responsabilisation et de support qu'il s'agit avec la Justice restaurative, à l'opposé du blâme humiliant et déshumanisant. Il importe encore que ces mesures de Justice restaurative consolident les droits fondamentaux des intéressés, leur redonnent la maîtrise de leur propre vie et de leur espace de vie (leur *dominion* selon l'expression de John BRAITHWAITE) [84].

82.BRAITHWAITE J., *Crime, shame and reintegration* (1989), Cambridge Univ. Press, 1999, 226 p. ; J. BRAITHWAITE, Ph. PETTIT, *Not just desert. A republican theory of criminal Justice*, 1990, Oxford University Press, 240 p. ; J. BRAITHWAITE, D. ROCHE, Responsibility and Restorative Justice, *In* G. BAZEMORE and M. SCHIFF (eds.), *Restorative community Justice. Repairing harm and transforming communities*, 2001, Cincinnati, Anderson, pp. 63-84 ; M. JACCOUD, Les cercles de guérison et les cercles de sentence autochtones au Canada, *In Criminologie*, 1999-1, pp. 79-105 ; sur la validité du modèle, V. *Infra*, Chap. 3 ; V. également K. MURPHY, N. HARRIS, A test for reintegrative shaming theory in the white-collar crime context, *In British Journal of Criminology*, 2007-47, pp. 900-917.

83.A. NORMANDEAU, Bilan criminologique de quatre politiques pénales américaines contemporaines, *In R.S.C.*, 1996-2, pp. 333-346 ; L. WACQUANT, *Les prisons de la misère*, Raison d'agir Editions, 1999, 191 p. ; du même auteur, *Punir les pauvres. Le nouveau gouvernement de l'insécurité sociale*, Ed. Agora, 2004, 364 p. ; E. et M. MORGAN, W.S. HYLTON, J. BRUNER, *Une passion américaine : prison et peine de mort*, Les empêcheurs de tourner en rond, 2004, 122 p.

84.J. BRAITHWAITE J., Crime, shame and reintegration (1989), *op. cit.*, p. 152 et s. ; J.P. BRODEUR, J. BRAITHWAITE, De l'humiliation à la honte « positive », *In Le monde des débats*, juin 2000, pp. 20-21 ; G. JOHNSTONE, *Restorative justice. Ideas, values, debates*, Willan publishing, 2002, p. 114 et s. ; G. MAXWELL, A. MORRIS, What is the place of shame in restorative

Si la vengeance, caricaturée si facilement aujourd'hui par méconnaissance de la philosophie qu'elle sous-tend, est une modalité de l'échange [85], que son vocabulaire est moins celui de la violence que celui de la dette [86], que se venger, comme l'a précisé ARISTOTE, c'est redevenir actif, alors la Justice restaurative participe à cette œuvre de justice-là. Plus globalement encore, la Justice restaurative n'est pas seulement la justice de l'acte, la justice de l'infracteur, la justice de la victime, elle est tout à la fois la justice de cette particulière expérience vécue du crime. Elle refuse de réduire l'infracteur à l'acte commis, la victime aux blessures subies, la communauté aux fractures du lien social. Loin de tout réductionnisme [87], la Justice restaurative s'inscrit dans une approche globale et intégrée [88]. La peine doit, par conséquent, être tournée vers le rétablissement de la relation interindividuelle et intra-communautaire rompue par le conflit d'origine infractionnelle.

---

justice ?, *In* H. ZEHR, B. TOEWS (Eds.), *Critical issues in restorative justice*, Criminal justice press / Willan publishing, 2004, pp. 133-142 ; J. FAGET, Reintegrative shaming. A propos de la théorie de John Braithwaite, *In Les cahiers de la Justice, revue semestrielle de de l'ENM*, Dalloz, 2006-1, pp. 59-70.

85.V. not. R. VERDIER, G. COURTOIS, Y. THOMAS, *La vengeance : étude d'ethnologie, d'histoire et de philosophie*, Ed. Cujas, 1980-84, 4 Vol., 225, 196, 160 et 256 p. ; R. VERDIER, Le désir, le devoir et l'interdit : masques et visages de la vengeance, *In Déviance et société*, 1984-8/2, pp. 181-193 ; A. GARAPON, F. GROS, T. PECH, *op. cit.*, 2001, 332 p. ; R. VERDIER (Dir.), *Vengeance. Le face-à-face victime/agresseur*, Ed. Autrement, Coll. Mutations, 2004, 237 p.

86.A. GARAPON, F. GROS, T. PECH, *op. cit.*, p. 260.

87.V. sur ce point, H. LABORIT, *La colombe assassinée*, Ed. Grasset, 1983, p. 26 : « Le réductionnisme consiste à couper la commande extérieure à un niveau d'organisation, la commande extérieure au système que l'on observe et à croire qu'en décrivant le fonctionnement de ce niveau d'organisation isolé, on a compris l'ensemble du fonctionnement du système ».

88.Au sens d'une approche permettant de faire entrer dans un programme plus vaste les éléments divers du phénomène observé, ayant chacun leurs particularités, mais n'ayant de valeur et de signification que par une appréciation d'ensemble, V. R. CARIO, Introduction aux sciences criminelles, *op. cit.*, p. 21.

En cela, la Justice restaurative ne milite pas pour l'abolition du droit pénal [89], mais bien plus pertinemment pour l'épanouissement d'un Système de justice pénale plus humain, tourné vers le retour à l'Harmonie sociale. Dynamique, elle est tendue vers la complémentarité entre la réponse de droit et la prise en compte en équité des personnes, dans le cadre d'une stratégie d'*empowerment*, d'apprivoisement des dispositifs par les intéressés eux-mêmes [90].

A l'heure actuelle, la Justice restaurative est moins une nouvelle philosophie de la justice qu'une dynamique régulatrice des conflits orientée vers la réparation consensuelle des torts causés par le crime. En effet, comme le soulignent Gordon BAZEMORE et Lode WALGRAVE [91], « la justice restaurative est loin d'être un ensemble complet de pratiques basées sur une théorie juridique toute faite. C'est plutôt un mouvement et un terrain d'expérimentation et de recherche reposant sur un idéal intuitif de justice dans un idéal vague de société. C'est un programme qui alimente la réflexion théorique et éthique, l'expérimentation et la recherche empirique » [92]. En même temps que se forgent pratiques et théories restauratives ambitieuses, en marge comme au sein du système de justice pénale traditionnel et de ses modèles contestés, on peut néanmoins éprouver le sentiment que la Justice restaurative bute encore sur de réelles limites – souvent inavouées – tenant à la gravité des faits, aux nécessités de la sécurité publique ou aux conditions de réintégration des infracteurs, voire même à l'insuffisante réparation globale de la victime, notamment.

Il est parfois reproché à la Justice restaurative de reposer sur des fondements religieux. S'il est incontestable que sa promotion contemporaine a été portée par des mouvements confessionnels divers, il deviendrait douteux d'en tirer argument pour condamner sa mise en œuvre. Il est permis d'espérer que de

---

89.V. R. GASSIN, *op. cit.*, p. 235 ; V. *Infra*, chap. 3, B.

90.V. *Infra*, Chap. 4, *in fine*.

91.L. WALGRAVE, La justice restaurative : à la recherche d'une théorie et d'un programme, *In Criminologie*, 1999-1, pp. 7-29.

92.L. WALGRAVE, *Ibid.*, p. 24.

mêmes valeurs spirituelles, propres à notre humanité (certes parfois abusivement confisquées par la religion), sont aussi centrales et partagées dans un système de justice pénale démocratique et laïc [93]. D'un point de vue philosophique, plus globalement, la reconnaissance de l'humanité et de la dignité de chacun, l'amour, la compassion, l'empathie, le respect de soi comme d'autrui, l'intégrité et la probité, l'égalité et la solidarité, l'intégration sociale harmonieuse de tous, la non discrimination pour quelque motifs que ce soit, notamment, sont fondamentalement les valeurs constitutives de notre Bien commun.

A l'issue de ces développements introductifs, la Justice restaurative semble bien de nature à endiguer, pour le moins, la crise profonde que traverse notre Système de justice pénale, plus intéressé par l'éloge des promesses dont il est le gardien que par leur véritable respect [94]. Il est vrai que la mobilisation des modèles classiques de justice pénale, de manière souvent cumulative, n'offre guère de sens à la réaction pénale aujourd'hui à l'œuvre (1). Dans la continuité de ces modèles, la Justice restaurative inaugure alors une restauration globale du lien social, par le souci de tous les protagonistes, par le souci de tous les torts causés (2). Les ruptures épistémiques néanmoins opérées sont clairement illustrées par les diverses mesures de Justice restaurative (ré)activées un peu partout dans le monde (3). Et notre propre système de justice pénale s'est engagé, certes timidement encore mais avec beaucoup d'intuition, sur le chemin restauratif. A bien considérer les droits de la victime, ceux de l'infracteur et ceux de la communauté, nombre de dispositions pénales actuelles pourraient être appropriées par les professionnels du procès pénal soucieux d'une si humaine évolution (4).

93.V. not. *La justice restaurative*, Rapport du groupe de travail, Conseil national de l'aide aux victimes (CNAV), multigraph., 2007, pp. 7-8, criminologie.univ-pau.fr ; T. De Villette, Faire justice autrement, *op. cit.*, pp. 209-210 ; comp. S. Lefranc, Le mouvement pour la justice restauratrice : « an idea whose time has come », *In Droit et société*, 2006/63-64, pp. 393-409.

94.V. A. Garapon, *Le gardien des promesses : le juge et la démocratie*, Ed. O. Jacob, 1996, 281 p.

1

Les modèles classiques de Justice pénale

« … Pour qu'une peine ne soit pas un acte de violence contre un citoyen, elle doit être essentiellement publique, prompte, nécessaire, la moindre des peines applicables dans les circonstances données, proportionnée au délit et déterminée par la loi ».

Cesare BECCARIA [95]

Traditionnellement, la pénologie, seconde branche de la philosophie criminelle [96], s'intéresse aux origines et aux justifications du droit de punir. Elle peut être définie comme la discipline criminaliste ayant pour objet d'étudier les fonctions de la peine et l'adaptation de la peine à ces fonctions [97]. Encore dénommée science pénitentiaire, la pénologie, au sens strict, ne saurait être confondue avec le droit de l'exécution des peines ou

95.Des délits et des peines (1764), Ed. Flammarion, coll. Champs, 1979, § XLII, Conclusion, p. 159.

96.V. R. CARIO, Introduction aux sciences criminelles, *op. cit.*, p. 180 et s. et réf. citées.

97.Comp. P. CUCHE, *Traité de science et de législation pénitentiaires*, L.G.D.J., 1905, p. 1 ; J. PINATEL, *Traité élémentaire de science pénitentiaire et de défense sociale*, Lib. du Recueil Sirey, 1950, p. LXXI et s. ; G. STEFANI, G. LEVASSEUR et R. JAMBU-MERLIN, *Criminologie et science pénitentiaire*, Ed. Dalloz, 5è éd. 1982, p. 3 et s. ; B. BOULOC, *Pénologie*, Ed. Dalloz, Précis, 3è éd. 2005, p. 1 et s. ; G. KELLENS, Punir. Droit des sanctions pénales, *op. cit.*, p. 5 et s.

réduite au droit pénitentiaire, pas davantage à la criminologie de la réaction sociale.

Durant de longs siècles, la peine a eu pour fonction d'arrêter brutalement les actions nuisibles à la société par la mise hors d'état de nuire de leurs auteurs. A l'élimination pure et simple (directe, ou indirecte par l'exclusion du groupe) ont été progressivement préférés des modes plus humains de neutralisation. La justice publique a en effet permis de tempérer quelques excès de la réaction privée au crime. Pour autant, que cette vengeance privée fût enserrée dans des règles précises et bien que la violence de la réaction publique se soit progressivement atténuée, il demeure que la rigueur des modes de preuve (ordalies, questions préparatoire et préalable, notamment) comme la cruauté des châtiments ont dominé l'histoire classique de la pénalité. Mais il serait imprudent d'oublier que nombre de modalités également applicables favorisaient si bien l'apaisement des conflits qu'on tente de les (ré)inventer à l'époque contemporaine [98]. Ce n'est qu'à compter de la fin du XVIIIè siècle, sous l'influence des philosophes des Lumières, qu'un intérêt scientifique est porté aussi bien à la détermination du Bien commun (du domaine de la philosophie pénale) qu'aux fonctions de la peine.

La pénalité classique est tantôt justifiée par une référence à la divinité, toutes choses ayant leur origine en Dieu, tantôt par le recours au droit naturel en vertu duquel existent des impératifs moraux supérieurs qu'on ne peut violer impunément. Mais à la réflexion, rien ne permet de considérer qu'il existe des valeurs permanentes et immuables provenant du caractère divin de la création ou de la transcendance de l'être humain sur la nature. Aussi, la plupart des auteurs estiment que la très grande majorité des normes du droit naturel sont en réalité le reflet de ceux qui les découvrent et les élaborent en vue de protéger les

98.V . not J.P. ALLINNE, Les victimes : des oubliées de l'histoire du droit ?, *In* R. CARIO, D. SALAS (Dir.), *op. cit.*, pp. 34-58 ; B. GARNOT (Dir.), *L'Infrajudiciaire du Moyen Age à l'époque contemporaine*, Presses Univ. Dijon, 1996, vol. LXXXI, 471 p. ; du même auteur, Histoire de la justice, *op. cit.*, p. 407 et s.

atteintes aux valeurs sociales essentielles [99]. Il demeure que d'autres auteurs n'hésitent pour autant pas à qualifier le droit de punir d'idéologique, observant que dans la plupart des systèmes politiques c'est le détenteur du pouvoir qui décide, en dernier lieu, de son contenu.

Pour autant, classiques et modernes s'accordent pour reconnaître au droit criminel, plus globalement aux sciences criminelles dont la pénologie fait partie, un objectif unique : assurer la coexistence pacifique des citoyens, l'harmonie des rapports entre les membres de la communauté en protégeant, de manière plus ou moins rigoureuse, les personnes et les biens. Dans le même sens, tous soulignent que le droit criminel, dont la pénologie détermine la fonction de la sanction qu'il édicte, pour appartenir à l'État, doit constituer l'*ultima ratio*. Ce qui signifie que l'on doit exclure de son champ d'action les cas impliquant des valeurs pour la protection desquelles il suffit de recourir à d'autres institutions (comme la famille, l'école ou d'autres communautés diverses), ou à d'autres branches du droit (civil, administratif, social...) auxquelles le droit criminel contemporain a abusivement confisqué les contentieux. De surcroît, lorsqu'il est mis en œuvre, le droit criminel ne doit être ni stigmatisant ni discriminatoire.

Bien évidemment, le désaccord se creuse sensiblement dès lors qu'il convient de définir le Bien commun et les valeurs à protéger d'une part et la stratégie pour y parvenir, de l'autre, sans jamais oublier que si le crime (au sens criminologique du

---

99.V. en ce sens J. PINATEL qui fixe le critère de la positivité du crime, objet de la criminologie, dans la réunion de trois conditions : « historique, le crime doit avoir été incriminé sous des modalités variables tout au long de l'histoire du droit pénal ; psycho-sociologique, être considéré comme une infraction par la majorité des membres du groupe constituant l'Etat moderne ; clinique, être vécu comme tel par son auteur », *In Criminologie et science pénitentiaire*, Cours polycopié, inédit, 1988-89, p. 11 ; V. du même auteur, *Histoire des sciences de l'homme et de la criminologie*, Ed. L'Harmattan, Coll. Traité de sciences criminelles, Vol. 3, 2001, p. 32 et s. ; R. CARIO, Introduction aux sciences criminelles, *op. cit.*, p. 183 et s.

terme) est prévu par la loi, c'est ce dont elle s'origine [100]. L'influence des structures politiques et des idéologies qu'elles véhiculent ne vont donc pas manquer d'agir sur les politiques criminelles mises en place pour lutter rationnellement contre le crime, prioritairement à titre préventif et, en cas d'échec, à titre réactif, plus communément dénommé répressif. L'analyse des doctrines classiques et contemporaines quant à la justification de la pénalité, du droit de punir, est riche de ces points de vue.

A – Les principaux modèles de justice pénale

Trois principaux modèles de justice ont, depuis les origines de la pénalité, tenté de justifier la légitimité de la peine, en lui imprimant tour à tour une fonction morale, une fonction utilitaire ou une fonction réhabilitative. La première cherche le fondement et le but de la peine dans la rétribution de la faute. La seconde assigne, par contre, à la peine un but politique et utilitaire. La troisième s'applique, plus fondamentalement, à favoriser, par la (ré)éducation, le retour en société, voire la resocialisation du condamné. Ces trois principales fonctions ont justifié la réaction sociale des origines du droit pénal et de la pénologie à nos jours, de manière plus exclusive que complémentaire.

1. Le modèle de la rétribution pénale

Selon ce premier modèle de justice, le condamné est puni parce qu'il a commis une faute, *punitur quia peccatum est*. La peine procède ainsi d'une fonction morale : c'est une mesure d'expiation. Juste en elle-même, la peine doit faire souffrir le condamné. Une telle rétribution satisfait le besoin de justice des individus. Le sens commun estime, en effet, que des récompenses doivent être accordées aux bons, des peines infligées aux méchants. En ce sens, ce sont toujours les mêmes formules qui accompagnent une condamnation : « justice est faite », « il va payer sa dette à la société ». Mais ces théories,

---

100. V. R. Cario, *Ibid.*, p. 185.

dites encore absolues, ne permettent pas de distinguer nettement l'infraction du péché, leurs promoteurs estimant que la peine doit faire souffrir le coupable de même que dans l'Au-delà le châtiment divin s'abattra sur le pécheur non repenti.

Plusieurs théories de la rétribution ont été développées, principalement à partir du siècle des Lumières. La rétribution divine voit dans l'infraction l'atteinte portée à un précepte divin, la répression s'exerçant par délégation divine. Une telle théorie n'est bien évidemment concevable que dans les sociétés où le droit est absorbé par la religion. La rétribution morale considère, avec Immanuel KANT, que la peine est un impératif catégorique de la raison de punir [101]. Cependant, la morale ne procède pas de la seule raison mais est largement sociale ainsi que l'a démontré Émile DURKHEIM. La rétribution esthétique prétend, avec Gottfried LEIBNIZ, que la peine doit rétablir l'harmonie préétablie de l'ordre [102]. Mais peut-on rétablir une telle esthétique, une telle harmonie en ajoutant au crime la peine qui n'est pas forcément esthétique en elle-même ? La rétribution juridique soutient, avec Friedrich HEGEL, que la peine est une nécessité dialectique. Elle doit exister indépendamment du mal causé par l'infraction parce que le droit, une règle de droit a été violé(e) [103].

---

101. V. *Fondements de la métaphysique des mœurs* (1785) et *Critique de la raison pratique* (1788), Librairie philosophique de Ladrange, 1848, 400 p. ; KANT illustre cet impératif catégorique de la loi pénale par cet exemple : « (si [...] un peuple habitant une île décidait de se séparer et de se disperser dans le monde tout entier), le dernier meurtrier se trouvant en prison devrait préalablement être exécuté, afin que chacun éprouve la valeur de ses actes et que le sang versé ne retombe point sur le peuple qui n'aurait point voulu ce châtiment, car il pourrait être considéré alors comme complice de cette violation de la justice publique », *In Métaphysique des mœurs* (1796), Vol. 1, Doctrine du Droit, Lib. Philosophique Vrin, 1979, pp. 213-220, spé. p. 216.

102. V. J. PINATEL, *eod. loc.*

103. V. tous sur ces aspects, not. J. PINATEL, Criminologie et science pénitentiaire, *op. cit.*, p. 115 et s. ; C. DEBUYST, F. DIGNEFFE, A. PIRES, *Histoire des savoirs sur le crime et la peine*, Vol. 2, La rationalité scientifique et la naissance de la criminologie, Ed. De Boeck, P.U. Montréal et Ottawa, 1998, not. A. PIRES, Kant face à la justice criminelle, pp. 145-205, F. DIGNEFFE, Durkheim et les débats sur le crime et la peine, pp 357-398 ;

Le modèle rétributif reçoit généralement le soutien des juristes qui aperçoivent l'origine de la peine dans la vengeance privée, manifestation de l'instinct de conservation de l'espèce humaine. Il ne semble pas davantage remis en cause par les premiers sociologues qui, à la suite d'Émile DURKHEIM, voient dans l'acte criminel une violation des états forts et définis de la conscience collective, rétribué au nom de la défense des coutumes [104]. La fonction rétributive de la peine, caractéristique de la pénalité classique, a ainsi dominé dans toutes les sociétés humaines qui se sont succédé pour le moins jusqu'à la Révolution française et domine encore dans les systèmes politiques totalitaires.

a) En ce sens, dans les **Sociétés primitives ou archaïques**, la nature de la peine varie selon la qualité de la victime. Au crime inter-tribal répond la peine privée, mise en œuvre par la famille de la victime, au travers de la vendetta à l'égard de l'infracteur, de l'un des membres voire de l'ensemble du groupe auquel il appartient. Au crime intra-familial répond le mépris public et l'humiliation, l'infracteur ne devant sa survie qu'à la nécessité de ne pas compromettre la pérennité même de sa famille. Deux types de peines étaient réservés au crime intra-tribal. La première frappe le sacrilège d'une peine sacrée, conduisant à l'élimination (directe ou par l'exil) de celui qui a souillé le groupe. La seconde frappe tous les autres crimes commis au préjudice d'un membre du groupe et s'apparente davantage aux modalités classiques de la peine pénale : élimination physique, mise en esclavage, réparation ou restitution, infamie, notamment.

Comp. P. PONCELA, Eclipses et réapparitions de la rétribution en droit pénal, *In Rétribution et justice pénale*, Univ. Sc. sociales Paris, PUF, 1983, p. 11 et s. ; F. GROS, Les quatre foyers de sens de la peine, *In* A. GARAPON, F. GROS, T. PECH, *op. cit.*, p. 35 et s. ; P. RICŒUR, Le Juste, la justice et son échec, *In Cahier de L'Herne*, 2004-81, pp. 287-306 ; B. GARNOT, Histoire de la justice, *op. cit.*, p. 448 et s.

104. V. *Les règles de la méthode sociologique* (1895), PUF, Coll. Quadrige, 20è éd., 1981, p. 66 ; du même auteur, *De la division du travail social* (1893), PUF, Coll. Quadrige, 3è éd., 1994, p. 35 et s., 125 et s.

b) Dans les **Sociétés Antiques**, l'élimination semble bien avoir été également la règle. Quand bien même le souci de la limitation de la vengeance privée s'observe, la divinité hellénique frappe sévèrement à Athènes. Selon ARISTOTE, « L'homme est corps, appétit, intelligence et la volonté humaine procède du désir. Dès lors le criminel n'est pas un malade, c'est un homme volontaire, dont l'acte est engendré par des désirs et des appétits » [105]. Il était donc favorable à la mise hors d'état de nuire des criminels. SOCRATE et PLATON furent plus nuancés en demandant que l'on enseignât surtout aux criminels comment ne plus commettre d'infraction, par une instruction et une formation qui leur font souvent cruellement défaut. A Rome, la sévérité et l'élimination sont aussi la règle. La condamnation *ad metalla* en est une preuve flagrante. Les infracteurs étaient ainsi contraints d'effectuer des travaux très pénibles, au profit de l'Empire ou de riches propriétaires. Ces travaux, effectués généralement dans les mines, réduisaient le condamné au statut d'esclave. Perpétuelle, leur peine se déroulait dans des conditions si extrêmes que nombre d'entre eux périssaient rapidement [106].

c) Dans les **Sociétés théologico-politiques**, le Roi, représentant de Dieu sur terre, tient de lui tous ses pouvoirs. La Monarchie française est le meilleur exemple de ce type de société à l'intérieur duquel la réaction sociale est entièrement orientée vers la *vindicta*. L'Ancien droit français est, en ce sens, décrit comme cruel, arbitraire, hétérogène et inégalitaire. La cruauté s'est longtemps exprimée au travers des peines corporelles. La peine de mort, encourue dans de nombreux cas criminels, s'accompagnait souvent de supplices variés (les amputations et la torture [107] préalables à l'exécution ; l'écartèlement, la roue, le

105. Cité par J. PINATEL, Histoire des sciences de l'homme et de la criminologie, *op. cit.*, p. 19 ; V. également, F. GROS, *op. cit.*, p. 17 et s.

106. V. not. T. SELLIN, Esclavage et peine dans la Rome Antique, *In Mélanges Ancel*, 1975, p. 437.

107. Distincte de la « question préparatoire » – de nature procédurale et destinée à obtenir l'aveu, preuve complète – elle avait pour ambition d'offrir la possibilité au supplicié d'expier d'autres crimes ou de révéler ses éventuels

bûcher) [108]. D'autres mutilations accompagnaient la pénalité d'actes moins graves : l'amputation du poing ou de l'index, le fouet, la marque ou flétrissure au fer chaud, la langue percée ou coupée... L'humiliation publique n'était pas rare par le port du carcan, l'amende honorable, l'exposition au pilori ou à la fourche patibulaire. L'arbitraire se manifestait à un double point de vue. Le juge possédait de larges pouvoirs d'appréciation quant à la poursuite, la qualification des faits, l'instruction et le choix des peines. Un tel arbitraire était renforcé par l'hétérogénéité des textes applicables : Lois romaines, franques, coutumes, Actes royaux, notamment. Le « fait du prince » ajoutait encore aux incertitudes de la répression par les lettres de grâce ou d'abolition de procédure et par les lettres de cachet, privilège royal de la justice retenue. Quand bien même l'arbitraire fut tempéré par les traditions, par la jurisprudence et fortement critiqué par la doctrine, il est très fréquemment réclamé dans les Cahiers de doléance lors des Etats Généraux de 1789 que « Dieu [nous] préserve de l'arbitraire du juge et du Roi » et que les tribunaux ne rendent plus une « jurisprudence contraire aux lois ». Mais c'est sans doute le caractère inégalitaire du droit pénal de l'Ancien régime qui apparaît comme le plus marqué. En ce sens, la compétence des juridictions varie selon la condition respective des prévenus et des victimes, indépendamment de la gravité des actes commis. La gravité du crime ou de la peine est appréciée selon le rang auquel appartenait la victime. Le mode d'exécution de la peine dépend de la qualité du condamné : le noble est décapité, le vilain pendu. Le principe de la personnalité des peines est ignoré, la condamnation de la « mémoire » du condamné, la

---

complices, toutes déclarations de nature à lui procurer un au-delà meilleur. Sur ces deux formes de torture, dont la rigueur n'en faisait pas que de simples mesures d'instruction mais également des peines, V. art. 13 Titre 25, Ord. 1670.

108. V. not. sur cette rigueur, A. LAINGUI, A. LEBIGRE, *Histoire du droit pénal. 1) Le droit pénal*, Ed. Cujas, Coll. Synthèse, 1979, pp. 117-118 ; M. FOUCAULT à propos du supplice de Damien, *In* Surveiller et punir, *op. cit.*, pp. 9-11 ; P. BASTIEN, *L'exécution publique à Paris au XVIIIè siècle : une histoire des rituels judiciaires*, Ed. Champ Vallon, 2006, 272 p. ; B. GARNOT, Histoire de la Justice, *op. cit.*, p. 477 et s.

destruction ou la confiscation de tous ses biens frappant injustement tous les membres de sa famille. C'est contre la plupart de ces excès, dénoncés par les philosophes, les encyclopédistes et les pénalistes humanistes des Lumières, que la réflexion pénologique va alors privilégier la défense de la société.

2. Le modèle de l'utilité sociale

La fonction utilitaire de la peine, dominée par le souci de défense de la société, prône que la peine a pour but d'empêcher le crime. C'est donc une mesure de prévention : on punit « *ut ne peccetur* » afin d'éviter la commission de nouveaux délits. Une telle prévention, en général, des délits et, plus particulièrement encore de leur réitération a été défendue par quelques jurisconsultes célèbres (comme Daniel JOUSSE [109] ou Pierre-François MUYART DE VOUGLANS [110]) à la fin de l'Ancien régime. Ils soutenaient ce double objectif de la peine par le recours à la publicité des châtiments d'une part et à la correction de ceux qui échappaient à la peine de mort pour les dissuader de récidiver d'autre part [111]. Cesare BECCARIA a également aperçu dans l'intimidation le but des châtiments, destinée à « [...] empêcher le coupable de nuire désormais à la société et de détourner ses concitoyens de la voie du crime » [112].

---

109. V. de cet auteur not. *Nouveau commentaire sur l'Ordonnance du mois d'août 1670 sur la justice criminelle*, Ed. Debure, 1753, 765 p., num-scd-upl.u-strasbg.fr ; *Traité de justice criminelle de France*, Ed. Debure, 1771, 4 tomes, 837, 848, 843 et 792 p., gallica.bnf.fr.

110. V. de cet auteur *Les lois criminelles de la France dans leur ordre naturel* (1780), Ed. Mérigot le jeune, 1780, 833 p.

111. V. not. B. GARNOT, Histoire de la justice, *op. cit.*, p. 450.

112. V. Des délits et des peines, *op. cit.*, § XV, De la modération des peines, p. 87 ; V. A. P. PIRES, Beccaria, l'utilitarisme et la rationalité pénale moderne, *In* C. DEBUYST, F. DIGNEFFE, A. PIRES, Histoire des savoirs sur le crime et la peine, Vol. 2, *op. cit.*, pp. 83-143 ; F. TEITGEN, *Cesare Beccaria ou l'utilité du bonheur. Essai sur le Traité des délits et des peines*, Ed. M. de Maule, 2008, 211 p.

Mais la théorie utilitariste a surtout été systématisée par Jeremy BENTHAM, appliquant au droit pénal les théories philosophiques et économiques de David HUME et d'Adam SMITH, selon lesquelles l'être humain se laisse principalement guider par son intérêt personnel. Avant tout passage à l'acte, tout infracteur se livrerait à de savants calculs tendant à évaluer plaisirs et peines, afin d'estimer le plus exactement possible le profit qu'il espère retirer du délit et le mal qui résulterait du châtiment. Pour les utilitaristes, l'être humain est doué d'un libre arbitre, lui permettant notamment d'opérer un tel calcul. Il a donc volontairement choisi d'accomplir un acte qu'il savait interdit, en sachant qu'il risquait une sanction. De ce point de vue, la théorie utilitariste de la peine, mesure de prévention, peut servir à la fois à la prévention générale et à la « prévention » spéciale.

a) En ce sens, si « la peine doit se faire craindre plus que le crime ne se fait désirer » [113], la peine doit avoir pour effet de détourner, en général, de la criminalité, par l'exemple du châtiment infligé à l'infracteur, tous ceux qui seraient tentés de l'imiter. Cette **fonction de prévention générale**, souvent dénommée fonction d'intimidation collective, peut revêtir plusieurs formes et degrés : l'intimidation pure (par la publicité des souffrances en cours d'exécution des peines) ; la coaction psychologique (le mal causé doit être supérieur au plaisir espéré par la commission de l'infraction) ; l'avertissement (l'accent n'étant pas mis sur la représentation de la souffrance comme précédemment mais sur la nature morale de l'être humain, la peine ravivant en lui la persuasion que l'infraction est immorale). C'est par la conjonction de ces modalités particulières que pourra être atteinte la protection de la société tout entière. Il importe de remarquer que la valeur préventive de l'intimidation collective est indémontrable scientifiquement, y

113. V. J. BENTHAM, *Théorie des peines et des récompenses*, Tome Premier, Londres, 1811, De Vogel et Schulze Imp., p. 23 ; J.P. JEAN, Jeremy Bentham et l'utilitarisme en droit pénal, *In* M. MASSE et al. (Dir.), Un droit pénal postmoderne, *op. cit.*, pp. 281-290.

compris à l'égard des peines les plus lourdes, comme la peine de mort notamment [114].

b) Dans cette optique, la peine doit aussi avoir pour effet d'empêcher spécialement celui qui a commis une infraction d'en commettre d'autres par la suite, dans la mesure où il n'a pas été *a priori* inhibé par la menace d'une sanction pénale (intimidation collective). La peine joue à son égard une **fonction de « prévention particulière » ou spéciale**. La peine peut remplir cette fonction d'intimidation individuelle de trois manières : par le moyen de l'élimination en débarrassant pour toujours la société des infracteurs (peine de mort ou peines privatives de liberté perpétuelles ou comportant de longues périodes de sûreté) ; par le moyen de l'intimidation pure et simple en inspirant au condamné la crainte de connaître à nouveau les souffrances que lui apporte le châtiment exécuté ; par le moyen de l'amendement ou « réforme morale » en reclassant le condamné dans la société.

On ne peut être que circonspect quant à l'impact réel de l'intimidation individuelle au regard du fort taux de récidive qu'enregistrent nos statistiques judiciaires et pénitentiaires, sauf sans doute en ce qui concerne les crimes contre les personnes. Dans ces derniers cas, la longueur excessive des peines prononcées (de plus en plus souvent accompagnées de périodes de sûreté ou susceptibles d'être prolongées dans le cadre de la récente rétention de sûreté), réduisent les intéressés à une forme avancée de dépendance aux psychotropes, déconnectés qu'ils sont alors et de surcroît à la sortie de prison de toute vie en collectivité.

Il faut bien reconnaître que l'efficacité d'une telle intimidation suppose le respect de deux strictes conditions. La réelle connaissance de l'interdit et de la peine exactement

---

114. V. not. en ce sens, T. SELLIN, La peine de mort et le meurtre, *In Rev. sc. crim.*, 1957, pp. 739-766 ; R. CARIO, Le rétablissement de la peine de mort. Considérations d'ordre pénologique et criminologique, *In La peine de mort au seuil du troisième millénaire*, Ed. Erès, 1992, pp. 123-141 ; G. KELLENS, *op. cit.*, p. 91 et s.

encourue, tout d'abord, par l'infracteur potentiel. Supportée par l'adage selon lequel « nul n'est censé ignorer la loi », une telle croyance procède davantage de « l'humour glacé » [115] du législateur pénal que d'une réalité concrètement constatée. L'exacte évaluation, ensuite, du risque d'être pris. Or de ce point de vue, le risque peut faire partie des inconvénients du métier pour les criminels d'habitude, voire professionnels du crime. Il est parfois incalculable pour d'autres infracteurs, pour des raisons de troubles psychopathologiques, de non assimilation de la norme par les plus jeunes, de prégnance de la situation (au cas de crimes passionnels notamment) et/ou de domination du plaisir immédiatement escompté.

Le modèle utilitaire de défense de la société est caractéristique des sociétés démocratiques modernes. En effet, c'est en réaction aux excès du rétributivisme pénal de l'Ancien droit que le législateur révolutionnaire a formalisé les principes fondateurs de la « nouvelle » pénalité [116]. Ainsi, le respect de la dignité de la personne humaine interdit toute forme de torture ou de châtiments cruels. Plus près de nous, Déclarations internationales et Conventions régionales proclament que nul ne sera soumis à la torture ou à des traitements cruels, inhumains et dégradants [117]. La garantie de la liberté individuelle est également affirmée. Seule l'autorité législative légitime peut y porter atteinte, par l'application d'un droit criminel articulé autour des principes : de la légalité des délits, des juridictions et des peines ; de nécessité ; de proportionnalité ; de non rétroactivité et d'interprétation stricte de la loi pénale. Tout citoyen, jouissant d'une totale liberté d'aller et de venir, de pensée et d'opinions, doit être préalablement averti des

115. V. J. LACAN, *Ecrits,* Introduction théorique aux fonctions de la psychanalyse en criminologie, Le Seuil, 1966, pp. 125-149.

116. Dont la plupart se trouvent inscrits dans la Déclaration des Droits de l'Homme et du Citoyen de 1789.

117. V. not. art. 5 de la Déclaration Universelle des Droits de l'Homme, adoptée par l'Assemblée générale des Nations Unies le 10 décembre 1948 ; l'art. 3 de la Convention Européenne de sauvegarde des droits de l'homme et des libertés individuelles adoptée par le Conseil de l'Europe le 4 novembre 1950.

comportements prohibés. La loi pénale doit émaner du Pouvoir législatif, plus exceptionnellement réglementaire. L'égalité de tous devant la loi pénale interdit de déroger aux règles relatives à la responsabilité pénale pour des motifs tirés des origines ethniques ou de l'appartenance sociale des infracteurs. Le déroulement du procès pénal, dans toutes ses phases (enquête, poursuites, instruction, jugement) comme dorénavant la mise à exécution des peines heureusement juridictionnalisée, ne sauraient être influencés par des considérations liées aux qualités des parties, auteur ou victime. Dans toute société démocratique, les peines doivent être personnelles et ne frapper que l'auteur même de l'infraction. Mais c'est déjà prendre en considération la personnalité de l'infracteur autour de laquelle va s'épanouir le troisième modèle de justice pénale.

3. Le modèle de la réhabilitation de l'individu

L'idée de prendre en compte la personne de l'infracteur et, plus globalement, la niche écologique dans laquelle il évolue pour organiser la répression n'est pas nouvelle. Déjà PLATON déclarait en ce sens, avec beaucoup de modernité, que si quelqu'un avait commis un crime, « la loi lui enseignerait à ne plus le répéter ». Les théologiens classiques, assimilant la faute au péché, en ont tiré la conséquence que la responsabilité de l'acte est personnelle. Quand bien même le libre arbitre spiritualiste a pu conduire à des excès, il a permis l'adoption de peines « médicinales » visant précisément à l'amendement du condamné [118]. Pénitentielle ou pénitentiaire, la peine n'en demeure pas moins pour autant fortement rétributive, y compris dans les théories utilitaristes les plus humanistes. Il n'empêche que la réaction socio-pénale commence à s'intéresser au criminel lui-même.

---

118. V. not. J. MABILLON, *Réflexions sur les prisons des ordres religieux* (1690, publié à titre posthume en 1724), Ed. Woinez, 1845, 53 p.

a) La **période positiviste** achève le processus de prise en considération de la personne de l'infracteur sur des bases certes discutables mais fondatrices du modèle réhabilitatif. A partir d'une stratégie strictement utilitaire, déconnectée de tout spiritualisme, l'infracteur est dorénavant évalué à l'aune du danger social qu'il représente pour la société. La rationalité scientifique dominante de l'époque, qui voit naître la plupart des sciences humaines et la criminologie en particulier, conduit même à rejeter toute culpabilité chez l'infracteur, déterminé biologiquement pour les uns, sociologiquement pour les autres, dans ses passages à l'acte criminel. Les positivistes ne croient pas en l'exemplarité collective de la peine, d'autant moins depuis la disparition de la plupart des peines corporelles. Ils n'attachent pas davantage de crédit à la coaction psychologique qui suppose la réunion, illusoire, de trois conditions cumulatives : prévoyance (dans le calcul du plaisir et de la souffrance pénale, très difficiles à évaluer *a priori*) ; certitude de la condamnation (que tout un chacun n'envisage que rarement, espérant ne pas se faire prendre) ; prévision consciente du mal éloigné (précisément contredite par la recherche d'assouvissement immédiat des désirs les plus sombres). Quant à l'avertissement, il n'a de sens que si les lois ne sont pas injustement appliquées, par des juges qui n'outrepassent pas leurs pouvoirs, distribuant au surplus de nombreuses sanctions socio-économiques qui frappent les plus faibles, massivement représentés dans la population criminelle.

Au plan de l'individualisation spéciale, les positivistes préconisent des mesures d'élimination (peine de mort, transportation) contre les infracteurs dont la dangerosité criminologique est avérée (témibilité ou capacité criminelle élevée et adaptabilité sociale faible). A l'égard des autres infracteurs, diverses peines et mesures de sûreté, imaginées par les positivistes, sont à la disposition des magistrats, adaptées à leur personnalité dont les contours ont été tracés par l'examen médico-psychologique et social systématiquement établi.

b) Orienté vers la resocialisation de l'intéressé, le **modèle réhabilitatif** va ainsi pouvoir se construire. Au travers de l'individualisation de la sanction, en premier lieu. Celle-ci va reposer sur des modalités multiples, certes fondées sur des raisons d'humanité mais aussi de rationalité gestionnaire des populations pénales, si ce n'est déjà, comme le souligne Françoise TULKENS, pour nous préserver de la honte de punir [119]. Il en va ainsi de la généralisation, dès 1832, des circonstances atténuantes à toutes les catégories d'infractions. Il en va encore de l'aménagement de la peine privative de liberté, dans la continuation des travaux de l'Ecole pénitentiaire, marquée notamment par la théorie de l'emprisonnement de Charles LUCAS. Les régimes pénitentiaires évoluent alors profondément. Il importe de favoriser le « relèvement » des condamnés, « de faire revivre socialement », selon l'heureuse expression de Raymond SALEILLES, ceux qui développent de réels efforts en vue de leur retour en société.

Tout au long des deux siècles précédents, dans un souci d'humanisation – et non d'abolition – remarquable, les aménagements de la peine privative de liberté vont se diversifier (régimes d'incarcération, libération conditionnelle, suppression de la relégation des multirécidivistes...) tout comme les alternatives à l'emprisonnement (sursis simple ou avec mise à l'épreuve...). La réforme Amor de 1945 en sera le point d'orgue avec l'institutionnalisation – éphémère dans les textes – du régime progressif et de l'observation scientifique des condamnés (Création du Centre national d'orientation de Fresnes, CNO).

Mais c'est surtout au travers de la pénalité appliquée aux mineurs, en second lieu, que le modèle réhabilitatif va trouver à s'épanouir. Amorcée en 1912, la spécificité de leur prise en charge est fondamentalement organisée par l'Ordonnance du 2 février 1945, dont l'actualité est indiscutable. Une telle heureuse spécificité se manifeste au niveau des juridictions

119. V. L'individualisation de la peine cent ans après Saleilles, *In* R. OTTENHOF (Dir.), *L'individualisation. De Saleilles à aujourd'hui*, Ed. Erès, 2001, pp. 275-282.

réservées aux mineurs, des procédures mises en œuvre en leur sein par des intervenants spécialisés et des sanctions prononcées. Priorité est donnée à l'éducatif sur le répressif, logiquement, au regard de la socialisation pauvre des intéressés. Les mesures éducatives retenues s'appuient sur les besoins de l'adolescent, appréhendé dans sa globalité psycho-sociale et environnementale. De multiples examens cliniques et enquêtes sociales permettent d'en fixer les contours. Pluridisciplinaires, les équipes de la Protection Judiciaire de la Jeunesse travaillent, sous la responsabilité du juge des enfants, à la restauration du lien social, en partenariat avec les autres services sanitaires et sociaux spécialisés. Dans toute la mesure du possible, la famille de l'adolescent est associée au processus (ré)éducatif. C'est en l'accompagnant, la supportant bien plus qu'en l'accablant de défaillances voire de culpabilité, que la famille comprendra, à son tour, le sens réel de sa fonction de « socialisation primaire » [120].

Pour être généreuse et cohérente, l'appropriation par les intéressés des instruments utiles à leur réhabilitation est toujours délicate. Elle suppose la responsabilisation de l'auteur par rapport aux actes commis et à leurs conséquences sur la

120. V. not. sur ces divers aspects, M. CUSSON, *Délinquants pourquoi ?*, Ed. A. Colin, 1981, 275 p. ; M. CUSSON, *Croissance et décroissance du crime*, P.U.F., Coll. Sociologies, 1990, 170 p. ; J.F. RENUCCI, *Droit pénal des mineurs*, Ed. Masson, 1994, 237 p. ; F. BAILLEAU, *Les jeunes face à la justice pénale. Analyse critique de l'application de l'Ordonnance de 1945*, Ed. Syros, coll. Alternatives, 1996, 237 p. ; M. LE BLANC et al., *Intervenir autrement. Un modèle différentiel pour les enfants en difficulté*, P.U. Montréal, 1998, 318 p. ; M. CUSSON, *Criminologie actuelle*, P.U.F, Coll. Sociologies, 1998, 254 p. ; C. BLATIER, *La délinquance des mineurs. L'enfant, le psychologue, le droit*, P.U. Grenoble, Coll. Vies sociales, 1999-14, 292 p. ; R. CARIO, *Jeunes délinquants. A la recherche de la socialisation perdue*, Ed. L'Harmattan, Coll. Sciences criminelles, 2 éd. 2000, 416 p. ; S. ROCHE, *La délinquance des jeunes. Les 13-19 ans racontent leurs délits*, Ed. du Seuil, Coll. L'épreuve des faits, 2001, 303 p. ; L. MUCCHIELLI, Violences et insécurité. Fantasmes et réalités dans le débat français, *op. cit.*, pp. 84-122 ; M. VAILLANT, C. LAOUENAN, *Les violences du quotidien. Idées fausses et vraies questions*, Ed. de la Martinière, Jeunesse, 2002, 231 p. ; E. DEBARBIEUX (Dir.), *L'oppression quotidienne. Recherches sur une délinquance juvénile*, La Doc. Française, 2003, 249 p. ; P. BONFILS, A. GOUTTENOIRE, *Droit des mineurs*, Ed. Dalloz, Précis, 2008, 1121 p.

personne victimisée, la reconnaissance du bien fondé de la sanction et la certitude d'une véritable (ré)intégration sociale, cumulativement. Elle induit aussi que les moyens en personnels et matériels soient disponibles et effectivement mobilisables. A ces derniers points de vue, le compte est loin d'être bon. Il devient alors inacceptable de réduire l'échec, sans cesse annoncé, du modèle réhabilitatif à celui, patent dans le même temps, de la privation pénale de liberté. Non seulement le traitement pénitentiaire de resocialisation peut être notablement amélioré mais, surtout, de nombreuses autres sanctions non carcérales sont disponibles pour la réhabilitation ou la (re)socialisation des condamnés [121]. On ne saurait davantage consommer le prétendu échec, surmédiatisé, du modèle réhabilitatif éducatif au bénéfice des mineurs sans établir de liens avec l'aggravation des conditions de socialisation de ces générations successives sacrifiées sur l'autel des « trente piteuses ».

Nos sociétés démocratiques se sont inspirées des propositions positivistes pour tenter d'adapter la peine à la personnalité de l'infracteur. Mais elles témoignent encore de la permanence des modèles rétributifs et utilitaires. L'évolution historique des modèles de justice, loin d'être linéaire, confirme bien les hésitations, avec des accents néanmoins particuliers selon les époques, à ne privilégier que des réponses strictement éliminatrices.

B – L'évolution des modèles de justice pénale

Subséquemment à l'évolution de nos sociétés humaines, la réaction sociale au crime va s'adapter aux transformations des idées et des mœurs par la mise en place, tout au long de notre histoire, de dispositifs plus ou moins formels et rationnels. La naissance des sciences humaines va ensuite conduire à une

---

121. V. B. LAVIELLE, X. LAMEYRE, *Le guide des peines. Personnes physiques et morales. Prononcé, exécution. Application, extinction*, Ed. Dalloz, Coll. Guide, 4è éd. 2008, 1022 p. ; P. PONCELA, *Droit de la peine*, PUF, Coll. Thémis, 2è éd. 2001, 479 p.

réflexion scientifique critique sur les justifications du droit de punir. A l'heure actuelle, selon les régimes politiques en place, les politiques de lutte contre le crime sont fondées sur l'une ou plusieurs fonctions de la peine, aujourd'hui nettement repérées et évaluées. Mais bien plus que d'une « abolition constante » [122], l'histoire de la pénalité se caractérise seulement par la recherche, loin d'être aboutie à ce jour, d'une plus grande humanisation [123].

1. La période pré-scientifique

Des Sociétés archaïques ou primitives jusqu'à la fin du XVIIIè siècle, la réaction sociale au crime a été rigoureuse, voire cruelle, en tout état de cause rétributive. A de rares exceptions près, la fonction assignée à la peine consistait à faire souffrir le condamné dans son corps avec, parfois, l'espoir de dissuader ceux qui seraient tentés par la transgression d'un interdit pénal en leur promettant de subir les mêmes châtiments cruels et définitifs [124]. La substitution de la justice publique à la justice privée n'a eu que pour principal effet – ce qui apparaît pour autant essentiel – de limiter l'intensité du mal porté en réponse à l'acte posé par l'infracteur. La Loi du Talion a ainsi constitué la première manifestation de limitation de la vengeance privée, sans doute la première rupture épistémo-

---

122. V. IHERING, « l'histoire de la peine se résume à son abolition constante », cité *In* A. LAINGUI, *Histoire du droit pénal*, PUF, Coll. Que sais-je?, 1985-690, p. 66.

123. V. not. Rapport du CPT, *In Dedans dehors*, 2004-41, 2004-42, 2006-53 ; Les prisons françaises en pleine dérive (Rapport du CPT suite à sa visite en France en 2006, *In Dedans dehors*, 2008-64, p. 3 et s. ; Comp. Etats généraux de la condition pénitentiaire, *In Dedans dehors*, 2007-57-58, 79 p. ; S. COYE, Conditions de détention indignes. La justice accepte d'indemniser un détenu, *In Dedans dehors*, 2008-65, pp. 12-14 ; A. CHAUVENET, C. ROSTAING, F. ORLIC, *La violence carcérale en question*, PUF, Coll. Le lien social, 2008, 347 p. ; D. SALAS, C. CARSTOIU, *La justice*, Le cavalier bleu éd., Coll. Idées reçues, 2008, p. 83 et s.

124. V. en ce sens G. KELLENS qui rapporte (*op. cit.*, p. 60) les propos de MONTAIGNE notamment : « en condamnant d'aucuns pour l'avertissement d'autres ».

logique en pénologie [125]. L'abandon noxal (de *noxa*, préjudice) offre encore la possibilité de remettre à la famille de la victime l'auteur du crime. La composition volontaire, permettant à la famille de l'auteur du crime de désintéresser la famille de la victime par le versement d'une somme d'argent, fit l'objet, dans le même ordre d'idées, d'une tarification par l'Etat. La part perçue par lui pour le prix de son intervention augmenta progressivement pour aboutir au système des frais de justice et de l'amende, exclusivement perçus par l'Etat, la victime se contentant de la réparation civile du dommage. Certes, comme il a été souligné précédemment, des philosophes ou des religieux se sont révoltés contre la machine pénale éliminatrice en proposant, avec beaucoup de modernité, de viser davantage l'amendement du condamné.

Pour autant, la connaissance des pratiques judiciaires, de mieux en mieux mises en évidence par les travaux d'historiens de la justice, atténue assez sensiblement ce constat de la rigueur de la réaction socio-pénale au crime. Il semble dorénavant bien établi que toutes les affaires criminelles ne parvenaient pas devant les juridictions officielles, saisies finalement que des crimes les plus complexes ou de ceux commis à l'égard des autorités ou de victimes appartenant aux classes privilégiées. Et plus étonnant encore, Justice et infrajustice apparaissent comme complémentaires, bien plus rarement antagonistes. Benoît GARNOT souligne ainsi l'omniprésence de l'infrajustice qui, loin d'être désorganisée, repose sur un consensus social bien établi et accepté par la justice même. Un tel consensus « s'accorde sur la nécessaire intervention (médiation) d'un tiers, individuel ou collectif, pour décider un règlement entre les parties en conflit (arbitrage) ou pour l'entériner (conciliation), règlement qui de ce fait prend concrètement force d'obligation morale et sociale

125. Ainsi le Code d'Hammourabi (1730 Av. J.C.) précisait : « Si quelqu'un a crevé l'œil d'un homme libre, on lui crèvera l'œil. S'il lui a brisé l'os, on lui brisera l'os ». La loi du Talion fut reprise à Rome dans la Loi des XII Tables (451-449 av. J.C.), comme dans l'Ancien Testament (IIIè siècle av. J.C.) : « Tu donneras vie pour vie, œil pour œil, dent pour dent, main pour main, pied pour pied, brûlure pour brûlure, meurtrissure pour meurtrissure, plaie pour plaie ».

aux yeux, non seulement des parties concernées, mais de tous les membres de la communauté »[126]. Les arrangements se concluent par un accord financier, une compensation en argent, le rétablissement de l'honneur de la victime, la réconciliation entre les parties ou les groupes concernés notamment.

Mais c'est particulièrement la philosophie des Lumières qui a permis l'avènement de la seconde rupture épistémologie de la pénalité. Les lois pénales révolutionnaires se sont fortement inspirées des propositions des philosophes, encyclopédistes et juristes des Lumières. D'esprit utilitariste, elles consacrent notamment les principes de la légalité des délits, des juridictions et des peines, de la proportionnalité des peines, fixes et publiques, .tournées néanmoins le plus possible vers l'amendement du condamné en vue de sa réintégration sociale. Rejetant les excès de la « fastueuse utopie »[127] révolutionnaire, le code pénal de 1810 cumule les fonctions rétributives et utilitaires, sans beaucoup d'attention aux idées de BECCARIA qui pensait, avec intelligence, que la certitude de la peine valait bien plus que l'intimidation collective de son éventuel prononcé. Sévère, le nouveau Code pénal réinstitue, sous l'influence des moralistes, le nombre de cas passibles de la peine de mort tout comme l'amputation du poing du parricide notamment et traite, avec beaucoup de rigueur, les infractions contre les mœurs.

L'École néo-classique va tenter, à partir de la Monarchie de juillet, de concilier, dans le même sens, théories rétributives et utilitaires, mais en distinguant la cause (morale) du but (utilitaire) de la peine. La première repose sur la culpabilité de l'être humain, doué d'un libre arbitre, justifiant la rétribution du mal par le mal. Le second conduit à vouloir tirer le meilleur parti de l'intimidation collective et individuelle de la peine. Sous l'influence de la doctrine et des pratiques judiciaires, l'amendement du condamné ne va pas cesser d'être fortement encouragé, notamment au regard de l'application de la peine

---

126. V. Histoire de la Justice, *op. cit.*, p. 353 et s., spé. p. 354.

127. V. B. GARNOT, Histoire de la justice, *op. cit.*, p. 452.

privative de liberté, nouvelle venue dans l'arsenal de la pénalité depuis la Révolution de 1789 [128].

2. La période scientifique

Si l'adage « Jamais plus qu'il n'est juste, jamais plus qu'il n'est utile » a inondé la pénalité néo-classique, l'approche positiviste du crime va constituer la troisième rupture épistémologique importante de la pénalité moderne. Face au phénomène criminel, la société doit mettre en œuvre des mesures de défense sociale adaptées à la dangerosité de l'infracteur. Selon la témibilité et l'adaptabilité évaluées des condamnés, différents moyens seront utilisés : réparatoires, répressifs ou éliminatoires [129]. De toutes les innovations positivistes dans la lutte contre les comportements criminels, celle de l'adaptation de la sanction à la personnalité du condamné va profondément pénétrer notre système de justice pénale.

Cependant, les excès du positivisme (rejet de la légalité formelle, limites du déterminisme scientiste, impérialisme de la clinique psychologique et sociale notamment), tout comme ses apports incontournables (prise en considération de la personnalité de l'infracteur, mesures de sûreté notamment) [130], pour inaugurer la pénalité moderne, vont cristalliser les pratiques judiciaires tout comme la réflexion pénale dans des politiques pragmatiques et éclectiques. Autant la nouveauté des connais-

---

128. Sur cette évolution du droit criminel, V. not. J.M. CARBASSE, *Introduction historique au droit pénal*, PUF, Coll. Droit fondamental, 1990, 360 p. ; J.M. CARBASSE, *Histoire du droit pénal et de la justice criminelle*, PUF, Coll. Droit fondamental, 2000, 445 p. ; A. LAINGUI, A. LEBIGRE, *Histoire du droit pénal. 1) Le droit pénal*, Ed. Cujas, Coll. Synthèse, 1979, 232 p. ; *2) La procédure criminelle*, 1980, 160 p. ; J.F. BREGI, *Introduction historique au droit*, Ed. Ellipses, 2005, 368 p. ; B. GARNOT, Histoire de la justice, *op. cit.*, p. 448 et s.

129. V. en ce sens, E. FERRI, *La sociologie criminelle*, F. Alcan éditeur, 1905, p. 462 et s.

130. V. not. F. DIGNEFFE, L'Ecole positiviste italienne et le mouvement de la défense sociale, *In* C. DEBUYST, F. DIGNEFFE, A. PIRES, Histoire des savoirs sur le crime et la peine, Vol. 2, *op. cit.*, pp. 233-299.

sances sur l'être humain, dans sa globalité bio-psycho-sociale, que celle des méthodes pour les intégrer au procès pénal vont engendrer, dès les premiers jours du positivisme, un temps d'observation critique et d'application très mesurée des évolutions pourtant reconnues comme souhaitables. L'inévitable combinaison entre le libre arbitre et le déterminisme, notamment social, va conduire à ne retenir que les aspects les moins discutables des théories de la pénalité en présence et à rejeter fermement les excès qu'elles comportent. La transformation de la réaction pénale au crime est alors en marche, non pas pour aboutir à « l'abolition constante » de la peine, comme d'aucuns le prétendent encore, mais en vue d'humaniser les réponses pénales conformément à l'évolution des idées et des mœurs de l'époque contemporaine [131].

La doctrine de Défense sociale nouvelle [132], emportée par Marc ANCEL en France [133], aboutira la distinction, dans la complémentarité, des prises en charge, entre responsabilité et peine, d'une part, état dangereux et mesures de sûreté, de l'autre. Appliquée initialement aux mineurs, cette pénalité moderne va embrasser toutes les catégories d'infracteurs sur la base d'un principe nouveau : la meilleure des défenses dont dispose la société, c'est encore l'adaptation, l'amélioration des condamnés. Il convient en ce sens d'encourager leur responsabilisation, c'est à dire leur aptitude à tirer profit de la sanction. Avec une pertinence inégalée, juristes et crimino-

---

131. Depuis la fin du 19è siècle, la plupart des auteurs français et belges ont adopté cette posture pragmatique et éclectique. V. not. les travaux fondateurs de G. TARDE (*La philosophie pénale*, 1890), GARRAUD (*Traité théorique et pratique de droit pénal français*, 1888), PRINS (*Science pénale et droit positif*, 1899 ; *La défense sociale et les transformations du droit pénal*, 1910). C'est à cette époque que va naître l'Union Internationale de Droit Pénal (1889), à laquelle succédera, après le premier conflit mondial, l'Association Internationale de Droit Pénal (1924).

132. Dont une variante plus positiviste a vu le jour en Italie sous l'impulsion initiale de la Terza Scuola (animée tout d'abord par les juristes ALIMENA et CARNEVALE) et, ensuite, des travaux de GRAMMATICA (*Principes de défense sociale*, 1961).

133. V. not. de cet auteur, *La défense sociale nouvelle*, Ed. Cujas, 3è éd. 1980, 381 p.

logues s'associent pour la promotion d'un traitement de resocialisation, affirmant que la peine et la mesure de sûreté doivent s'intégrer dans une politique criminelle humaniste d'ensemble, fondée sur la personnalité de l'infracteur et la protection de la société [134]. Loin de sacrifier le droit pénal à la criminologie, la Défense sociale nouvelle entend bien plus heureusement les harmoniser.

3. La période actuelle

La plupart des États modernes ont connu semblable évolution, de la rétribution de l'acte à la réhabilitation de leur auteur, dans un souci toujours affirmé de protection de la société. Certains d'entre eux, caractéristiques de régimes totalitaires, ont mis ou mettent en place des politiques criminelles de neutralisation, voire d'exclusion, peu soucieuses de la garantie et du respect des droits humains. D'autres États, démocratiques, combinent bien plus heureusement réponses étatiques et réponses sociétales – avec des nuances certes parfois assez prononcées – pour lutter contre le phénomène criminel.

a) Dans les **sociétés totalitaires**, caractéristiques de régimes dictatoriaux passés ou actuels, la peine est érigée en une souffrance continue. Les châtiments infligés doivent définitivement détourner les condamnés (de droit commun ou politiques) d'une quelconque récidive. La torture est systématiquement utilisée, à titre probatoire ou de peine, avec une infinie variété de procédés, tous aussi inhumains les uns que les autres. L'arbitraire y est constant, la légalité pénale apparaissant de pure forme. Le danger social pour la « race » à l'époque

---

134. Sur cet éclectisme contemporain, dont la richesse provient précisément de la diversité des réponses proposées, V. not. MERLE et VITU, *Problèmes généraux de la science criminelle. Droit pénal général*, Tome 1, Ed. Cujas, 7è éd. 1997, n° 407, p. 419 et s. ; B. BOULOC, *Droit pénal général*, Ed. Dalloz, 21è éd., 2009, 722 p. ; R. CARIO, Introduction aux sciences criminelles, *op. cit.*, p. 32 et s.

nazie, pour les « intérêts du prolétariat » aux plus sombres périodes de l'ère communiste, pour l'intégrisme religieux ou pour les privilèges de la junte militaire au pouvoir ailleurs dans le monde étaient/sont érigés en « infraction », vouant leurs auteurs aux camps d'extermination nazis, aux « goulags » communistes, aux « stades » sud-américains, aux « prisons politiques »… quand ils ne « disparaissent » pas tout simplement à la suite d'exécutions sommaires perpétrées par des « escadrons de la mort » ou d'autres « milices » notamment. Les méfaits de certaines propositions excessives de l'École positiviste, dans leur rejet du principe de la légalité des délits et des peines tout comme dans l'affirmation du déterminisme biologique de certains comportements humains, se trouvent ainsi clairement illustrés. Il n'est que de lire les Rapports annuels des Associations internationales ou des Organisations non gouvernementales humanitaires pour mesurer l'ampleur et la cruauté de la répression politique dans un nombre important de pays dirigés par d'authentiques dictateurs [135].

b) Dans les **États démocratiques**, l'évolution de la fonction de la peine est caractérisée, à l'opposé et de manière très nette, par l'humanisation des réponses socio-pénales. L'accent est manifestement mis sur la prévention des inadaptations et des déviances en général, des comportements criminels en particulier. La prévention précoce (encore dénommée développementale [136]), régulièrement évaluée à partir de programmes scientifiques de grande qualité méthodologique, démontre en ce sens que les interventions au plus près de l'émergence des facteurs de risque, de manière massive et selon une stratégie multidisciplinaire de support, sont de nature à compenser les

---

135. V. not. *Rapport annuel 2009 d'Amnesty International*, amnesty.org. ; *Rapport annuel 2009 de la Fédération Internationale des Droits de l'Homme*, fidh.org ; *Rapport mondial 2010 de Human Rights Watch*, hrw.org.

136. V. not. R. CARBONNEAU, Prévention développementale du crime, *In* G. LOPEZ, S. TXITXIS, *Dictionnaire de sciences criminelles*, Ed. Dalloz, 2004, pp. 739-745 ; R. CARIO, *La prévention précoce des comportements criminels. Stigmatisation ou bientraitance sociale ?*, Ed. L'Harmattan, Coll. Controverses, 2004, 108 p.

défaillances et lacunes de la socialisation des jeunes précarisés qui y sont exposés [137]. De la même manière, la plupart des démocraties anglo-saxonnes ou continentales ont installé des processus alternatifs à la pénalisation des conflits, par le recours à des modalités plus proportionnées, souples et concrètes de régulation des conflits, à côté du Système de justice pénale ou en son sein, amorçant par là même, la réactivation de la Justice restaurative. Quant à la réhabilitation des condamnés, le développement des mesures exécutées au sein de la communauté, à côté des peines privatives de liberté lorsqu'elles s'imposent, consolident l'individualisation de la sanction destinée à favoriser, dans les meilleures conditions possibles, le maintien ou le retour des intéressés en société.

Cependant, au sein de quelques pays incontestablement démocratiques, le pire peut aussi côtoyer le meilleur. La « nouvelle pénologie », d'inspiration principalement états-unienne, de *tough policy* tend à se rapprocher fortement des stratégies rétributives de l'acte criminel. C'est le cas aux États-Unis et en Grande Bretagne notamment où les politiques criminelles sont de plus en plus pensées et activées en termes d'humiliation des condamnés (*shame sanctions*), de gestion des risques (bracelet et implants électroniques, *home detention* notamment), d'élimination indéterminée (*Three strikes and you are out*) [138]… sur fond pervers de néo-utilitarisme, de criminologie actuarielle, de protection hypocrite de la société.

---

137. V. not. F. VITARO, C. GAGNON (Dir.), *Prévention des problèmes d'adaptation chez les enfants et les adolescents*, Presses Univ. Québec, 2001, 2 Tomes, 535 et 616 p. ; R. TREMBLAY, *Prévenir la violence dès la petite enfance*, Ed. O. Jacob, 2008, 269 p. ; V. *contra* Collectif « Pas de zéro de conduite », *Enfants turbulents : l'enfer est-il pavé de bonnes préventions ?*, Ed. Erès, 2006, 300 p.

138. V. sur le *Justice model of just desert* et l'idéologie de *Law and order*, V. M. CAVADINO, J. DIGNAN, *The penal system : an introduction*, Sage pub., 3rd ed. 2002, pp. 9-78 ; M. CUSSON, Criminologie actuelle, *op. cit.*, p. 181 et s. ; G. KELLENS, Punir, *op. cit.*, p. 34 et s. ; L. WACQUANT, *Les prisons de la misère*, Raison d'agir Ed., 1999, 191 p. ; P. LANDREVILLE, Va-t-on vers une américanisation des politiques de sécurité en Europe ?, *In* L. MUCCHIELLI, P. ROBERT (Dir.), *Crime et sécurité. L'état des savoirs*, Ed. La Découverte, 2002, pp. 424-433 ; E. MORGAN, M. MORGAN, W.S. HYLTON, J. BRUNER, *Une*

c) En France, de manière constante, comme il a été souligné précédemment, la complémentarité des approches pénales et criminologiques a été mise en œuvre sous l'influence de la doctrine de défense sociale nouvelle, par la combinaison des peines et des mesures de sûreté dont témoigne notre riche code pénal. En ce sens, la resocialisation de l'auteur d'infraction est officiellement reconnue comme fonction essentielle de la sanction [139]. C'est ainsi que le code pénal l'entend à l'alinéa second de l'art. 132-24 : « *La nature, le quantum et le régime des peines prononcées sont fixés de manière à concilier la protection effective de la société, la sanction du condamné et les intérêts de la victime avec la nécessité de favoriser l'insertion ou la réinsertion du condamné et de prévenir la commission de nouvelles infractions* » [140]. A cette fin, l'individualisation des peines doit, chaque fois que cela est possible, permettre le retour progressif à la liberté du condamné à une peine d'emprisonnement ou de réclusion [141]. En ce sens, les caractéristiques de la personnalité du condamné et de son contexte socio-culturel et économique sont pris en compte lors de la mise en place, au sein des établissements concernés, des projets d'exécution des peines (PEP). Les besoins sanitaires des condamnés sont de mieux en mieux assurés [142], au sein des SMPR, UCSA, des UHSI ou des UHSA.

---

passion américaine : prison et peine de mort, Les Empêcheurs de penser en rond, 2004, 125 p. ; G. Sainati, U. Schalchli, *La décadence sécuritaire*, La fabrique Ed., 2007, p. 16 et s.

139. Décision 93-334 DC du 20 janv. 1994, *In J.O. du 26*, p. 1380 et s. ; Décision 2008-562 DC du 21 fév. 2008, *In LPA*, 2008-121, pp. 7-12 ; conseil-constitutionnel.fr/decision.

140. Comp. H. Leclerc qui aperçoit dans cet article, mod. par la Loi du 12 déc. 2005, l'apparition de la notion de vengeance des victimes, « La justice qui punit », *In Hommes et libertés*, 2010-149, pp. 34-36.

141. V. not. Art. 707 *C.P.P.* : « [al. 2] L'exécution des peines favorise, dans le respect des intérêts de la société et des droits des victimes, l'insertion ou la réinsertion des condamnés ainsi que la prévention de la récidive. [al. 3] A cette fin, les peines peuvent être aménagées en cours d'exécution pour tenir compte de l'évolution de la personnalité et de la situation du condamné. L'individualisation des peines doit, chaque fois que cela est possible, permettre le retour progressif du condamné à la liberté et éviter une remise en liberté sans aucune forme de suivi judiciaire ».

142. En ce sens, ont été créés 5 Unités pour malades difficiles (UMD, 1910), 26 Services Médico-psychologiques régionaux (SMPR, 1986), 175

Dans le même esprit, le constat de la moindre dangerosité de certains infracteurs favorise l'introduction massive de mesures alternatives aux poursuites (comme notamment la médiation pénale), de substituts aux courts temps pénitentiaires, du travail d'intérêt général, de la réparation pénale à l'égard des mineurs, des jours-amendes et du placement sous surveillance électronique. Des mesures de sûreté pré- ou post-délictuelles prennent en compte les difficultés rencontrées par certaines catégories de personnes : toxicomanes ou alcooliques dangereux, agresseurs sexuels. Le personnel pénitentiaire se diversifie et tend à se constituer en équipes pluridisciplinaires, en milieu fermé comme en milieu ouvert. Mais surtout la richesse de notre arsenal de sanctions est de nature à permettre de répondre de manière adaptée aux divers types de délits et de crimes, comme l'a préconisé depuis longtemps Cesare BECCARIA [143]. Et plus particulièrement encore à l'égard des mineurs.

Cependant, notre Système de justice pénale semble subir, à l'heure actuelle, les coups de butoir de politiques néo-utilitaristes (voire même d'orientation parfois nettement vindicative) et de doctrines abolitionnistes d'origine pénale ou criminologique qui font vaciller les pratiques. Il n'est pas inintéressant de noter que ces débats pénologiques contemporains se réfèrent souvent aux mêmes travaux des auteurs les plus reconnus… mais en donnent une interprétation diamétralement opposée !

Les aléas de la politique intérieure française conduisent en ce sens le législateur à privilégier, dans la lutte contre le crime, des réponses d'intimidation individuelle, l'infracteur étant considéré comme le seul responsable de ses actes. Une telle approche « économique » des comportements humains en général, criminels en particulier, pour présenter une explication possible relativement aux actes d'appropriation (plus ou moins

---

Unités de consultation et de soins ambulatoires (UCSA, 1994) ; 7 Unités hospitalières sécurisées interrégionales (UHSI, 2000) et 1 Unité hospitalière de soins adaptés (UHSA, 2010).

143. V. Des délits et des peines, § XXIII, Les peines doivent être proportionnées aux délits, *op. cit.*, pp. 111-113.

graves), est invérifiable scientifiquement quant aux crimes (au sens juridique du terme) contre les personnes. Dans tous les cas, malgré ses prétentions scientistes tant à renouer avec les théories évolutionnistes qu'à recourir aux apports récents des neurosciences, elle constitue une régression certaine en pénologie, au regard des évaluations disponibles qui soulignent le caractère contre-productif de la plupart de ces réponses. Nier à ce point les influences écologiques (au sens large de la criminologie) et culturelles qui favorisent le passage à l'acte criminel leur ôte tout crédit scientifique [144].

La criminologie actuarielle, dans une même démarche empreinte d'une désillusion désastreuse relativement aux comportements humains, considère le passage à l'acte criminel comme un choix rationnel [145]. Dans le cadre plus large de la gouvernance de la sécurité, elle propose des outils probabilistes de gestion du crime fondés sur divers critères comme l'origine ethnique, l'âge, le comportement et l'habitat notamment. Une telle stratégie, sans doute utile en complément harmonieux avec les autres formes de prévention, constitue une régression majeure au travers du rejet de l'humanité des protagonistes, l'acte posé étant envisagé uniquement comme un risque social objectif. Les comportements criminels sont ainsi envisagés uniquement au travers des résultats d'analyses statistiques globales provenant de l'activité de « groupes » divers d'individus [146]. Dans la confusion la plus contestable entre

---

144. V. not. X. BEBIN, *Pourquoi punir ? L'approche utilitariste de la sanction pénale*, Ed. L'Harmattan, Coll. Logiques politiques, 2006, 235 p. ; institutpourlajustice.com ; Comp. J.P. JEAN, Le système de justice pénale évalué à l'aune de ses résultats, *In* M. MASSE et al. (Dir.), Un droit pénal postmoderne, *op. cit.*, pp. 247-280 ; C. MONNOT, L'intense lobbying de l'Institut pour la justice en faveur de lois plus répressives, *In Le Monde*, 10 oct. 2009, p. 12.

145. V. not. M. FELSON, *Crime and everyday life*, 4th ed., 2008, Brain Store Inc., 464 p. ; S. LEMAN-LANGLOIS, *La sociocriminologie*, PUM, Coll. Paramètres, 2007, pp. 62-72 ; M. CUSSON, De la pensée stratégique en criminologie, *In* Mélanges offerts à Raymond Gassin, *op. cit.*, pp. 373-385 ; R. HOPKINS BURKE, *An introduction to criminological theory*, 3rd ed., Willan publishing, 2009, pp. 46-59, pp. 312-328.

146. V. sur ces aspects, not. P. MARY, Pénalité et gestion des risques : vers une justice actuarielle en Europe ?, *In Dév. et Soc.*, 2001-25-1, pp. 33-

prédiction et prévention, elle opère un retour aux excès de l'utilitarisme et du positivisme les plus classiques [147].

A l'opposé, par une excessive politisation de l'analyse du phénomène criminel, quelques auteurs (juristes ou criminologues) réclament plus ou moins fermement l'abolition du système de justice pénale, intimement et définitivement lié aux « entrepreneurs moraux » détenteurs du pouvoir politique en place, l'infracteur étant alors davantage considéré comme victime du système pénal, comme un bouc émissaire, le crime comme le symptôme des désordres sociaux générés par l'exclusion des intéressés [148].

---

51 ; J. PRATT, Dangerosité, risque et technologie du pouvoir, *In* Criminologie, 2001-34-1, pp. 101-121 ; D. GARLAND, *The culture of control. Crime and social order in contemporary society*, Oxford Univ. press, 2001, p. 127 et s. ; J.F. CAUCHIE, G. CHANTRAINE, De l'usage du risque dans le gouvernement du crime. Nouveau prudentialisme et nouvelle pénologie, *In Champ pénal*, 2005-2, champpenal.revues.org ; L. DELANNOY-BRABANT, Quelles évolutions des politiques de traitement du crime à l'ère de la « nouvelle pénologie ». Une perspective internationale, *In La note de veille*, Centre d'analyse stratégique, 2008-106, www.strategie.gouv.fr.

147. V. Rapport sur la prévention de la délinquance, remis au Ministre de l'intérieur par J.A. BENISTI, 2004, multigraph., 60 p. ; R. GASSIN, Criminologie, *op. cit.*, pp. 206-226 ; M. CUSSON, *La Criminologie*, Ed. Hachette, Coll. Les fondamentaux, 4è éd. 2007, pp. 69-79 ; du même auteur, *La délinquance, une vie choisie. Entre plaisir et crime*, Ed. Hurtubise, Coll. Droit et criminologie, 2005, 226 p. ; F. BONNET, De l'analyse économique du crime aux nouvelles criminologies anglosaxonnes ? Les origines théoriques des politiques pénales contemporaines, *In Dév. Soc.*, 2006-30-2, pp. 137-154 ; M. CUSSON, Préface, *In* L. et S. TOURNYOL du CLOS, *La délinquance des jeunes*, Ed. L'Harmattan, Coll. Pour comprendre, 2007, pp. 9-12, 23 et s. ; R. CARIO, Introduction aux sciences criminelles, *op. cit.*, p. 125 et s. ; J.L. SENON, Dangerosités psychiatriques et criminologiques : des peurs sociales au questionnement sur l'évaluation actuarielle et les mesures de sûreté, *In* M. MASSE et al. (Dir.), Un droit pénal postmoderne, *op. cit.*, pp. 173-189.

148. V. en ce sens not., I. TAYLOR, P. WALTON and J. YOUNG, *The new criminology. For a social theory of deviance*, 6è éd./1973, Ed. Routledge and Kegan Paul, London, 325 p. ; H.S. BECKER, *Outsiders. Etude de sociologie de la violence*, PUF, 1985, 247 p. ; L. HULSMAN et J. BERNAT de CELIS, *Peines perdues. Le système pénal en question*, Ed. Le Centurion, 1982, 182 p. ; N. CHRISTIE, Crime control as industry (1993, trad. 2003), L'industrie de la punition, *op. cit.*, 221 p. ; C. DEBUYST, *Modèle éthologique et criminologie*, Ed. Mardaga, 1986, 183 p. ; C. BAKER, Pourquoi faudrait-il punir ? Sur

Dans ce même esprit mais de manière plus nuancée et constructive, certains partisans de ce courant de pensée réclament la dépénalisation des comportements non manifestement contraires à l'harmonie sociale ou s'analysant davantage comme des manquements à la discipline communautaire. D'autres encore soulignent les avantages de la « déjudiciarisation » dans le règlement des conflits de moindre gravité par l'adoption de procédés novateurs, dont certains, participant de cette idée, ont déjà été intégrés dans la loi comme la dispense de peine, l'ajournement du prononcé de la sanction avec mise à l'épreuve, la réparation pénale, notamment [149].

C'est dans un tel contexte d'incertitude pénologique, où l'idéologie domine la politique de la nation, où le sens commun tient lieu de « seul critère de véracité et de sérieux des opinions » [150], où le pragmatisme (en réponse aux « audaces théoriques ») [151] institue en paradigme la démarche de Monsieur

---

l'abolition du système pénal, Ed. Tahin party, 2004, 184 p. ; Mouvement abolitionniste des prisons et des peines, abolition.prisons.free.fr.

149. Sur cette évolution V. not. J.P. ALLINNE, *Gouverner le crime. Les politiques criminelles de la Révolution au XXIè siècle. 2. Le temps des doutes : 1920-2004*, Ed. L'Harmattan, Coll. Traité de sciences criminelles, 2004, Vol. 7-2, 304 p. ; M. FOUCAULT, *Surveiller et punir*, Ed. NRF/Gallimard, 1976, 319 p. ; DEBUYST, F. DIGNEFFE, J.M. LABADIE, A. PIRES, *Histoire des savoirs sur le crime et la peine*, Vol. 1, Des savoirs diffus à la notion de criminel-né, Ed. De Boeck, P.U. Montréal et Ottawa, 1995, 366 p. ; C. DEBUYST, F. DIGNEFFE, A. PIRES, Histoire des savoirs sur le crime et la peine, Vol. 2, La rationalité scientifique et la naissance de la criminologie, *op. cit.*, 518 p. ; M. HENAFF, La dette de sang et l'exigence de justice, *In* P. DUMOUCHEL (Dir.), *Violences, victimes et vengeances*, L'Harmattan / Presses univ. Laval, 2000, pp. 31-64 ; A. GARAPON, F. GROS, T. PECH, Et ce sera justice. Punir en démocratie, *op. cit.*, 331 p. ; P. PONCELA, Droit de la peine, *op. cit.*, 479 p. ; A. ASHWORTH, Sentencing, *In* M. MAGUIRE, R. MORGAN, R. REINER, *The Oxford Handbook of Criminology*, Oxford Univ. Press, 4th ed., 2007, pp. 990-1023 ; J. FAGET, *Sociologie de la délinquance et de la justice pénale*, Ed. Erès, Coll. Trajets, 2è éd. 2007, p. 105 et s.

150. V. en ce sens M. BENASAYAG, E. CHARLTON, *Cette douce certitude du pire. Pour une théorie critique de l'engagement*, Ed. La Découverte, Coll. Essais, 1991, 199 p.

151. V. sur cet aspect, les pertinentes réflexions de J. PINATEL, Le mouvement des faits, des idées et de la réaction sociale en criminologie, *In*

Jourdain, que la pénalité contemporaine évolue. Et cette situation risque de perdurer aussi longtemps que la prévention du phénomène criminel s'inscrira dans la précipitation des alternances doctrinales et/ou politiques dans le cadre d'une stratégie populiste de tolérance zéro. Les réformes (qui se doivent d'être « toujours innovantes ») se succédant à un rythme effréné – un texte en chassant un autre... parfois même sans aucune application, leur impact réel sur le fléau combattu est exceptionnellement évalué, chacun se gardant bien de s'attaquer vraiment aux raisons de son émergence. Cette stratégie non maîtrisée de réactivité à l'événement – « tout sujet du vingt heures [étant] virtuellement une loi » [152] – est d'autant plus perverse que les juges ne recourent finalement qu'à un nombre réduit d'incriminations potentielles [153]. Le néo-utilitarisme contemporain, négligeant les apports de l'utilitarisme classique, vante les vertus de la neutralisation et de la dissuasion de la peine privative de liberté, « nécessaire pour la plupart des délinquants ». Les alternatives à la prison sont rejetées au motif qu'elles n'offrent pas cette même « efficacité mécanique » de neutralisation [154]. Les Règles pénitentiaires européennes (RPE) sont qualifiées d'[...] « absurdes » et de « menaces » pour « la sécurité de nos prisons » [155].

Actas Oitavo congresso internacional de criminologia, Lisboa, 1978, p. 13 et s.

152. V. L'intervention de G. CARCASSONNE au Colloque organisé par la Cour de Cassation « Qui inspire les réformes pénales ? », 23 fév. 2006, courdecassation.fr/colloques ; Conseil d'Etat, Sécurité juridique et complexité du droit, *Rapport public 2006*, La Doc. Française, Etudes et documents, 2006-57, p. 229 et s.

153. V. en ce sens Y. CHARPENEL, *Les rendez-vous de la politique pénale. Concilier devoir de justice et exigence de sécurité*, Ed. A. Colin, Coll. Sociétales, 2006, qui souligne, p. 57, que « les statistiques implacables (car certaines) du casier judiciaire [...] révèlent que les juridictions pénales utilisent environ 200 incriminations sur les 15 000 à leur disposition et que 60 d'entre elles correspondent à 90 % des condamnations ».

154. V. not. institutpourlajustice.com.

155. V. C. MONNOT, L'intense lobbying de l'Institut pour la Justice en faveur de lois plus répressives, *In Le Monde*, 10 oct. 2009, p. 12.

C'est bien de cet utilitarisme là que s'inspire le législateur au travers, notamment, des peines planchers, de la rétention de sûreté, de l'augmentation des quantum des peines encourues introduites récemment en droit positif ou encore du recours encadré de à la vidéoprotection [156]. Il en va de même à l'égard des mineurs qui, par adultomorphisme inconséquent, voient leur prise en charge se rapprocher dangereusement de celle des majeurs [157], quand bien même leurs activités criminelles ne le justifient pas [158]. Comment ignorer à ce point que la peine privative de liberté est la plus contre-productive des sanctions qui soit à l'égard notamment des courts temps pénitentiaires, lesquels constituent l'essentiel des incarcérations à ce jour ? Combien de rapports les parlementaires [159], le Contrôleur général des lieux privatifs de liberté [160], les commissaires du Conseil de l'Europe [161], combien de condamnation de la Cour

156. V. not. E. HEILMANN, La vidéosurveillance, un mirage technologique et politique, *In* L. MUCCHIELLI (Dir.), La frénésie sécuritaire, *op. cit.*, pp.113-124 ; M. CUSSON, La télésurveillance, *In* M. Cusson, B. DUPONT, F. LEMIEUX (Dir.), *Traité de sécurité intérieure*, Presses polytechniques et universitaires romandes, 2008, pp. 452-460 ; A. BAUER, C. SOULLEZ, Concessions sécuritaires et vidéoprotection, *In Hermès*, 2009-53, pp. 91-98.

157. V. A. VARINARD, Commission de proposition de réforme de l'Ordonnance du 2 février 1945 relative aux mineurs délinquants, multigraph., 2008, 238 p. ; gouvernement.fr.

158. V. not. L. MUCCHIELLI, Note statistique de (re)cadrage sur la délinquance des mineurs, *In champpenal.revues.org/7053*.

159. V. *Supra*, Introduction, b).

160. V. not. J.M. DELARUE, *Rapport d'activité 2008*, cglpl.fr ; A. SALLES, L. VAN EECKHOUT, Ainsi vivent les détenus dans les prisons françaises. Le premier rapport du contrôleur Delarue, *In Le Monde*, 9 avril 2009, p. 1, 3 et 10 ; F. JOHANNES, L'accablant rapport du contrôleur général des prisons, *In Le Monde*, 11 mars 2010 (Rapport 2009) ; Contrôleur général des lieux de privation de liberté, *Rapport d'activité 2009*, Ed. Dalloz/Sirey, 2010, 327 p.

161. V. not. Rapport du Commissaire aux droits de l'homme A. GIL-ROBLES, sur le respect effectif des droits de l'homme en France, *commDH(2006)2*, eu-logosorg ; Memorandum de T. HAMMARBERG, Commissaire aux droits de l'homme du Conseil de l'Europe, *commDH(2008)34*, wcd.coe.int.

européenne des droits de l'homme (CEDH) [162] ou des juridictions nationales [163] devront intervenir pour que cesse cette « honte pour la République » ? Et comment interpréter l'incarcération de personnes atteintes de troubles psychiques ayant aboli leur discernement au moment des faits [164] ? Par la croyance déraisonnable dans l'efficacité pénologique de la neutralisation, au mépris de la dignité de la personne des infracteurs ?

La recherche du bonheur du plus grand nombre, chère aux utilitaristes, passe ainsi par le sacrifice des plus précaires, prioritairement exposés aujourd'hui au crime, dans son endroit comme dans son envers. Alors qu'elle devrait essentiellement passer – et c'est bien là l'objet premier des sciences criminelles – par la prévention des inadaptations et des déviances.

A tous ces égards, les principaux enseignements de l'anthropologie juridique méritent d'être pris en compte, car ils indiquent bien aux juristes en général, aux pénalistes en particulier, que l'explication évolutionniste (unilinéaire princi-

---

162. V. not. Affaire Rivière c/ France, 11 juill. 2006, 33834/03 ; Affaire Renolde c/ France, 16 oct. 2008, 5608/05 ; Affaire Khider c/ France, 9 juill. 2009, 39364/05 ; echr.coe.int.

163. V. not. T.A. Rouen, 27 mars 2008, *In AJpénal*, 2009-6, p. 278, obs. E. PECHILLON, confirmé par C.A.A. Douai, 12 nov. 2009 (Garde des Sceaux, n° 09DA00782), pour violation de l'art. D 189 *C.P.P.* (non respect de la dignité inhérente à la personne humaine), *In AJpénal*, 2010-2, pp. 91-92, obs. M. HERZOG-EVANS ; Crim. 25 nov. 2009, *In AJpénal*, 2010-2, pp. 90-91, obs. M. HERZOG-EVANS

164. V. not. S. PORTELLI, La pratique de l'article L 122-1 du nouveau Code pénal, *In* C. LOUZOUN, D. SALAS (Dir.), *Justice et psychiatrie. Normes, responsabilité, éthique*, Ed. Erès, 1998, pp. 153-162 ; F. SICOT, La maladie mentale : quel objet pour la sociologie ?, *In Dév. et société*, 2006/30-2, pp. 203-232 ; P. GOUJON, C. GAUTHIER, Rapport d'information sur les mesures de sûreté concernant les personnes dangereuses, 2006-420, senat.fr ; La prison source de troubles mentaux et lieux de vie pour malades, 2006, prison.eu.org ; F. ROUILLON, A. DUBURCQ, F. FAGNANI, B. FALISSARD, *Etude épidémiologique sur la santé mentale des personnes détenues en prison*, psydoc-fr.broca.inserm.fr ; J.L. SENON, Troubles psychiques et réponses pénales, *In champpenal.revues.org* ; T. JEAN (Dir.), *Faut-il punir les malades mentaux criminels ?*, Ed. Erès, 2009, 176 p.

palement) de la réaction pénale, de la vengeance archaïque à la peine régulatrice – voire neutre –, est bien simpliste. Tout semble au contraire indiquer que le pluralisme fut et doit encore caractériser la réaction sociale au phénomène criminel. Dans le même esprit, l'évolution des sociétés humaines n'est en aucun cas réductible au schéma considérant que les sociétés civilisées (contemporaines) sont beaucoup mieux organisées (aux plans politique, culturel, juridique et économique notamment) que les sociétés primitives ayant réuni les premiers humains, dont elles sont issues. L'analyse et l'observation de ces dernières soulignent, bien davantage, l'existence de règles précises en de multiples domaines ainsi que la cohésion socio-culturelle qui manquent cruellement aujourd'hui [165].

C'est en cela que la justice restaurative apparaît prometteuse dans la mesure où elle vise, au sein du Système de justice pénale, dans le cadre d'un procès équitable, non seulement à la resocialisation du condamné, mais encore à la restauration de la victime et au rétablissement de la paix sociale, attestant par là-même l'avènement d'une quatrième rupture épistémologique en pénologie : après la proportionnalité vindicative et rétributive de l'acte, l'utilité pénale de défense de la société, la réhabilitation de l'individu, l'approche holistique du conflit et de tous ses acteurs en complète pertinemment les meilleurs aspects.

---

165. V. not. N. ROULAND, *L'anthropologie juridique*, PUF, 1988, p. 14 et s. ; G. COURTOIS (Dir.), *La vengeance dans la pensée continentale*, Ed. Cujas, 1984, p. 29 et s. ; P. DUMOUCHEL (Dir.), *Violences, victimes et vengeances*, Ed. L'Harmattan, Presses Univ. Laval, Coll. comprendre pour agir, 2000, 232 p. ; G. KELLENS, Punir, *op. cit.*, p. 9 et s. ; A. GARAPON, F. GROS, T. PECH, Et ce sera justice. Punir en démocratie, *op. cit.*, pp. 13-138 ; B. GUILLARME, *Penser la peine*, PUF, Coll. Questions d'éthique, 2003, 187 p. ; G. CASADAMONT, P. PONCELA, *Il n'y a pas de peine juste*, Ed. O. Jacob, 2004, 279 p. ; B. GARNOT, Histoire de la justice, *op. cit.*, 784 p.

2

Généralités sur la Justice restaurative

« Crime creates an emptiness, so justice is filling a hole ».
Howard ZEHR [166]

L'attraction récente qu'exerce la « Restorative Justice » peut se mesurer à l'aune des concepts qui fleurissent un peu partout dans le monde pour tenter de la caractériser : réparatrice, restaurative, recréative, transformatrice, créatrice, coopérative, reconstructive, reconstructrice, participative, compréhensive, restauratrice [167]... Un même bouquet coloré compose les défi-

---

166. H. ZEHR, *Changing lenses. A new focus for crime and justice*, Herald press, 1990, p. 189.

167. V. not. A. BERISTAIN, *Nueva criminologia desde el derecho penal y la victimologia*, Tirant lo blanch libros, 1994, p. 337 et s. ; *De la justice réparatrice à la justice transformatrice*, Commission du droit du Canada, multigraph., 1999, 59 p. ; D. MIERS, An international review of restorative justice, *In Crime reduction research series*, Paper 2001-10, p. 88 ; A. GARAPON, La justice reconstructive, *In* A. GARAPON, F. GROS, T. PECH, Et ce sera justice, *op. cit.*, pp. 244-324 ; Commission du droit du Canada, *La transformation des rapports humains par la justice participative*, 2003, 272 p. ; J.P. BONAFE-SCHMITT, Justice réparatrice et médiation pénale : vers de nouveaux modes de régulation sociale, *In* M. JACCOUD (Dir.), *Justice réparatrice et médiation pénale. Convergence ou divergence ?*, Ed. L'Harmattan, Coll. Sciences criminelles, 2003, p. 41 et s. ; P. RICŒUR, Le

nitions de la Justice restaurative, les unes s'attachant aux processus à mettre en place, les autres aux résultats à atteindre [168].

Il demeure que l'intégration de la Justice restaurative est en cours, tant les ruptures avec les modèles classiques sont porteuses de l'espoir d'une justice respectueuse de l'ensemble des protagonistes et soucieuse de la réparation de toutes les répercussions consécutives à l'infraction. C'est bien en ce sens que l'Assemblée générale des Nations Unies a été appelée à se prononcer sur l'adoption de principes fondamentaux concernant le recours à des programmes de justice réparatrice en matière pénale (ci-après dénommés Principes fondamentaux de justice restaurative) [169], que la doctrine ne cesse de perfectionner en vue de leur application universelle. Et les contours opératoires de la Justice restaurative, nettement identifiables, permettent de pointer précisément les bienfaits qu'elle procure au système de justice pénale tout entier.

A - Définition de la Justice restaurative

La définition proposée par Tony F. MARSHALL semble faire l'unanimité [170]. Pour lui, « *the restorative justice is a process whereby parties with a stake in a specific offence collectively resolve how to deal with the aftermath of the offence and its*

---

juste, la justice et son échec, *In Cahier de L'Herne*, 2004-81, pp. 287-306 ; P. ALLARD, La justice réparatrice, *In Petit manuel de justice réparatrice*, Pub. Sécurité publique Canada, 2008, 62 p., justequipping.org ; V. STRIMELLE, La Justice restaurative : une innovation du pénal ?, *In* champpenal.revues.org, 2007-IV ; comp. S. LEFRANC, Le mouvement pour la justice restauratrice : « an idea whose time has come », *op. cit.*, pp. 394-396.

168. V. not. I. VANFRAECHEM, L. WALGRAVE, Les conférences de groupe familial, *In Les cahiers de la justice. Revue semestrielle de l'ENM*, 2006-1, pp. 153-174 ; M. JACCOUD, Innovations pénales et justice réparatrice, *In Rev. Champ pénal*, 2007-4, champpenal.revues.org

169. V. *Infra*, C. ; Annexes n° 1.

170. *Restorative Justice. An overview*, Home Office Pub., Research Development and Statistics Directorate, multigraph., 1999, 36 p. ; rééd. *In* T. Newburn (E.), *Key readings in criminology*, Willan publishing, 2009, pp. 719-725.

implications for the future ». La justice restaurative serait ainsi un processus par lequel les parties concernées par une infraction donnée décident en commun de la manière de réagir aux conséquences de l'infraction ainsi qu'à ses répercussions futures.

La justice réparatrice est encore définie comme « une façon de voir et d'aborder les crimes et les conflits principalement comme des torts faits à des personnes et à des relations. Elle cherche à soutenir les personnes touchées (les victimes, les délinquants et les membres de la collectivité) et à leur donner des possibilités de participer et de communiquer afin de favoriser la responsabilisation, la réparation et la progression vers des sentiments de satisfaction, de guérison et de clôture »[171].

La définition présentée par « Fraternité internationale des prisons », sur son intéressant site Internet[172] souligne, par ailleurs, qu'il s'agit d'une « réponse systématique aux injustices qui se concentre sur la guérison des blessures causées et révélées par le crime aux victimes, infracteurs et communautés ».

Lode WALGRAVE définit la justice restaurative[173] comme « une optique sur la manière de faire justice, orientée prioritairement vers la restauration des souffrances et dommages causés par un délit ». Pour Mylène JACCOUD, il s'agit d'« une approche qui privilégie toute forme d'action (collective ou individuelle) qui se déroule dans un cadre formel ou

171. Division de la Justice réparatrice et règlement des différends, Service Correctionnel du Canada, *In Quand l'espoir devient parole. Semaine de la justice réparatrice 2001*, multigraph., SCC, 2001, 90 p.

172. http://www.restorativejustice.org : « Restorative justice can be defined as a systematic response to wrongdoing that emphazises healing the wounds of victims, offenders and communities caused or revealed by crime ».

173. La justice restaurative et la justice pénale: un duo ou un duel ?, *In* R. CARIO (Dir.), *Victimes : du traumatisme à la restauration*, Ed. L'Harmattan, Coll. Sciences criminelles, 2002, pp. 275-303, spé. p. 278.

informel, visant la réparation des préjudices vécus à l'occasion d'une infraction »[174].

Quant à Desmond TUTU, il soutient « qu'il existe une autre forme de justice, une justice réparatrice qui était le fondement de la jurisprudence africaine traditionnelle. Dans ce contexte-là, le but recherché n'est pas le châtiment ; en accord avec le concept d'*ubuntu*, les préoccupations premières sont la réparation des dégâts, le rétablissement de l'équilibre, la restauration des relations interrompues, la réhabilitation de la victime, mais aussi celle du coupable auquel il faut offrir la possibilité de réintégrer la communauté à laquelle son délit ou son crime ont porté atteinte »[175].

Howard ZEHR, refondateur de la justice restaurative, souligne qu'elle « est un processus destiné à impliquer, le plus possible, ceux qui sont concernés par la commission d'une infraction particulière, à identifier et répondre collectivement à tous les torts, besoins et obligations dans le but de réparer les préjudices et de rétablir l'harmonie sociale la meilleure possible »[176].

Comme souvent lorsqu'il y a profusion de propositions, une définition internationale est susceptible de s'imposer à tous. Celle proposée par le Conseil Economique et Social de l'ONU,

---

174. Justice réparatrice et violence, *In* P. DUMOUCHEL (Dir.), *Violences, victimes et vengeances*, Ed. L'Harmattan/Presses Univ. Laval, 2000, pp. 183-206, spé. p. 190.

175. V. D. TUTU, *Il n'y a pas d'avenir sans pardon. Comment se réconcilier après l'Apartheid ?*, Ed. Albin Michel, 2000, p. 59 ; ce concept d'Ubunturenvoie à l'humanité de chaque personne, à l'attitude d'humanité à l'égard d'autrui, dans le respect, le partage et la réciprocité. « Une personne est une personne avec les autres » et ce qui nuit à l'une nuit à toutes les autres. Ainsi le crime blesse tout le monde, y compris l'infracteur, V. également sur ces points not. le film réalisé par J. BOORMAN, *In my country*, en 2005 ainsi que le documentaire *La réconciliation* de M. STALENS.

176. V. *The little book of restorative justice*, Good books Pub., 2002, p. 37 : *« Restorative justice is a process to involve, to the extent possible, those who have a stake in a specific offense and to collectively identify and address harms, needs and obligations, in order to heal and put things as right as possible »* ; sur l'œuvre d'H. ZEHR, V. not. R. CARIO, 'Changing lenses. Autour de l'œuvre de Howard Zehr', *In Les cahiers de la justice, Revue d'études de l'ENM*, Ed. Dalloz, 2005-1.

adoptée lors du XIè Congrès des Nations Unies en 2005 est la suivante : la justice « réparatrice » est constituée par « tout processus dans lequel la victime et le délinquant et, lorsqu'il y a lieu, toute autre personne ou tout autre membre de la communauté subissant les conséquences d'une infraction participent ensemble activement à la résolution des problèmes découlant de cette infraction, généralement avec l'aide d'un facilitateur »[177].

Logiquement, la 26è conférence des Ministres européens de la justice, qui s'est tenue à Helsinki en 2005[178], propose de définir la justice réparatrice comme « un moyen de traiter les victimes et les délinquants en s'intéressant au règlement des conflits découlant d'une infraction et à la résolution des problèmes sous-jacents à l'origine de l'infraction... ». Le processus de réparation ainsi mis en œuvre reprenant textuellement la définition de l'ONU[179].

La traduction du concept de « *restorative justice* » ne fait pas l'objet d'un consensus dans la francophonie, certains préférant à la traduction littérale, conduisant à un anglicisme, l'expression de « justice réparatrice »[180]. Avec d'autres auteurs[181], je préfère réfléchir à l'avènement de la « justice restaurative », en tous points comparable à la « justice réparatrice » de nos amis québécois, de certains collègues belges, auxquels le Conseil Economique et Social des Nations Unies semble avoir donné

177. Conseil Economique et Social, Commission pour la prévention du Crime et la Justice pénale, Rapport sur la 11è session, 16-25 avril 2002, E/CN./2002/14, un.org/french/ecosoc ; V. *Infra*, Annexe n° 1.

178. V. *Infra*, Annexe n° 2.

179. V. *Infra*, Annexes n° 1 ; coe.int.

180. V. not. M. JACCOUD, Innovations pénales et justice réparatrice, *In Rev. Champ pénal*, champpenal.revues.org.

181. V. not. J. FAGET, *La médiation. Essai de politique pénale*, Ed. Erès, Coll. Trajets, 1997, p. 36 ; T. PETERS, Victimisation, médiation et pratiques orientées vers la réparation, *In* R. CARIO, D. SALAS (Dir.), *Œuvre de justice et victimes. Vol. 1*, Ed. L'Harmattan, Coll. Sciences criminelles, 2001, pp. 203-254, spé. p. 237 ; L. WALGRAVE, La justice restaurative et la justice pénale : un duo ou un duel ?, *op. cit.*, p. 275 ; L. WALGRAVE, *Restorative justice, self-interest and responsible citizenship*, Willan publishing, 2008, p. 18 et s.

raison. La dissidence provient de la crainte, souvent vérifiée sur le terrain socio-judiciaire de la France pour le moins, de confusion, de réduction voire d'assimilation de ce nouveau paradigme à la seule « réparation pécuniaire » de la victime [182]. La justice restaurative a bien d'autres ambitions, comme il sera souligné plus loin : « restauration / réparation » certes matérielle, mais encore psychologique et sociale ; « restauration / réparation » de la victime sans aucun doute mais encore de ses proches, de l'infracteur et des communautés impliquées [183]. S'il faut trancher, suivons le petit Robert : « restaurar » c'est guérir. Or la guérison (*healing*) apparaissant comme l'un des piliers fondamentaux de la *restorative justice*, le modèle dont il s'agit ici est bien celui de la justice restaurative.

Plus significativement, la qualité « restaurative » des programmes concernés dépasse la simple dimension individuelle car elle contribue, au-delà de la « réparation » matérielle, psychologique ou sociale des intéressé(e)s – victimes, infracteurs et leurs familles respectives – au rétablissement de la paix sociale au sein de la communauté victimisée. Les modalités de « réparation » mises ainsi en œuvre ne sont donc que des instruments au service d'un objectif plus global : la restauration de l'harmonie sociale [184].

Finalement et de manière provisoire, la confrontation des définitions disponibles aux expériences de terrain devrait conduire, au-delà de la recherche d'une définition universelle (toujours sclérosante), à vérifier la présence des éléments suivants lors de la mise en œuvre (ou de l'évaluation) des mesures s'affichant comme restauratives. Inscrites dans un processus dynamique, elles supposent la participation volontaire de

---

182. Comp. Y. CARTUYVELS, Comment articuler "médiation" et "justice réparatrice » ?, *In* M. JACCOUD (Dir.), Justice réparatrice et médiation pénale, *op. cit.*, p. 62 et s.

183. V. en ce sens V. STRIMELLE, *Eod.loc.* ; L. WALGRAVE, La Justice restaurative et la perspective des victimes concrètes, *In* M. JACCOUD (Dir.), *op. cit.*, pp. 161-183.

184. V. sur ce point B. ARCHIBALD, La justice restaurative : conditions et fondements d'une transformation démocratique en droit pénal, *In* M. JACCOUD (Dir.), *Ibid.*, pp. 119-157.

tou(te)s celles et ceux qui s'estiment concerné(e)s par le conflit de nature criminelle, afin de négocier, ensemble, par une participation active, en la présence et sous le contrôle d'un « tiers justice » et avec l'accompagnement éventuel d'un « tiers psychologique et/ou social », les solutions les meilleures pour chacun, de nature à conduire, par la responsabilisation des acteurs, à la réparation de tous afin de restaurer, plus globalement, l'Harmonie sociale.

B - Les ruptures épistémiques de la Justice restaurative

La Justice restaurative s'inscrit dans l'inévitable et nécessaire continuité des systèmes de justice pénale que notre humanité s'est offerte successivement, alternativement ou cumulativement : la rétribution de l'acte, la réhabilitation de l'infracteur, la réparation de la victime et/ou la restauration de l'harmonie sociale. Il n'empêche que la Justice restaurative opère une nouvelle rupture épistémologique en pénologie (la quatrième), comme l'illustre le tableau ci-après, répertoriant les mots-clés des quatre modèles dorénavant à l'œuvre dans notre Système de justice pénale, encore parfois en concurrence mais plus certainement voués à la complémentarité. Englobante plutôt qu'exclusive, une telle rupture doit s'inscrire dans un processus démocratique [185].

	Modèle rétributif	**Modèle Utilitariste**	**Modèle réhabilitatif**	**Modèle restauratif**
Cible(s)	Acte	Acte/Individu	Individu	Acte / Personnes
Moyens	Culpabilité	Responsabilité	Responsabilité...	...Responsabilisation
Résultats	Elimination	Neutralisation	Resocialisation	Harmonie sociale

De manière synthétique, la comparaison entre ces modèles invite pertinemment à mesurer l'évolution prometteuse en train

185. V. M. WRIGHT, Restorative justice : for whose benefit ?, *In Victim-offender mediation in Europe. Making justice restorative work*, SCS, Univ. Leuven Press, 2000-20, pp. 19-38.

de s'accomplir à un triple point de vue : de la justification du droit de punir, de la procédure et du sens de la peine [186].

1. La justification du droit de punir

Dans le modèle rétributif, l'intervention du système de justice pénale repose sur la commission d'un acte, étalonné selon sa gravité. Considéré par la loi pénale comme une atteinte à l'Etat, il cristallise un conflit entre un individu et l'Etat. Le crime est une transgression normative dont seul l'Etat est victime affirment les utilitaristes. Le modèle réhabilitatif ne fait qu'ajouter – ce qui est pour autant essentiel – la considération de la personne de l'infracteur en vue de le (re)socialiser.

Le modèle restauratif, pour fonder la réaction sociale sur la commission d'un acte légalement interdit, se focalise spécialement sur les préjudices/torts consécutifs au conflit. Ce qui importe, en effet, c'est la prise en compte des préjudices subis par la victime et/ou ses proches, l'infracteur lui-même et/ou la communauté (la collectivité). Le crime est ainsi pensé comme

186. V. not. N. CHRISTIE, Conflicts as property, *In The British Journal of Criminology*, 1977-17, pp. 1-15 ; rééd. *In* T. Newburn (E.), *Key readings in criminology*, Willan publishing, 2009, pp. 712-719 ; L. HULSMAN, BERNAT de CELIS J., *Peines perdues. Le système pénal en question*, Ed. Le Centurion, 1982, 182 p. ; H. ZEHR, *Changing lenses : a new focus for crime and justice*, Herald Press, 1990, 280 p. ; H. BIANCHI, *Justice as sanctuary. Toward a new system of crime control*, Indiana Univ. Press, 1994, 199 p. ; E.A. FATTAH, Restorative and retributive models. A comparison, *In* H.H. KÜHNE (Ed.), *Festschrift für Koichi Miyazawa*, Ed. Nomos, 1995, pp. 305-315 ; B. GALAWAY, J. HUDSON, (Eds.), *Restorative justice : international perspectives*, Kugler pub., 1996, 516 p. ; M. WRIGHT, *Justice for victims and offenders. A restorative response to crime*, 2nd ed. 1996, Waterside press, 223 p. ; M. SHAW, F. JANE, *Restorative justice and policing in Canada. Bringing the community into focus*, multigraph., 1998, 77 p. ; D. DEMET, C. JACQMAIN, E. PARELLO, Réflexions sur les concepts de « justice réparatrice » et de « justice restaurative » : quels enjeux pour une politique pénitentiaire ?, *In Journal du droit des jeunes* (éd. belge), 1999-185, pp. 21-24 ; *Victim offender mediation in Europe. Making restorative Justice work*, Leuven Univ. Press, SCS, 2000-20, 379 p. ; D. VAN NESS, K. HEETDERKS-STRONG, *Restoring justice*, Anderson Publishing Company, 2nd ed. 2002, 228 p. ; P. REDEKOP, Changing paradigms, *op. cit.*, p. 23 et s.

une atteinte à une(des) personne(s), comme un conflit interpersonnel voire intra-communautaire. La « justice » est évaluée sur le résultat obtenu, en termes de rétablissement de l'Harmonie sociale, contrairement aux modèles précédents qui justifient la sanction par la seule transgression des normes supposées être les « bonnes » règles parce qu'érigées par consensus en infractions au Bien commun.

2. La procédure et la distribution des rôles

Dans les trois modèles classiques, l'Etat se substitue, certes par les vertus de la représentation d'une part et de la délégation de l'autre, aux membres de la société même. Toutes les phases de la procédure sont aux mains de ses mandataires, professionnels de la justice pénale (policiers, magistrats, experts judiciaires et agents d'exécution y compris). Le procès est tourné vers le passé de la faute en vue d'établir la responsabilité abstraite de l'auteur du crime. Infracteur et victime y jouent un rôle plutôt passif, quand la victime n'est pas purement et simplement oubliée, voire niée dans les conséquences de son injuste victimisation. Le système de procédure, en accentuant les différences, encourage la compétition entre les parties ou leurs représentants (infracteur, victime, procureur). Le jugement finalement prononcé présente généralement un caractère fortement autoritaire.

Dans le modèle restauratif, aux côtés de l'Etat, les membres de la communauté sont très impliqués. Ils sont amenés à intervenir directement, selon la mesure restaurative retenue, pour exprimer leurs points de vue et participer à la décision finale. Présents plus ou moins formellement tout au long du processus restauratif, les professionnels de la Justice pénale sont situés sur le même pied d'égalité que les parties et la communauté, voire même se contentent – ce qui demeure toujours essentiel – de valider et contrôler l'exécution de l'accord négocié collectivement. Le modèle restauratif, sans nier les faits infractionnels, se concentre sur l'avenir du conflit et des protagonistes, évaluant par là même la responsabilité concrète de l'infracteur, les interrelations entre victimiseur et victimisé(es) ainsi que les défaillances éventuelles de la communauté tout entière. Victime, infracteur et représentant(s) de la communauté jouent un rôle actif dans la compréhension du conflit, les conséquences et les répercussions qu'il entraîne et les modalités de réparation qui s'imposent. La victime n'est plus ignorée, sa dignité de personne humaine souffrante est reconnue, l'expression de sa parole, son appréciation du conflit et la manière de le réparer sont privilégiées. La responsabilisation de tous encourage la réciprocité, laquelle supplante alors la compétition et la concurrence entre les protagonistes. Davantage que par un jugement autoritaire, la sortie du conflit fait l'objet d'un accord consensuel, en toute équité.

3. Le sens de la peine

Dans deux des modèles classiques, les stigmates de l'infraction sont supposés disparaître par la simple infliction de la sanction prévue par la loi pénale. L'autorité de la Justice, en vertu de la légalité démocratique de la sanction, est censée répondre justement aux droits et devoirs de l'infracteur. S'agissant d'une dette envers l'Etat, le « mal » causé par l'infraction est prétendu être compensé par le blâme de l'infracteur et le « mal » de la peine retenue. Personnelle, la sanction fait l'objet d'une dosimétrie savante étalonnée sur la gravité intrinsèque des dommages causés par le crime. Mais la peine, dans le modèle rétributif pour le moins, vise toujours l'élimination, l'exclusion ou, dans le meilleur des cas du modèle utilitaire contemporain, la neutralisation de l'auteur. Repentir et pardon ne sont ainsi qu'accessoires. Peu d'attention est par conséquent prêtée au contexte personnel, social et économique de l'infracteur.

Pour reposer sur les mêmes principes de légalité, des juridictions et des peines notamment, le modèle réhabilitatif se focalise cependant heureusement sur l'individualisation de la sanction – accrochée à la responsabilisation de l'infracteur relativement à ses actes, aux efforts qu'il déploie pour en diminuer les conséquences – devant conduire à la resocialisation de l'intéressé.

Le modèle restauratif se distingue davantage encore des trois précédents quant au sens de la peine prononcée pour résoudre le conflit de nature infractionnelle. Les stigmates de l'infraction sont supposés disparaître par la réparation de tous les préjudices. Les droits et devoirs de chacun sont évalués par le dialogue mutuel, par la coopération entre tous ceux qui sont concernés par le conflit. Car la dette est mise au crédit de la victime de l'infraction elle-même : l'infracteur devra s'acquitter du « mal » causé par son acte en déployant, au bénéfice de la victime et de la communauté, du « bien » par ses actions et comportements. La réparation est censée réparer équitablement les préjudices de tous, y compris ceux (antérieurs ou concomitant du passage à l'acte incriminé) de l'infracteur, la communauté devant mettre à sa disposition les instruments et les moyens nécessaires pour y parvenir. Ainsi, plus que le simple blâme, la honte verbalisée de la transgression conduit à la responsabilisation de l'infracteur, à la compréhension des causes et conséquences du crime, à l'identification des besoins et obligations qui en découlent et aux manières de les abonder. Dans ce but, le contexte global (holistique) du conflit, en la personne des protagonistes, est pris en considération aux plans personnel, affectif, familial, éducatif, environnemental, culturel, économique, social et spirituel. Le modèle restauratif repose donc sur une stratégie d'inclusion, privilégiant la (ré)intégration d'êtres humains parmi les autres êtres humains [187], à savoir : la (re)socialisation de l'infracteur, la réparation globale de la victime et de la communauté, le rétablissement de la paix sociale au sein de la communauté. Il offre encore une forte valeur symbolique au repentir qui ouvre la voie au pardon, ciment de la réconciliation. La Justice restaurative vise, finalement, plus que tout autre modèle, à la restauration complète de l'harmonie sociale [188].

---

187. V. C. CHERKI-NICKLES, M. DUBEC, *Crimes et sentiments*, Ed. Le Seuil, 1992, p. 273.

188. Sur tous ces points, V. *Infra*, An60exe n° 3 et Annexe n° 4.

C – Caractéristiques essentielles de la Justice restaurative

De telles caractéristiques apparaissent dorénavant bien affirmées par les chercheurs et praticiens et commencent à recevoir un peu partout dans le monde une consécration officielle sous la forme de principes fondamentaux. Leur pertinence est d'autant plus grande qu'ils reposent, pour la plupart, sur l'évaluation des bienfaits des mesures de Justice restaurative, clairement identifiées comme telles, à l'œuvre au sein de toujours plus nombreux Systèmes de justice pénale.

1. Les principes généraux de la Justice restaurative

Les textes officiels sont longtemps restés muets quant à la nature des principes devant encadrer la justice restaurative. Par contre, la doctrine, principalement anglophone, s'est toujours montrée prolixe dans leur élaboration et dissémination.

a) Les textes officiels

C'est une nouvelle fois au niveau international, plus nettement encore au niveau régional, que le souci de l'approche holistique s'est manifesté. Quelques dispositions du droit positif français sont cependant de nature à promouvoir, dans le cadre d'une révolution tranquille, la justice restaurative au sein du Système de justice pénal actuel.

. Animé de la volonté de promouvoir, mais encore d'encadrer le développement de la Justice restaurative, le Conseil Economique et Social des **Nations Unies** a adopté, en avril 2002, une Résolution portant sur les principes fondamentaux de justice restaurative, reprise *in extenso* lors du XIè Congrès des Nations Unies, qui s'est tenu à Bangkok (Thaïlande) en avril 2005.

Le préambule reconnaît explicitement l'essor significatif des initiatives relevant de la justice restaurative, souvent inspirées des formes traditionnelles et indigènes de justice qui voient fondamentalement le crime comme une nuisance à autrui (*harmful to people*). Il souligne surtout que la justice restaurative produit une réponse au crime qui respecte la dignité et l'égalité des personnes, favorise la compréhension et promeut l'harmonie sociale au travers de la guérison (*healing*) des victimes, des infracteurs et des communautés.

La Résolution invite par ailleurs les États-membres à établir des *guidelines* et standards, par voie législative si nécessaire, que les programmes de justice restaurative devront respecter quant : aux cas éligibles à de tels programmes ; au traitement des affaires retenues ; la qualification, la formation et la désignation des animateurs (*facilitators*) ; la gestion administrative des programmes ; les standards de compétence et les règles de conduite les gouvernant... Le respect des droits fondamentaux des parties est rappelé : droit à être assisté par un conseil, à un interprète, à l'accompagnement d'un parent pour les mineurs ; droit à recevoir des informations sur la nature de la mesure envisagée et sur ses conséquences ; droit au huis clos, notamment. Les mesures restauratives entreprises doivent naturellement offrir des garanties d'équité, de loyauté, d'impartialité et de confidentialité.

La Résolution souligne encore fort pertinemment qu'en cas d'impossible accord ou d'échec dans sa mise en place, l'affaire devrait être renvoyée devant les juridictions traditionnelles, sans que cela ne puisse être utilisé pour le prononcé d'une sanction plus sévère. Enfin et pour l'essentiel, les États-membres sont invités à favoriser les rencontres entre les autorités judiciaires et les administrateurs des programmes de justice restaurative, s'ils diffèrent, afin de développer une compréhension mutuelle des programmes, favoriser leur rapprochement et améliorer leur efficacité. L'évaluation scientifique régulière de telles stratégies, le cas échéant complémentaires, doit être dans le même sens fortement encouragée [189].

189. V. V. *Infra*, Annexe n° 1 ; comp. *Manuel sur les programmes de justice réparatrice*, Office des Nations Unies contre la drogue et le crime, 2008, « Exemples de principes directeurs », pp. 33-38.

Afin de favoriser le développement de la justice restaurative et d'harmoniser les pratiques, l'Office des Nations Unies contre la drogue et le crime de Vienne a confié, en 2006, à un comité d'experts la rédaction d'un « Manuel sur les programmes de justice réparatrice ». Après avoir rappelé la définition de la justice restaurative, ses objectifs et la nature des principaux types de programmes à l'œuvre dans le monde, le manuel détaille le fonctionnement et l'exécution de ceux-ci. Il souligne encore la nécessité du suivi et de l'évaluation des programmes afin de bien mettre en évidence les difficultés à surmonter et de favoriser la dissémination des bonnes pratiques [190].

. Dans ce même élan restauratif, plusieurs Recommandations du **Conseil de l'Europe** n'ont pas manqué d'inviter les Etats-membres à mieux prendre en considération la place de la victime dans le procès pénal [191] et à leur accorder une assistance de qualité [192]. La prise en compte de la personne de l'infracteur [193] est encore conseillée et le recours aux sanctions et mesures appliquées au sein de la communauté encouragé, y compris dans un contexte restauratif [194]. Plus particulièrement, la Recommandation R(99)19 sur la médiation en matière

---

190. *Ibid.,* Coll. Série de manuels sur la réforme de la justice pénale, multigraph., 107 p. ; unodc.org.

191. V. R(85)11 sur « La position de la victime dans le cadre du droit pénal et de la procédure pénale », pub. Conseil de l'Europe, 1985, 25 p., coe.int ; V. *Infra*, Annexe n° 5.

192. V. R(87)21 sur l'« Assistance aux victimes et prévention de la victimisation », *Ibid.*, 1988, 39 p. ; R(87)18 sur « La simplification de la justice pénale », *Ibid.*, 1988, 37 p.

193. V. R(87)20 sur les « Réactions sociales à la délinquance juvénile » et R(88)6 sur les « Réactions sociales au comportement délinquant des jeunes issus de familles migrantes », *Ibid.*, 1989, 87 p.

194. V. R(92)16 sur les « Règles européennes sur les sanctions et mesures appliquées dans la communauté », *Ibid.*, 1994, 74 p. ; *Adde* R(2000)22 concernant l'amélioration de la mise en œuvre des règles européennes sur les sanctions et mesures appliquées dans la communauté, *Ibid.*, coe.int/justice ; R(2010)1 relative à la probation, *Ibid.*, wcd.coe.int.

pénale [195] souligne la nécessité de permettre une participation personnelle active à la procédure pénale de la victime, du délinquant et de tous ceux qui sont concernés en tant que parties, ainsi que d'y impliquer la communauté. Dans le même sens, l'exposé des motifs reconnaît l'intérêt légitime pour les victimes à pouvoir faire entendre davantage leur voix quant aux conséquences de leur victimisation, à communiquer avec le délinquant et à obtenir des excuses et une réparation [196]. La médiation en matière pénale renforce ainsi chez les infracteurs le sens de leurs responsabilités et leur offre des occasions concrètes de s'amender de nature à faciliter leur réinsertion et réhabilitation. La médiation peut encore faire prendre conscience du rôle important de l'individu et de la communauté dans l'origine et le traitement des délits et la solution des conflits qui y sont associés et contribuer par-là à ce que la justice pénale ait des résultats plus constructifs et moins répressifs.

. Avec beaucoup de pertinence, la 26ème **Conférence des ministres européens de la justice** des Etats membres du Conseil de l'Europe (Helsinki, avril 2005) a adopté une résolution « relative à la mission sociale du système de justice pénale – justice réparatrice ». Elle considère que le recours à des sanctions et à des mesures appliquées dans la communauté, ainsi qu'à des mesures de justice restaurative, peut avoir un impact positif sur les coûts sociaux de la criminalité et de la lutte contre le crime. En effet, une démarche fondée sur la justice restaurative permet souvent de mieux servir les intérêts des victimes d'infraction ainsi que d'accroître les possibilités de

---

195. V. R(99)19 sur « La médiation en matière pénale, *Ibid.*, 2000, 34 p. ; C. PELIKAN, The impact of the Council of Europe Recommendation 99(19) on Mediation in penal matter, *In Crime policy in Europe. Good practices and promising samples*, Pub. Conseil de l'Europe, 2005, 208 p., spé. pp. 49-74 ; sur ces différentes Recommandations, V. R. CARIO, *Victimologie. Les textes essentiels*, 2è éd. 2003, Coll. Traité de Sciences criminelles, Vol. 2-2, p. 25 et s. ; coe.int ; V. *Infra*, Annexe n° 6.

196. V. également les *Lignes directrices visant à améliorer la mise en œuvre de la Recommandation existante concernant la médiation en matière pénale*, Commission européenne pour l'efficacité de la justice (CEPEJ), 2007-13, multigraph., 9 p.

réinsertion sociale réussie pour les auteurs d'infractions et, par là même, la confiance des citoyens dans le système de justice pénale. La résolution invite, par conséquent, les pays membres à mettre en œuvre des mesures de justice restaurative à toutes les étapes du processus de la justice pénale, aussi bien dans le contexte des mesures appliquées dans la communauté que dans celui des peines privatives de liberté [197].

. La Décision-cadre du **Conseil de l'Union européenne** du 15 mars 2001, applicable de manière impérative cette fois, en toutes ses dispositions, depuis le 22 mars 2006, consacre la médiation comme modalité de régulation des affaires pénales, qu'elle définit comme « la recherche, avant ou pendant la procédure pénale, d'une solution négociée entre la victime et l'auteur de l'infraction, par la médiation d'une personne compétente » (art. premier, e) ; art. 10). En cours de mise à jour, il est à espérer que cette Décision-cadre relative aux statut des victimes dans le cadre des procédures pénales conduise à sa transposition effective dans les 27 pays et au développement des autres mesures de justice restaurative et, notamment, des conférences restauratives à tous les stades du procès pénal [198].

. Le **Forum européen de justice restaurative** occupe une place naturellement particulière au sein des dispositifs réglementaires ou institutionnels au sens large. Organisation non gouvernementale fondée en 2000, le Forum aide au développement et à la mise en place de la médiation entre victimes et infracteur et, plus récemment, des autres mesures de justice restaurative. Fort d'environ 250 membres adhérents (individuels ou collectifs) répartis dans 40 pays européens, il est devenu un acteur incontournable des politiques criminelles au niveau régional, dont les propositions ne manquent pas de rejaillir en droit interne. Organe très pertinent d'information, de recherche et de formation, il accompagne très efficacement les expériences nationales, avec le support financier des institutions

---

197. V. coe.int ; *Infra*, Annexe n° 2.

198. V. *Infra*, Annexe n° 7.

européennes (dans le cadre du programme AGIS notamment). La 6è Conférence bi-annuelle du Forum a eu lieu à Bilbao en juin 2006 [199].

. **En droit positif français**, le concept comme la plupart des mesures de Justice restaurative demeurent encore d'intégration délicate. La philosophie même du modèle peut néanmoins être aperçue dans quelques dispositions, ce qui n'est pas dû au hasard mais à la force de conviction sur le législateur d'experts français, fortement investis et de longue date dans les appareils internationaux. Afin de lutter contre le prononcé excessif des courtes peines privatives de liberté en matière correctionnelle principalement, la loi du 11 juillet 1975 a ainsi créé deux mesures très utiles, mais peu appliquées aujourd'hui encore : la dispense de peine au bénéfice des infracteurs majeurs (art. 132-58 à 62 C.pén.) ou la dispense de mesure pour les mineurs (art. 20-7 Ord. 1945) et l'ajournement du prononcé de la peine ou de la mesure (art. 132-60 et s. C.pén., 20-7 Ord. 1945). A la triple série de conditions que le reclassement du coupable est acquis, le dommage causé est réparé et que le trouble a cessé (dispenses), ou sont en passe de l'être (ajournements). De manière plus conforme à la philosophie restaurative, la loi du 4 janvier 1993 introduit la médiation pénale au stade des poursuites au profit des majeurs et la réparation pénale, à tous les stades du procès pénal, à l'égard des mineurs. L'intégration raisonnée de la justice restaurative dans notre système de justice pénale, à tous les stades de la procédure, a été récemment envisagée au sein d'une commission installée par le Conseil national de l'aide aux victimes (CNAV) dont les propositions seront envisagées plus loin [200].

b) La doctrine

Sous la plume avisée d'Howard ZEHR, des principes essentiels ont été identifiés, tous caractéristiques de la justice

---

199. V. http://euroforumrj.org.

200. V. *Infra*, Chap. 4.

restaurative, dont il est l'un des premiers promoteurs. De manière particulièrement pertinente, il a combiné ses talents de photographe / reporter à ceux de chercheur et praticien en justice restaurative. Il faut changer d'optique (*changing lenses*), soutient-il dans son ouvrage cardinal. La focale doit être redirigée vers les personnes concernées par le crime. En extrapolant cette réorientation, il importe encore de changer la focale de « cent millimètres » (réservée aux portraits) pour un objectif « grand angle » (plutôt choisi pour les paysages, en tout cas pour prendre du recul relativement à la scène photographiée afin d'y inclure de la profondeur de champ). En d'autres termes, ne pas se contenter de « focaliser » sur l'un des acteurs concernés par le crime (infracteur, victime, société ou Système de justice pénale), mais embrasser tout le champ impliqué par le crime (personnes, institutions, environnement) [201].

Car si le crime est une atteinte aux personnes et aux relations interpersonnelles, comme la plupart de nos sociétés traditionnelles le comprennent [202], c'est parce que tous les humains sont « interconnectés », qu'ils entretiennent, depuis toujours, d'inévitables relations intersubjectives [203]. Alors, si le crime blesse ces interconnexions – le mal causé à l'un atteignant tous les autres – il est aussi le symptôme d'un déséquilibre de ce réseau relationnel. Par conséquent, des responsabilités et des obligations mutuelles caractérisent ces interrelations et, lorsqu'un mal est fait, toutes les parties concernées doivent être impliquées et réparées.

En s'intéressant aux torts eux-mêmes mais encore à leurs causes, la justice restaurative offre une grille de résolution et de régulation des conflits plus englobante que le système classique. La philosophie restaurative repose, en ce sens, sur cinq

---

201. V. R. CARIO, "Changing lenses". Autour de l'œuvre d'Howard ZEHR, *In Les cahiers de la justice. Revue semestrielle de l'ENM*, 2006-1, pp. 45-58.

202. V. sur ces points les pertinents développements d'Howard ZEHR, Changing lenses, *op. cit.*, pp. 95-157.

203. *In* The little book of restorative justice, *op. cit.*, pp. 19-20 ; V. D. TUTU, *op. cit.*, p. 59, à propos du concept d'Ubuntu.

principes-clés d'action, tous organisés autour des valeurs d'interconnexion des êtres humains – sans nier les particularismes individuels – et de respect mutuel [204]. Ils se combinent ou se substituent, au regard de la nature des mesures de Justice restaurative mises en œuvre, avec ou au Système de justice pénale, selon qu'il s'agit de prendre en compte les conséquences et/ou les répercussions consécutives au crime.

1. Focaliser sur les torts et les besoins consécutifs, aussi bien des victimes que des communautés et des infracteurs

Contrairement au système classique, la justice restaurative ne se focalise pas exclusivement sur les normes violées au préjudice de l'Etat. Elle estime que le crime est avant tout un tort fait aux personnes et aux communautés d'appartenance. Que l'infracteur soit ou non arrêté. Tous doivent faire l'objet d'une réparation, y compris l'infracteur dont l'anamnèse indique, pour nombre d'entre eux, l'existence d'expériences traumatiques antérieures.

2. Déterminer les obligations qui découlent de ces torts

Atteinte aux relations intersubjectives, le crime est susceptible d'impliquer au-delà du couple pénal. En ce sens, la culpabilité et la responsabilité de l'infracteur ne se résument pas au prononcé et à l'application de la sanction prévus par la loi. Les interrelations victime/victimiseur s'inscrivent dans une situation très souvent complexe qu'il convient de modifier. Elles interviennent encore dans un contexte socio-culturel plus large dont il faut absolument tenir compte. Il est essentiel alors

---

204. V. sur ces points, Changing lenses : a new focus for crime and justice, *op. cit.*, p. 177 et s. ; The little book of restorative justice, *op. cit.*, p. 19 et s., pp. 64-69 ; V. également D. COOLEY, De la justice réparatrice à la justice transformatrice, Commission du Droit du Canada, 1999, p. 27 et s. ; J. BRAITHWAITE, Principles of Restorative justice, *In* A. VON HIRSH, J.V. ROBERTS, A. BOTTOMS, K. ROACH, M. SCHIFF (Eds), *Restorative justice and criminal justice. Competing or reconcilable paradigm?*, Hart publishing, 2003, pp. 1-20.

pour tous de comprendre, d'admettre les torts et de s'engager à les redresser autant que possible, tant au plan personnel, matériel que symbolique.

3. Mettre en œuvre des procédures d'inclusion, de collaboration

Dans la mesure où le crime a des impacts directs et secondaires, il importe d'inclure tous ceux qui ont eu à souffrir de ses conséquences et répercussions. Une collaboration entre tous est nécessaire : les organes de poursuite et de jugement, l'infracteur, la victime et leurs proches, les membres de la communauté. Elle doit se manifester par des échanges d'informations, des rencontres éventuelles et, le plus souvent possible, par une réflexion commune sur la nature des réparations à mettre en œuvre et les conditions du rétablissement de l'harmonie sociale.

4. Impliquer tous ceux qui possèdent un intérêt légitime : victimes, infracteur, membres de la communauté, société

Les magistrats occupent aujourd'hui une place centrale tout au long du processus pénal. A contrario, l'implication des acteurs directs de l'infraction demeure encore très insuffisante. On attend de l'infracteur qu'il reconnaisse sa responsabilité et assume sa peine. De la victime, qu'elle « confirme » la culpabilité de l'infracteur et apporte la preuve des préjudices subis. Or l'un et l'autre doivent pouvoir s'exprimer sans réserve sur le crime, faire valoir l'ensemble de leurs traumatismes (passés, présents et à venir). Des rencontres, associant le cas échéant, infracteur, victime, famille, référents, témoins, membres de la communauté et/ou professionnels concernés, devraient être favorisées pour permettre effectivement à chacun et à tous d'être impliqué(s), à la place qu'il(s) occupe(nt), dans la recherche des solutions pour sortir du conflit cristallisé par le crime [205].

5. Chercher à redresser les torts

Conformément à ce principe, il s'agit de tout mettre en œuvre pour que tous les torts causés à la victime, à la communauté et à l'infracteur soient réparés (*to seek to put right the wrongs*). Il est en ce sens de la responsabilité de l'infracteur de prendre une part active dans la réparation des préjudices causés à la victime, voire à la communauté. La réparation peut être matérielle et/ou symbolique. Dans les cas les plus graves, elle est cependant rarement intégrale. Si tous les efforts déployés pour en finir avec cette expérience de victimisation – n'appartenant qu'à la victime – sont généralement très appréciés, une part d'irréparable demeurera le plus souvent.

Il est aussi de la responsabilité de la communauté d'encourager et d'aider l'infracteur à réparer la victime. Et à se réparer lui-même dans de très nombreux cas, pour avoir souffert de victimisations non prises en compte de manière satisfaisante par le passé. Le passage à l'acte criminel peut alors être vécu comme une manière de se rendre justice ou comme la réactivation inconsciente d'un traumatisme ancien.

La communauté doit également combattre les causes en participant à la prévention/réduction des facteurs de risque qui ont pu conduire au crime, facteurs d'ordre personnel à l'infracteur ou plus généralement situationnels et au renforcement des facteurs de protection.

Finalement, les actions mises concrètement en œuvre doivent conduire à une forme de clôture du conflit, seule de nature à rendre cumulativement possibles la réelle resocialisation de l'infracteur après exécution des obligations qui lui incombent, la réintégration de la victime après réparation de tous ses préjudices, le rétablissement de la paix sociale dans la

205. V. not. Manuel sur les programmes de justice réparatrice, *op. cit.*, « Les participants au processus de réparation », pp. 59-66.

communauté soucieuse d'avoir exercé tous ses devoirs. La justice restaurative encourage ainsi toutes les actions dont le résultat est la promotion de la responsabilité, de la responsabilisation, de la réparation et de la guérison de tous.

2. Les contours opératoires de la Justice restaurative

Un tel corpus de déclarations plus ou moins formelles repose très heureusement sur un ensemble de programmes actuellement (re)mis en œuvre. Avant d'en mesurer les bienfaits très prometteurs, il convient de bien marquer ce que la Justice restaurative n'est pas. Il est essentiel en effet de se convaincre que nombre de critiques aujourd'hui adressées à la Justice restaurative sont absolument sans aucun fondement [206].

a) Ce que la Justice restaurative n'est pas

Avec beaucoup de pertinence, c'est encore Howard ZEHR qui a le mieux systématisé, dans l'un de ses derniers ouvrages, ce que la justice restaurative n'est pas, avec le souci de rappeler que tous les programmes mis en œuvre ne sont pas automatiquement transposables mais que tous doivent respecter des principes de bases [207]. Ainsi, la Justice restaurative n'est pas essentiellement orientée vers le pardon et la réconciliation, tout d'abord. Si les mesures retenues offrent un contexte bien plus propice que le système traditionnel, pardon et réconciliation demeurent toujours à l'appréciation, intime, libre et souveraine des participants.

La justice restaurative n'est pas davantage réductible à la médiation, telle qu'elle est mise en œuvre actuellement. En ce

---

206. A. MORRIS, Critiquing the critics. A brief response to critics of restorative justice, *In British Journal of Criminology*, 2002-42-3, pp. 596-615 ; H. ZEHR, B. TOEWS (Eds.), *Critical issues in restorative justice*, Criminal justice press / Willan publishing, 2004, 417 p. ; G. JOHNSTONE, Critical perspectives on restorative justice, *In* G. JOHSTONE, D. VAN NESS (Eds), *Handbook of restorative* jusice, Willan publishing, 2007, pp. 598-614.

207. V. The little book of restorative justice, *op. cit.*, p. 8 et s.

sens, les rencontres victimes-infracteurs ne sont pas toujours réellement choisies et appropriées, rarement menées en présence de représentants de la communauté. De surcroît, la banalisation de certaines pratiques, peu professionnalisées, risque de conduire au partage des responsabilités, voire de la honte qui sont attachées à l'acte criminel, en tant qu'acte. La justice restaurative peut, quant à elle, être aussi utile au cas d'absence, d'impossibilité ou de refus d'une partie, la médiation étant alors par définition impossible. Elle suppose encore que la participation à la médiation repose sur la reconnaissance d'un certain niveau de responsabilité de la part de l'infracteur, sur la nomination de l'infraction et de la réalité de la victimisation. Aussi, Howard ZEHR suggère de préférer au terme médiation ou rencontre victime-infracteur celui de conférence ou de dialogue.

Quand bien même elle y contribue pertinemment, la justice restaurative n'est pas essentiellement dédiée à la réduction du récidivisme ou des infractions multiples (*repeating crimes*). Elle est en priorité mise en œuvre parce qu'il est légitime de prendre en compte les besoins des victimes, d'encourager les infracteurs à assumer leur responsabilité, d'impliquer tous ceux qui sont concernés par le crime.

La justice restaurative n'est pas un programme spécifique ou une matrice, un *blueprint*. Il n'existe pas de modèle idéal, transposable dans toutes les sociétés. Concept et pratique en construction, la justice restaurative doit s'adapter aux différentes cultures et être appropriée par elles : elle est une boussole, pas une carte. Au minimum, la justice restaurative doit être une invitation au dialogue et à l'innovation.

La justice restaurative ne saurait être essentiellement réservée aux infractions de faible gravité ou aux infracteurs primaires. Bien au contraire, les principes de justice restaurative, lorsqu'ils sont appliqués sérieusement par des professionnels spécialement formés, peuvent aussi convenir aux cas les plus graves. Howard ZEHR précise néanmoins que c'est en matière de violences conjugales qu'il importe de prendre le plus de précautions. Néanmoins, d'autres auteurs soulignent les effets positifs de la justice restaurative y compris en matière de crimes graves [208].

La justice restaurative n'est ni nouvelle ni exclusivement Nord-américaine. Certes, la justice restaurative a été réintroduite dans les années 1970 particulièrement par les mennonites, soucieux d'appliquer leur foi autant que leur perspective de paix au rude monde de la justice pénale. Néanmoins, le mouvement doit beaucoup aux Premières Nations d'Amérique du Nord, de Nouvelle Zélande. A bien y regarder, ses racines sont profondément plongées dans l'histoire pluri-culturelle de l'humanité et, dans la plupart des régions du monde, les mesures de justice restaurative ont trouvé, trouvent encore, à s'épanouir [209].

La justice restaurative n'est ni une panacée, ni nécessairement un modèle destiné à remplacer le système de justice actuel. En effet, le crime présente une double dimension : publique et privée. Pour éviter que la dimension publique (de la compétence de l'Etat) ne l'emporte, Howard ZEHR propose de considérer que le crime a bien davantage une dimension sociétale et une dimension plus locale et personnelle. En considérant mieux la dimension individuelle, la justice restaurative cherche à atteindre un meilleur équilibre dans la manière dont est vécue, au plus près des intéressés, l'expérience de justice.

La justice restaurative n'est pas nécessairement une alternative à la prison. Par les principes qu'elle promeut, la justice restaurative participe certes à la réduction du recours très abusif à l'emprisonnement. Mais les mesures de justice restaurative peuvent aussi être mises en œuvre en complémentarité ou en parallèle à la peine privative de liberté. En dernier lieu, la justice restaurative n'est pas nécessairement à l'opposé de la rétribution, contrairement aux premières conclusions de ses promoteurs.

Ces divers constats sont incontestablement de nature à éviter toute interprétation erronée, voire abusive, de la philosophie et

---

208. V. *Infra*, Chap. 3.

209. V. *Supra*, Chap. 1.

des pratiques caractéristiques de la Justice restaurative. Ils permettent par là même de confirmer, sans beaucoup d'équivoque, les promesses que le modèle restauratif est susceptible de tenir, offrant ainsi au Système de justice pénale contemporain la possibilité d'épanouir davantage encore l'œuvre de justice.

b) Les promesses de la Justice restaurative

Très concrètement, les mesures restauratives offrent des bienfaits particuliers aux personnes qui y adhèrent. La mise en mouvement d'une mesure restaurative suppose que des charges indiscutables existent et qu'elles sont reconnues – en tout cas non contestées – par l'infracteur. Elle a vocation à précéder et, en cas de succès, à remplacer ou, selon les cas, à compléter une intervention étatique classique. Quelques orientations doctrinales marginales ne cachent pas leur souhait de substituer la justice restaurative aux formes étatisées de gestion du crime. Mais la plupart des auteurs admettent leur complémentarité.

D'une manière générale, la participation des personnes est libre et volontaire. Aucune contrainte, de quelque nature que ce soit, ne peut être imposée aux intéressés. Chacun peut décider de sortir du processus restauratif quand il le souhaite. Toutes celles et ceux qui sont affecté(e)s par le crime peuvent participer, en toute confidentialité, à sa régulation selon les formes particulières aux mesures restauratives : victime, infracteur naturellement mais aussi leur famille respective, leurs proches, les représentants des communautés (ou collectivités) victimisées, voire les professionnels des institutions concernées (Ecole, police, justice, barreau...) [210]. Tous ceux qui participent à la dynamique restaurative prennent la parole, offrent leur point de vue sur la compréhension de l'émergence et de la réalisation des faits, sur les réponses à y apporter au regard de leur expérience personnelle, chacun à leur tour, dans le respect mutuel de la parole de l'autre. Les particularités éventuelles

210. V. not. Manuel sur les programmes de justice restaurative, *op. cit.*, pp. 59-66 ; P. Redekop, Changing paradigms, *op. cit.*, p. 83 et s.

(culturelles, sociales notamment) sont ainsi vraiment prises en considération. Les accords, sous la supervision du juge ou de son représentant, sont consensuels et équitablement déterminés au regard des besoins, des obligations et des possibilités de chacun. Au cas d'échec du processus ou lors de la mise en œuvre des accords, une sanction plus lourde de l'infracteur ne saurait être envisagée [211].

Il convient de ne pas négliger les risques potentiels que la mise en œuvre des mesures de Justice restaurative peut induire et/ou les écueils qu'elle doit surmonter en ce qui concerne les protagonistes principaux (victimes, infracteurs, proches et communauté) : pressions, domination, humiliation, sécurité, confidentialité, instrumentalisation de la mesure, manipulation, disparité des rapports de forces selon la présence plus ou moins prononcée des proches, notamment. De la même manière, il conviendra d'éviter que les professionnels du système de justice pénale ne dévoient les mesures restauratives de leur finalité, en bureaucratisent le déroulement, ne mobilisent pas les ressources nécessaires à la réparation et/ou à la réintégration sociale de tous, principalement [212]. D'où l'importance primordiale d'une formation spécialisée et véritablement aboutie des personnels investis et, plus fondamentalement, de l'animateur.

Un animateur au rôle bien défini selon les mesures restauratives à l'œuvre (entre facilitateur et médiateur) assure, en effet, le bon déroulement des échanges et la circulation effective de la parole entre tous, récapitule les conditions de l'accord élaboré en commun par les intéressés et en supervise l'exécution. Il doit posséder de réelles connaissances sur les collectivités locales impliquées ainsi que sur leurs standards culturels. Mais il est essentiel qu'il s'agisse d'un authentique professionnel du travail social ou, le cas échéant, qu'il ait acquis spécialement, en sus de sa formation initiale, les bases conceptuelles et méthodologiques de l'intervention en justice

---

211. V. not. B. TOEWS, *The little book of Restorative justice for people in prison : rebuilding the web of relationships*, Good Books Ed., 2006, pp. 25-59.

212. V. *Ibid.*, pp. 68-73.

restaurative. Selon les systèmes de procédure pénale, il peut s'agir d'un policier (généralement dans les pays anglosaxons de *common law*) ou d'un médiateur appartenant à un réseau associatif ou à un service spécialisé (dans les pays de droit romain) [213]. Par définition, sa mission est marquée du sceau de la neutralité, de la bienveillance et de l'impartialité. Il ne se positionne en tant que tel ni du côté de la victime, ni de celui de l'infracteur, il veille bien plus pertinemment à la satisfaction des besoins de tous. Les termes de l'accord qu'il validera, ou fera valider par le juge, seront d'autant plus librement et volontairement acceptés par les parties en présence qu'ils émaneront de leur volonté même, le point de vue de chacun ayant été entendu et considéré. La réparation, au sens large, doit être équitable, proportionnée et adaptée au dommage réellement causé, évalué collectivement en fonction des besoins de la victime [214].

La place de ***la victime*** dans la régulation des conflits d'ordre pénal est très opportunément restituée et valorisée par la Justice restaurative. Elle va pouvoir obtenir les informations dont elle a besoin, recevoir des réponses aux questions qu'elle se pose à propos de l'infraction : pourquoi est-ce arrivé ? Pourquoi moi ? Comment cela s'est réellement passé ? Qui est l'infracteur ? Que ressent-il/elle ? Que compte t-il /elle faire ? Ai-je fait quelque chose pour que cela arrive, aurais-je pu l'éviter ? Qu'a-t-on fait depuis ? Les questions du « pourquoi » comme celle

213. V. sur cet aspect, not., N. KROOVAND HIPPLE, E.F. MCGARREL, Comparing police- and civilian-run family group conferences, *In Policing. An international journal of police strategies and management*, 2008-31-4, pp. 553-577 ; K.A. SOUZA, M.K. DHAMI, A study of volunteers in Community-based Restorative justice programs, *In Rev. can. de criminology et de justice pénale*, 2008-50-1, pp. 31-57.

214. V. not. M.S. UMBREIT and al., *The handbook of victim offender mediation : an essential guide to practice and research*, 2001, Jossey-Bass Inc., pp. 35-64 ; *Best practice guidance for restorative practitioners. Conclusions and recommendations of the training and accreditation police group*, 2004, Home Office, multigraph., 48 p., homeoffice.gov.uk ; Manuel sur les programmes de justice restaurative, *op. cit.*, p. 74 et s.

du « comment » sont fondamentales [215]. Les réponses qui leur sont apportées sont de nature à apaiser les peurs, souvent diffuses, de la victime et à «(ré)»humaniser l'infracteur, souvent perçu comme un « monstre ». La victime peut ainsi vérifier par elle-même, lors de la rencontre restaurative, la sincérité de l'auteur. Elle souhaite l'entendre assumer pleinement la responsabilité de l'acte et s'assurer qu'il réalise toutes les conséquences et répercussions qui en découlent, dont certaines persistent toujours. Elle doit encore pouvoir dire la vérité car raconter l'histoire de ce qui est arrivé participe de sa guérison et/ou de la symbolisation des affects nés de l'événement. Aussi souvent qu'elle le souhaite, cette reconnaissance publique doit avoir lieu. La victime doit pouvoir s'approprier la régulation du conflit, sans une stratégie d'*empowerment*, pour retrouver le pouvoir sur sa vie [216].

L'engagement dans la résolution de son affaire, tout au long du procès pénal, par l'apprivoisement des dispositifs disponibles, est primordial pour pouvoir reprendre le contrôle de soi-même, de son espace vital, affectif et social [217]. Le crime a en effet privé la victime de ses biens, de son corps, de ses émotions et/ou de ses rêves. Elle doit être réparée autant aux plans personnel, matériel que symbolique. En prenant la responsabilité de réparer les torts causés, l'infracteur ôte toute possibilité de blâmer la victime qui, par là même, peut se libérer

---

215. V. not. sur ces aspects, R. ROSS, *Returning to the teachings : exploring aboriginal justice*, Penguin Books, 1996, 287 p. ; du même auteur, Pour une justice « relationnelle », *Les cahiers de la justice. Revue semestrielle de l'ENM*, Ed. Dalloz, 2006-1, pp. 127-142 ; Commission du droit du Canada, *Le défi des conflits pour les collectivités. Points de vues sur la justice réparatrice*, Vidéo, 2000, 37 mn.

216. V. not. M. ACHILLE, Can Restorative justice live up to its promise to victims ?, *In* H. ZEHR, B. TOEWS (Eds), Critical issues in restorative justice, *op. cit.*, pp. 65-73 ; L. STUTZMAN AMSTUTZ, What is the relationship between victim service organizations and Restorative justice ?, *Ibid.*, pp. 85-105 ; N. PIGNOUX, *La réparation des victimes d'infractions pénales*, Ed. l'Harmattan, Coll. Sciences criminelles, 2008, p. 367 et s.

217. V. Sur ces aspects J. LARSON SAWIN, H. ZEHR, The ideas of engagement and empowerment, *In* G. JOHNSTONE, D.W. VAN NESS (Eds), *Handbook of Restorative justice*, Willan publishing, 2007, pp. 41-58.

de la culpabilité psychique que l'acte subi a pu déclencher chez elle ou ses proches. Des excuses conduiront au même effet. La victime peut encore participer à l'élaboration de la sanction, de manière plus ou moins prononcée selon les mesures restauratives retenues, en déclarant la nature et l'ampleur des conséquences du crime sur sa propre vie et/ou celle de ses proches (« Déclaration de la victime » au Québec, *Victim impact statement* dans les provinces et pays anglophones) [218].

A l'égard de ***l'infracteur***, la justice restaurative participe à sa responsabilisation, de nature à favoriser la reconquête de l'estime de soi et l'affirmation, plus généralement, de sa qualité de personne humaine. En ce sens, l'infracteur a besoin que la Justice marque solennellement la désapprobation sociale de l'acte posé, nomme l'infraction, le déclare responsable des torts commis, l'encourage à les assumer, à avoir le souci de l'autre et à transformer la honte consubstantielle de l'acte commis en force réintégrative (*reintegrative shame*). Il a également besoin de l'amour et du soutien de ses proches, tout comme il apparaît essentiel que les personnes en qui il a une particulière confiance la lui renouvelle. Il a encore besoin d'encouragements de la part de la Justice pour que son comportement évolue : en réduisant les facteurs de risque l'ayant conduit au passage à l'acte agressif, en lui offrant des opportunités de traitement et en consolidant ses compétences personnelles. L'infracteur a aussi besoin d'encouragements et d'aide pour (ré)intégrer la communauté. Quelques-uns auront, enfin et pour l'essentiel, besoin d'une privation temporaire de liberté, laquelle prendra tout son sens dans ce contexte restauratif en facilitant son adhésion à la sanction prononcée, son appropriation du projet d'exécution des peines qui lui sera proposé [219].

---

218. V. not. *In* R. CARIO, Victimologie. Les textes essentiels, *op. cit.*, pp. 69-72 ; M. BARIL, *L'envers du crime* (1984), Ed. L'Harmattan, Coll. Traité de Sciences criminelles, Vol. 6, 2002, p. 75 et s. ; DRAY D., *Victimes en souffrance. Une ethnographie de l'agression à Aulnay-sous-Bois*, L.G.D.G., 1999, p. 85 et s.

219. J. BRAITHWAITE, Crime, shame and reintegration (1989), *op. cit.*, 1999, 226 p. ; J. BRAITHWAITE, S. MUGFORD, Conditions of successful reintegration ceremonies, *in British Journ. of Criminology*, 1994-32-4, pp.

Les communautés elles-mêmes tirent des profits inestimables de la justice restaurative. Unies par un sentiment plus ou moins fort d'appartenance, d'identification réciproque, les communautés sont à comprendre dans leur dimension géographique locale, de voisinage, mais aussi ethnique et/ou culturelle, quand elles ne sont pas activées par un événement très particulier ou dynamisées autour d'associations voire de réseaux d'intérêts ou d'obligations mutuels [220]. Le crime, par ses impacts, a créé des besoins chez les membres impliqués (*secondary victims*). Or l'accaparement par l'Etat des poursuites pénales traditionnelles détruit chez les individus tout sens de la communauté. Pourtant, les membres de la communauté ont un rôle à jouer tout comme la communauté elle-même doit assumer ses éventuelles responsabilités à l'égard des victimes, de l'infracteur et de l'ensemble des membres eux-mêmes. Elle prend concrètement connaissance et conscience des facteurs qui risquent de conduire au crime et s'investit alors davantage dans la consolidation du bien être social, assurant par là même la prévention plus globale du crime. Et chaque fois que les membres de la communauté s'engagent dans la résolution d'un conflit, c'est le lien social qui s'en trouve renforcé.

139-171 ; Forum de justice communautaire, *op. cit.*, p. 11 et s. ; J.P. BRODEUR, J. BRAITHWAITE, De l'humiliation à la honte « positive », *In Le Monde des débats*, juin 2000, pp. 20-21 ; J. FAGET, Reintegrative shaming. A propos de la théorie de John Braithwaite, *In Les cahiers de la Justice, revue semestrielle de de l'ENM*, Dalloz, 2006-1, pp. 59-70 ; B. ARCHIBALD, La justice restaurative: conditions et fondements d'une transformation démocratique en droit pénal, *In* M. Jaccoud (Dir.), *Justice réparatrice et médiation pénale*, Ed. L'Harmattan, 2003, pp. 119-157, qui propose de traduire le concept par « honte conciliante », p. 131 et s. ; B. TOEWS, J. KATOUNAS, Have offender needs and perspectives been adequately incorporated into Restorative Justice ?, *In* H. ZEHR, B. TOEWS (Eds.), Critical issues in Restorative justice, *op. cit.*, pp. 107-118.

220. Sur la notion de communauté, V. not., à propos des « communautés transversales », M. HENAFF, La dette de sang et l'exigence de justice, *In* P. DUMOUCHEL, *op. cit.*, pp. 31-64 ; L. WALGRAVE, La justice restaurative : à la recherche d'une théorie et d'un programme, *In Criminologie*, 1999-1, p. 14 et s. ; G. JOHNSTONE, Restorative justice, *op. cit.*, p. 136 et s. ; J. SHAPLAND, *Justice, communauté et société civile. Etudes comparatives sur un terrain disputé*, Ed. L'Harmattan, Coll. Logiques sociales, 2008, 263 p.

C'est pourquoi les communautés attendent de la Justice qu'elle prête attention à leurs victimisations éventuelles, qu'elle leur offre des opportunités pour donner du sens aux notions de communauté et de responsabilité mutuelle, qu'elle les encourage à assumer leurs obligations quant au bien-être de leurs membres – y compris victimes et/ou infracteurs – et à développer des politiques qui favorisent des communautés saines et sûres. De réelles ressources doivent ainsi leur être allouées, par simple redistribution finalement, au regard des bénéfices escomptés – et évalués – par la mise en œuvre des mesures de Justice restaurative.

Le Système de Justice pénale en son entier devient très heureusement bénéficiaire de la stratégie restaurative en ce qu'elle offre à la régulation des conflits une justice plus humaine pour la victime et l'infracteur. Selon les mesures mises en œuvre, la justice restaurative est de nature à rendre la justice pénale plus crédible en ce qu'elle permet de répondre à tous les conflits d'ordre pénal, y compris en cas de classement sans suite ou de non-lieu, quand l'auteur est inconnu ou incapable psychologiquement de répondre de ses actes. Et vraisemblablement moins coûteuse [221] car elle conduit à éviter le recours aux peines privatives de liberté de courte durée, massivement prononcées aujourd'hui, le *quantum* moyen ferme de la peine privative de liberté s'établissant en ce sens à moins de huit mois en 2008, ce dont atteste encore la proportion de détenus incarcérés en maison d'arrêt (affichant de surcroît un taux de 20 % de détenus en surnombre), dans près de sept cas sur dix, certes au titre de la détention provisoire mais aussi pour y purger des peines inférieures à un an ou dont le reliquat est également inférieur à un an [222]. Au regard du différentiel généralement observé entre le coût journalier d'une mesure exécutée au sein de la communauté et celui d'une peine privative de liberté (de 1 à

221. V. en ce sens, L.W. SHERMAN, H. STRANG, *Restorative justice : the evidence*, Smith Institute pub., 2007, p. 86 et 88, smith-institute.org.uk.

222. V. not. *ACP*, 2010-180 ; V. art. 717 al. 2, D. 73 *C.P.P.* ; V. L.W. SHERMAN, H. STRANG, *Ibid.*, les auteurs soulignant, p. 88, que les mesures de justice restaurative sont aussi efficaces sinon meilleures que les courts temps pénitentiaires.

10)[223], rapproché des évaluations prometteuses des mesures de justice restaurative[224], il y a peut-être aussi pour le système de potentielles économies à réaliser en termes de *cost / effectivness* (relativement au fonctionnement des tribunaux et de l'administration pénitentiaire)[225], comme il a été de la même manière précédemment observé relativement aux programmes de prévention précoce[226]. La justice restaurative est plus proche des intéressés, plus proche de la société civile, plus proche de la communauté. Justice de proximité, elle s'exprime là où le conflit s'est noué, là où la réparation a lieu, là où les protagonistes continuent à cohabiter. Le reproche de la disparition de tout rituel judicaire ne semble pas fondé, non seulement parce que la mesure restaurative choisie est mise en œuvre au sein même du Système de justice pénale mais encore et surtout par le fait, maintes fois souligné, que la distance qu'il induit avec le justiciable est source d'incompréhension voire de rejet[227]. La victime et la communauté, par le sentiment partagé que justice a été rendue, retrouvent confiance dans le Système en son entier. La justice restaurative contribue ainsi à apaiser, au cœur même de la communauté victimisée, le sentiment d'insécurité, à rétablir durablement la paix sociale.

---

223. Le coût d'une journée en milieu ouvert est d'environ 12 €, celui du placement sous surveillance électronique d'au minimum 30 €, celui d'un placement en détention de 90 à 120 €.

224. V. *Infra*, C.

225. V. en ce sens J. SHAPLAND and al., *Does restorative justice affect reconviction ? The fourth report from the evaluation of three schemes*, Min. of Justice, Research Series, 2008-10, pp. 43-65 qui soulignent que chaque livre investie dans une mesure de justice restaurative produit une économie de 9 £ au bénéfice du Système de justice pénale.

226. V. not. R. CARIO, *La prévention précoce des comportements criminels. Stigmatisation ou bientraitance sociale ?*, Ed. L'Harmattan, Coll. Controverses, 2004, 108 p.

227. V. not. A. GARAPON, *Le rituel judiciaire. Etude de sociologie juridique sur les formes symboliques du droit*, Thèse, Paris II, 1986, multigraph., 386 p. ; F. DESPREZ, *Rituel judiciaire et procès pénal*, LGDJ / Lextenso Ed., Bibliothèque des sciences criminelles, 2009-46, 573 p., spé. p. 265 et s.

Reposant sur des principes généraux forgés par la doctrine à partir de pratiques à l'œuvre, la Justice restaurative semble mieux répondre aux exigences de justice consécutives aux conflits intersubjectifs qui se cristallisent dans le crime. L'étude des mesures concrètes de la Justice restaurative va conduire à souligner qu'un tel modèle de justice, par le souci de la réparation de tous qui l'anime, par le souci de l'ouverture à tous du conflit [228], est non seulement viable mais surtout d'une efficacité réelle [229].

---

228. V. A. GARAPON, D. SALAS, *Les nouvelles sorcières de Salem. Leçons d'Outreau*, Ed. du Seuil, 2007, p. 153.

229. V. R. CARIO, Introduction aux sciences criminelles, *op. cit.*, p. 190 ; V. *Infra*, Chap. 4, C, 1).

3

Les mesures de Justice restaurative

> *« Les trois conditions les plus importantes pour la mise en œuvre de la Justice restaurative sont :*
> *la préparation,*
> *la préparation,*
> *la préparation ».*
>
> James SCOTT [230]

Concrètement, la mise en œuvre de la Justice restaurative se développe au travers de diverses mesures, considérées depuis plus ou moins longtemps comme susceptibles de résoudre ou, plus exactement, de réguler les conflits intersubjectifs d'ordre pénal. Ces pratiques connaissent un (nouvel) essor significatif depuis quelques décennies un peu partout dans le monde [231]. Il serait excessif de prétendre que de telles modalités d'exercice

---

230. V. Actes du 5ème Colloque de Plaidoyer-Victimes, *Au cœur des droits*, Montréal, 2009, aqpv.ca.

231. V. récemment not. P. MCCOLD, Restorative practices. The state of the field 1999, www.iirp.org ; D. MIERS and al., *An explanatory evaluation of restorative justice schemes*, Crime reduction research serie, Pub. Home office, 2001-9, 194 p. ; D. MIERS, *An international review of restorative justice*, Crime reduction research series, Pub. Home office, 2001-10, 105 p. ; The global appeal of Restorative justice. Regional review, *In* G. JOHNSTONE, D.W. VAN NESS, Handbook of restorative justice, *op. cit.*, p. 445 et s.

de la justice ont rayonné sans partage tout au long de l'histoire de la pénalité. Il n'empêche que nombre d'entre elles ont été actives durant de longs siècles dans nos civilisations continentales avant que l'Etat moderne ne s'arroge le monopole pénal. D'autres n'ont jamais vraiment cessé d'être opérationnalisées dans les sociétés traditionnelles plus ou moins épargnées par la greffe de la modernité des « conquêtes » colonialistes [232].

Conformément à la philosophie de la Justice restaurative, ces diverses mesures ont en commun la participation volontaire [233] et active de toutes les parties au conflit. Elles ont vocation à intervenir à tous les stades du processus pénal : enquête, poursuites, instruction, jugement voire exécution des peines. Leur déclenchement suppose que des charges suffisantes, non contestées par l'infracteur, existent ou, à défaut d'en connaître l'auteur ou plus exceptionnellement en cas de refus de celui-ci, que les faits établissent clairement une victimisation d'origine infractionnelle.

A – Les principales mesures restauratives

Trois principales mesures de régulation restaurative des conflits intersubjectifs d'ordre pénal sont généralement repérées comme participant de la Justice restaurative : les médiations victime / infracteur (surtout présentes en Amérique du Nord et en Europe) ; les conférences du groupe familial (principalement

---

232. V. not. E. WEITEKAMP, The History of Restorative Justice, *In* G. BAZEMORE, L. WALGRAVE (Eds.), *Restorative juvenile justice : Repairing the harm by youth Crime*, Monsey, 1999, Criminal Justice Press, pp. 75-102 ; G. JOHNSTONE, Restorative justice, *op. cit.*, p. 36 et s. ; M.S. DUPONT-BOUCHAT, Le crime pardonné. La justice réparatrice sous l'Ancien Régime (XVI-XVIIIè siècles), *In Criminologie*, 1999-32-1, pp. 31-56 ; B. ARCHIBALD, La justice restaurative : conditions et fondements d'une transformation démocratique en droit pénal, *In* M. JACCOUD (Dir.), *op. cit.*, p. 134 et s., spé. note 66.

233. Comp. néanmoins les propositions de la perspective maximaliste qui admet le recours à des « sanctions restauratives », indépendamment de l'accord de l'infracteur ; L. WALGRAVE, La justice restaurative : à la recherche d'une théorie et d'un programme, *In Criminologie*, 1999-1, pp. 7-29 ; V. *Infra*, Chap. 4.

développées dans le monde anglo-saxon, en Australie et Nouvelle Zélande plus particulièrement), les cercles de guérison, les cercles de sentence ou de détermination de la peine (surtout mis en œuvre dans les communautés autochtones du Canada). Les rencontres restauratives post-sentencielles, en plein développement à l'heure actuelle, présentent des caractéristiques très proches de ces différentes mesures. Portés par la même philosophie, des dispositifs particuliers tentent de réconcilier les populations confrontées à des victimisations de masse.

1. La médiation entre victime et infracteur offre aux intéressés l'opportunité d'une rencontre volontaire afin qu'ils discutent des caractéristiques, des conséquences et des répercussions du conflit de nature pénale qui les oppose. C'est au début des années 1970 qu'une telle mesure de Justice restaurative a vu le jour au Canada. Connue également comme l'expérience de Kitchener (Ontario), l'affaire remonte à 1974 lorsque deux jeunes gens de la petite ville d'Elmira, âgés de 18 et 19 ans, en état d'intoxication qualifié, commirent durant la nuit de très nombreux actes de vandalisme. Au regard des faits, Marc YANTSI (agent de probation) et Dave WORTH (travailleur social mennonite) proposèrent au juge d'imposer, sous leur contrôle, aux intéressés ayant plaidé coupable de rencontrer chacune de leurs victimes à domicile pour prendre la mesure de leurs pertes, leur présenter des excuses et envisager les conditions de leur réparation. Environ 1065 $, non remboursés par les assurances, demeuraient à la charge des 21 victimes identifiées. Le juge Gordon MCCONNELL condamna les deux infracteurs à 18 mois de probation, accompagnée pour chacun d'une amende de 200 $ et de l'obligation de payer aux victimes la somme de 550 $ dans un délai de trois mois. Ce qui fut fait et provoqua des réactions de satisfaction chez tous les protagonistes [234].

234. V. not. D.E. PEACHEY, The Kitchener experiment, *In* M. WRIGHT, B. GALAWAY (Eds), *Mediation and criminal justice : victims, offenders and community*, Sage pub., 1989, pp. 14-26 ; réédité *In* G. JOHNSTONE (Ed.), *A*

Ces *Victim Offender Reconciliation Programs* (*VORP*) ont été ensuite généralisés aux Etats-Unis (en 1978, à Elkart, Indiana) puis un peu partout en Europe sous le vocable de *Victime Offender mediation* (*VOM*). Structurée et sécurisée, la rencontre est animée par un médiateur ou un facilitateur professionnel. Le but de la médiation victime/infracteur est, tout d'abord, de rendre possible une telle rencontre ; d'encourager, ensuite, l'auteur à mesurer l'impact humain, social et/ou matériel de son action et d'en assumer la responsabilité ; de conduire encore chacun à reconsidérer le point de vue de l'autre et à en tenir davantage compte ; d'amener, enfin et principalement, les intéressés à envisager les contours de la réparation des préjudices causés [235].

2. La Conférence du groupe familial est inspirée des pratiques de « Whanau » (famille élargie) des Maoris, aborigènes de Nouvelle Zélande dont les liens familiaux et de parenté sont très forts et étendus, destinées à la prise en charge des infractions commises par les mineurs [236]. Réintroduites dans les années

---

restorative justice reader : texts, sources, context, Willan pub, 2003, pp. 178-186.

235. Sur ces programmes, V. not. D. VAN NESS, Victim offender mediation programmes, *In Les cahiers de la Justice, revue semestrielle de l'ENM*, Dalloz, 2006-1, pp. 143-151 ; J.P. BONAFE-SCHMITT et al., *Les médiations, la médiation*, Ed. Erès, Trajets, 1999, 302 p. ; M.S. UMBREIT and al., The handbook of victim offender mediation : an essential guide to practice and research, *op. cit.*, 425 p. ; Justice réparatrice et médiation pénale, *In* M. JACCOUD (dir.), *op. cit.*, pp. 17-49 ; J. FAGET, *La médiation. Essai de politique pénale*, Ed. Erès, Coll. Trajets, 1997, p. 39 et s. ; M. PRICE, *The benefit of victim-offender mediation*, www.vorp.com ; P. MILBURN, *La réparation pénale à l'égard des mineurs*, pub. Min. Justice, Mission de recherche Droit et justice, Coll. Arrêt sur recherches, 2002-1, 171 p. ; du même auteur, *Quelle justice pour les mineurs ? Entre enfance menacée et adolescence menaçante*, Ed. Erès, Coll. Trajets, 2009, p. 165 et s. ; *Manuel sur les programmes de justice réparatrice*, Office des Nations Unies contre la drogue et le crime, multigraph., 2008, pp. 17-20 ; P. REDEKOP, Changing paradigms, *op. cit.*, p. 110 et s. ; J.P. BONAFE-SCHMITT, *La médiation pénale en France et aux États-Unis*, LGDJ / Lextenso Ed., coll. Classics, 2è éd. 2010, 199 p.

236. V. not. J. CONSEDINE, The Maori restorative tradition, *In* G. JOHNSTONE (Ed.), *A restorative justice reader : texts, sources, context*, Willan

1980, elles ont été officiellement intégrées dans la législation pénale de ce pays en 1989 (*Children, young persons and their families Act*), comme devant être systématiquement proposées avant toutes poursuites pénales à l'égard des mineurs. De telles *Family group conferences* (*FGCs*) sont aujourd'hui appliquées en Australie (*Young offender act*, Australie du Sud, 1993) [237], aux Etats-Unis (*Restorative conference*), au Canada (Forum de justice communautaire [238]), au Royaume-Uni (*Youth offender team* [239]) et en Belgique (Concertation restauratrice en groupe) notamment [240]. Elles s'adressent, selon les législations, aux mineurs comme aux adultes, principalement dans le cadre de contentieux familiaux ou d'infractions commises par plusieurs co-auteurs et/ou atteignant plusieurs victimes.

La Conférence restaurative, en général, poursuit les mêmes objectifs que les médiations victime / infracteur mais réunit un

---

pub, 2003, pp. 152-157 ; M. HAKIAHA, What is the State's role in Indigenous justice processes ?, *In* H. ZEHR, B. TOEWS (Eds.), Critical issues in restorative justice, *op. cit.*, pp. 355-363.

237. H. BLAGG, A just measure of shame ? Aboriginal youth and conferencing in Australia, *In British Journal of Criminology*, 1997-37-4, pp. 481-501.

238. V. Gendarmerie Royale du Canada, *Forum de justice communautaire. Guide de ressources*, multigraph., 1998, 39 p. ; *Forum de justice communautaire*, Gendarmerie Royale du Canada, 1999, Vidéo, 16 mn. ; J.E. DEUKMEDJIAN, The rise and fall of RCMP Community justice forums : Restorative justice and public safety interoperability in Canada, *In Rev. can. de criminologie et de justice pénale*, 2008-50-2, pp. 117-151.

239. V. M. WRIGHT, La justice restaurative et les victimes : l'expérience anglaise, *In Les cahiers de la Justice. Revue semestrielle de l'ENM*, 2006-1, pp. 175-193.

240. V. Circ. Ministérielle du 7 mars 2007 relative aux lois des 15 mai 2006 et 13 juin 2006, qui introduisent not. cette mesure, *In Moniteur Belge*, 8 mars 2007-71, http://www.moniteur.be ; I. VANFRAECHEM, L. WALGRAVE, Les conférences de groupe familial, *In* Les cahiers de la Justice, *Ibid.*, pp. 153-174 ; D. LEBOUC, Les concertations restauratrices de groupe : le cheval de Troie dans l'édifice protectionnel belge, *In Les cahiers dynamiques*, 2008-40, pp. 14-17 ; V. égaleemnt, J. DOAK, D. O'MAHONY, Developing mediationand restorative justice for young offenders accross Europe, *In* F. DÜNKEL, J. GRZYWA, P. HORSFIELD, I. PRUIN (Eds.), *Juvenile systems in Europe. Current situation and reform developments*, Forum Verlag Godesberg, 2010-36, 4 Vol., pp. 1691-1720.

nombre plus diversifié de participants (de 10 à 30 personnes) autour de l'infracteur, de la victime et du médiateur / facilitateur. Se joignent à eux toutes les personnes ou institutions ayant intérêt à la régulation du conflit et/ou susceptibles d'apporter un support quelconque : amis, référents de l'une ou l'autre des personnes en qui l'on a une particulière confiance ou dont on respecte l'opinion, représentants d'institutions éducatives, judiciaires, sanitaires ou sociales. La conférence permet d'envisager ainsi les caractéristiques du soutien que l'environnement familial ou social est susceptible d'apporter aux intéressés, en particulier à l'infracteur, en vue de l'aider à modifier à l'avenir son comportement et à réparer les torts causés à la victime ou à la communauté [241].

---

241. Sur les Conférences de groupe familial, V. not. F.W.M. McElrea, The New Zealand Youth Court : a model for use with adults, *In* B. Galaway, J. Hudson (Eds), *Restorative Justice : international perspectives*, Criminal Justice Press/Kugler pub., 1996, pp. 69-83 ; Concertation des familles. Modèle de la Nouvelle Zélande, *In Outre l'incarcération*, Actes du Symposium International sur les meilleures pratiques en matière de justice pénale, Kingston, 1998, multigraph., 29 p. ; A. Morris, G. Maxwell, Restorative in New Zealand : Family group conferences as a group study, 1998, *In Western Criminology Review*, http://wcr.sonoma.edu ; *Face aux meurtriers de mon fils*, Sydney, Vidéo 1999, rediffusion M6, 2004, 54 mn ; D.B. Moore, T.A. O'Connell, Family conferencing in Waga Waga : a communitarian model of justice, *In* G. Johnstone (Ed.), A restorative justice reader, *op. cit.*, pp. 212-224 ; G. Bazemore, L. Walgrave, A comparison of four restorative conferencing models, *In* G. Johnstone (Ed.), A restorative justice reader, *op. cit.*, pp. 225-243 ; L. Walgrave, La Justice restaurative et les victimes, *In* jidv.com, 2003-4 ; A. MacRae, H. Zehr, *The little book of family group conferences. New Zealand style : a hopeful approach when youth cause harm*, Good books Pub., 2004, 74 p. ; I. Aertsen et al., *Renouer les liens sociaux. Médiation et justice réparatrice en Europe*, Pub. Conseil de l'Europe, 2004, 141 p. ; N. Harris, Family group conferencing in Autralia. 15 years on, *In Child abuse prevention issues*, 2008-27, 19 p., aifs.gov.au ; P. Redekop, Changing paradigms, *op. cit.*, p. 106 et s. ; Manuel sur les programmes de justice réparatrice, *op. cit.*, pp. 20-22, 27.

3. Les cercles de guérison (*healing circles*[242]) **comme les cercles de sentence** (*sentencing circles*) ont pour même ambition d'aboutir, par consensus, à une sentence qui réponde aux préoccupations de tous les intéressés. Selon les cercles, le consensus porte sur la sentence elle-même, exécutoire en l'état, ou seulement sur la recommandation d'une sentence adressée au juge habilité pour en décider. Adaptation moderne des pratiques autochtones des Premières Nations d'Amérique du Nord, ces cercles, qui symbolisent tout à la fois l'égalité, la globalité, la terre et le cycle de vie[243], visent à apaiser les parties au conflit (victime, infracteur, leurs familles et proches et, surtout, la communauté), en présence des aînés, sous le contrôle et avec le soutien, selon les pratiques, de leurs avocats respectifs et des représentants des institutions judiciaires.

Les cercles ont été intégrés dans la justice pénale contemporaine dans les années 80 afin d'établir des liens de proximité entre les cultures et de partager l'exercice de la justice. Les cercles de guérison se sont développés à partir de l'expérience du *Community Holistic Circle Healing* (CHCH) d'Hollow Water, localité du Manitoba au Canada. Comme en d'autres lieux de colonisation, aux conséquences dévastatrices sur les populations autochtones, la plupart des membres de la Tribu Ojibwa (Anishnabe) étaient exposés à de graves problèmes personnels, familiaux et sociaux. La consommation excessive de produits alcooliques et toxiques ne manquait pas d'induire des comportements antisociaux, voire des violences chez les plus jeunes : dégradations, agressions, suicides. Les travailleurs sociaux en charge des dossiers ont rapidement constaté que la plupart de ces jeunes étaient eux-mêmes victimes d'infractions sexuelles graves, comme ce fut le cas dans les générations antérieures des dernières décennies (incestes, viols et autres agressions sexuelles). Il fut décidé de mettre en place un cercle de guérison au bénéfice et avec le concours de l'entière

242. V. not. D. L. GUSTAFSON, In search of healing justice : a healing circle case study, *In Cahiers de l'AQPV*, 2007-3, pp. 35-38.

243. V. not. M. JACCOUD, Les cercles de guérison et les cercles de sentence autochtones au Canada, *In Criminologie*, 1999-32-1, p. 86.

communauté, associée à la résolution de cette dramatique situation selon un processus en treize étapes [244].

Quant aux cercles de sentence, encore dénommés cercles (ou conseils) de détermination de la peine, leur réintroduction a été formalisée par les pratiques du Juge Barry STUART, dans le Yukon dès 1978, officiellement reconnues dans l'emblématique affaire Moses en 1992. Dans cette affaire, contre l'avis général des membres de la communauté, seul le procureur de la Couronne réclamait à l'encontre de l'infracteur, au lourd casier judiciaire, une peine privative de liberté. Ce positionnement de la communauté amena le juge à procéder à un cercle de sentence car l'idée de renvoyer l'infracteur en prison « sans même considérer l'avis de la communauté » lui parut alors « une solution simpliste, coûteuse et impitoyable » [245]. Les cercles de sentence opèrent aujourd'hui au sein de nombreuses communautés aborigènes dans la plupart des provinces canadiennes (le Manitoba, l'Alberta, La Colombie britannique, le Québec et, surtout, la Saskatchewan) ainsi qu'au Nunavik. Plus que la gravité des faits, c'est la sincérité de l'infracteur, les besoins réels des victimes et l'implication de la communauté qui déterminent la mise en place d'un cercle [246].

---

244. Sur ce Cercle de guérison, V. *Les quatre cercles de Hollow Water*, Doc. Sécurité publique et protection civile Canada, CA 15 APC (1997), Collection sur les autochtones, spé. B et J. BUSHIE, Réflexions sur le processus holistique de réconciliation de Hollow Water, p. 141, 159 et s., pseрс-sppcc.gc.ca ; M. JACCOUD, *Ibid.*, p. 85 et s. ; P. MCCOLD, Restorative justice practices. The state of the field 1999, www.iirp.org ; SAWATSKY J., The ethic of traditional communities and the spirit of healing justice : studies from Hollow water, the Iona community and Plum village, J. Kingsley publishers, 2009, 288 p.

245. V. not. B. STUART, Circle sentencing : turning swords into ploughshares, *In* B. GALAWAY, J. HUDSON (Eds.), *Restorative justice : international perspectives*, Criminal Justice Press, Willow tree pub., 1996, pp. 193-216 ; Regina *versus* Philip Moses, 1992, 3, *Canadian Native Law Reporter*, 116 (Yukon Territory, Territorial Court) ; M. JACCOUD, Les cercles de sentence au Canada, *In Les cahiers de la Justice, revue semestrielle de l'ENM*, Dalloz, 2006-1, pp. 83-94.

246. V. J. RUDIN, Aboriginal justice and restorative justice, *In* E. ELLIOTT, R.M. GORDON (Eds), New directions in Restorative justice, *op. cit*, pp. 89-114.

Ainsi élargis à tous les membres de la communauté qui souhaitent y participer, beaucoup plus impliqués en cela que dans les deux autres mesures de Justice restaurative, les cercles permettent, tout comme précédemment la médiation et les conférences, à chacun de s'exprimer sur les conditions de l'émergence du conflit et ses conséquences. Les cercles de guérison visent principalement la guérison des parties concernées (infracteur, victime et communauté) alors que les cercles de sentence se préoccupent davantage de la reconnaissance par chacun de ses torts (qu'il s'agisse de l'infracteur, voire le cas échéant de la communauté elle-même). En tous cas, les deux mesures conduisent à envisager une résolution qui prenne en compte les intérêts de tous et consolide les valeurs communes de la collectivité concernée (aux quatre plans affectif, physique, psychologique et spirituel) [247].

4. Les rencontres restauratives post-sentencielles peuvent être mises en place après le jugement, entre condamnés et victimes, généralement dans le cas de condamnation à une privation pénale de liberté, par des médiateurs (*facilitators*) spécialement formés, qui gagneraient à être plus justement dénommés « animateurs ». L'Amérique du Nord est une nouvelle fois pionnier en ce domaine [248]. De telles rencontres

247. V. M. JACCOUD, Justice réparatrice et violence, *In* P. DUMOUCHEL (Dir.), *Comprendre pour agir : violences, victimes et vengeances*, P.U. Laval/L'Harmattan, 2000, pp. 183-206 ; B. ARCHIBALD, *In* M. JACCOUD (Dir.), *op. cit.*, p. 137 ; J.E. COUTURE, Les aînés et les guérisseurs : une collaboration fructueuse, *In Forum*, 2000-12-1, pp. 38-39 ; B. STUART, Guiding principles for peacemaking circles, *In* G. BAZEMORE, M. SCHIFF (Eds), *Restorative community justice : repairing harms and transforming communities*, 2001, pp. 219-241 ; R. YAZZIE, J. ZION, Navajo restorative justice : the law of equity and harmony, *In* B. GALAWAY, J. HUDSON (Eds.), Restorative justice : international perspectives, *op. cit.*, 1996, pp. 157-173 ; H. LILLES, *Circle sentencing. Part of the Restorative justice continuum*, iirp.org ; K. PRANIS, *The little book of Circle processes. A new/old approach to peacemaking*, Good books Ed., 2005, p. 11 et s. ; P. REDEKOP, Changing paradigms, *op. cit.*, p. 114 et s. ; Manuel sur les programmes de justice réparatrice, *op. cit.*, pp. 22-25.

248. V. not. M.S. UMBREIT, A. BELL, S. TREVETHAN, Justice réparatrice et services correctionnels, *In Forum*, 2003-15-1, pp. 32-35 ; E. DESNOYERS,

n'ont pas véritablement les mêmes ambitions que les mesures précédentes dans la mesure où la sanction, prononcée, est en cours d'exécution. De la même manière, la victime a normalement été indemnisée des préjudices consécutifs au crime. Ce que les uns et les autres viennent chercher en participant à ces rencontres post-sentencielles se trouve situé, fort pertinemment, sur un autre registre, plus symbolique mais pour autant susceptible d'être fortement réparateur : la libération des émotions négatives consécutives au crime qui continuent de les submerger, à défaut d'avoir été effectivement prises en compte par des professionnels jusqu'alors.

Deux types de rencontres sont envisageables, selon que les intéressés se connaissent ou non. Elles interviennent à la demande des victimes ou des condamnés ou sur proposition des services les accompagnant. Dans le premier cas, il s'agit de « médiations », introduites en 1989 dans la Région de Fraser, en Colombie britannique et reprises dans le « Programme de justice coopérative », initié à Ottawa et implanté, dorénavant, dans de nombreuses provinces canadiennes. Ces médiations, concernant des crimes graves et violents, impliquent les protagonistes directs (ou les proches de la victime) et peuvent conduire, ou non, à une rencontre en face à face [249].

Justice réparatrice au sein du Service correctionnel du Canada, *In Cahiers de l'AQPV*, 2007-3, pp. 39-40 ; B. ARCHIBALD, La justice restaurative : transformation démocratique en droit pénal, *In* M. JACCOUD (Dir.), *op. cit.*, p. 140 et s. ; V. cependant D.W. VAN NESS, Prison and restorative justice, *In* G. JOHNSTONE, D.W. VAN NESS (Eds), Handbook on restorative justice, *op. cit.*, pp. 312-323 . P. REDEKOP, Changing paradigms, *op. cit.*, p. 116 et s.

249. V. sur ces médiations post-sentencielles, V. not. S.E. CHARRETTE-DUCHESNEAU, *L'expérience des victimes et du médiateur impliqués dans un processus de médiation pour des crimes « graves » au Québec*, Mémoire, Ecole de criminologie, Montréal, multigraph., 2009, 212 p. ; V. également *Lueur d'espoir*, Office national du film du Canada, 1998, Vidéo, 52 mn ; T. PETERS, I. AERTSEN, Approche restaurative des crimes et des délits en Belgique, *In A.P.C.*, 1999-21, pp. 161-179 ; *Que justice soit faite*, Radio Canada, Enjeux, 2003, Vidéo, 53 mn ; T. PETERS, Victimisation, médiation et pratiques orientées vers la médiation, *In* R. CARIO, D. SALAS (Dir.), Œuvre de justice et victimes, Vol. 1, *op. cit.*, pp. 203-254, enm.justice.fr.

Dans le second cas, la possibilité de participer à une « Rencontre détenus – victimes » (RDV) peut être offerte à un groupe de détenus et à un groupe de victimes (trois à cinq personnes respectivement), ne se connaissant nullement. Expérimenté en Angleterre en 1983, ce « *face to face* de groupes » fut introduit au Canada en 1987 et mis en œuvre aujourd'hui au Québec, notamment, par le Centre des Services de justice réparatrice (CSJR) [250]. La nature des infractions n'est pas un critère de sélection non plus, quand bien même les groupes doivent être équilibrés surtout lorsque les crimes – commis ou subis – sont graves. De telles rencontres directes pourraient également s'envisager au bénéfice de condamnés exécutant des peines au sein de la communauté. A côté des animateurs (médiateurs) au nombre de deux, la présence de deux représentants de la société civile est requise, avec le souci d'un réel équilibre entre les genres.

5. Dans ce même esprit novateur, des **Cercles de soutien et de responsabilité** (CSR) ont vu le jour en 1994 à Hamilton (Ontario). Ils se développent actuellement un peu partout dans le monde tant leurs effets positifs semblent considérables en termes de resocialisation des condamnés pour agressions sexuelles sérieuses, que de moindre risque de victimisation pour la communauté. Sur proposition du coordonnateur des Cercles de soutien et de responsabilité, après accord du détenu et vérification de l'éligibilité de son cas, le CSR est mis en place, avant la sortie de prison. De manière particulièrement attentive et assidue, des membres bénévoles de la communauté (de 3 à 5 généralement, spécialement recrutés et formés) (constituant le cercle intérieur) rencontrent le condamné (« core member » ou « participant essentiel ») et décident, ou non, de s'engager dans

---

250. V. not. T. DE VILLETTE, Dans un pénitencier du Québec : face à face victimes / agresseurs, *In Rev. Porte ouverte*, 2000-XII-1, p. 15 et s. ; D. SHANTZ, Traitement des délinquants et des victimes d'actes criminels, *In* Petit manuel de justice réparatrice, *op. cit.*, pp. 23-34 ; T. DE VILLETTE, *Faire justice autrement. Le défi des rencontres entre détenus et victimes*, Médiaspaul éd., 2009, p. 39 s. ; Centre de services de justice réparatrice, csjr.org.

le cercle. Sous le contrôle et l'appui de professionnels, également bénévoles (psychologues, policiers, agents pénitentiaires, travailleurs sociaux notamment) (constituant le cercle extérieur), des rencontres hebdomadaires, voire plus fréquentes dans les semaines suivant la sortie, ont lieu entre les bénévoles et la personne libérée.

Une évaluation effectuée en 2004, relativement au projet pilote ontarien, révèle la qualité du dispositif ainsi mis en œuvre. Toutes les parties déclarent en avoir tiré bénéfice. Les bénévoles du cercle soulignent que la communauté s'est sentie plus en sécurité grâce au CSR et que le « délinquant aurait récidivé n'eut été sa participation au CSR ». Les professionnels ont apprécié « la capacité des CSR d'accroître la responsabilité et la responsabilisation du délinquant » mais encore que « la sécurité et le soutien à la collectivité étaient au cœur du projet ». Plus globalement, si seulement 10 % des membres de la communauté se disent à l'aise avec un agresseur sexuel vivant dans leur quartier, 85 % sont heureux d'apprendre l'existence de CSR et 68 % « se sentiraient plus en sécurité s'ils apprenaient qu'un délinquant sexuel à risque élevé de leur collectivité appartient à un CSR ». Quant aux bénéficiaires directs, leur récidive apparaît nettement plus faible que dans le groupe témoin. En ce sens, ceux qui ont participé à un CSR ont vu « leur taux de récidive sexuelle réduit de 70 % (5 contre 16,7 %), leur taux de récidive violente de toutes sortes (y compris la récidive sexuelle, 15 % contre 35 %) réduit de 57 % et leur taux de récidive générale (y compris la récidive violente et la récidive sexuelle, 28 % contre 43,4 %) réduit de 35 % ». Rien d'étonnant alors à ce que les libérés accompagnés reconnaissent que sans les CSR, ils auraient connu des difficultés à se réintégrer socialement, d'où le risque d'un plus grand isolement, du recours à l'alcool ou aux drogues… avec sans doute une plus grande probabilité de récidive, comme l'évaluation précitée le souligne sans ambiguïté [251].

251. Sur ces Cercles de soutien et de responsabilité, V. not., R.J. WILSON, J.E. PICHECA, M. PRINZO, *Cercles de soutien et de responsabilité : évaluation du projet pilote dans le Centre-sud ontarien*, Rapport de recherche, 2005, R-

Sans du tout méconnaître l'intérêt réel du dispositif, il apparaît clairement comme essentiellement centré sur le condamné. Certes, des membres de la communauté (constituant le cercle intérieur) sont fortement engagés dans la responsabilisation de la personne libérée, favorisant par là, incontestablement, sa réintégration sociale effective. Mais la participation des victimes, directes ou proches, semble bien exclue. Bien sûr, une resocialisation réussie diminue les risques de récidive, épargnant par là des victimes potentielles. Pour autant, s'il peut sembler délicat, *a priori*, d'envisager des rencontres entre le libéré et la victime et/ou ses proches – ce que certaines médiations en cas de crimes graves infirment –, il serait sans doute souhaitable que les victimes qui le souhaitent puissent être davantage associées au dispositif, en lien étroit avec les bénévoles et les professionnels du cercle d'une part, les services d'accompagnement traditionnels d'autre part.

6. A l'occasion de **victimisations de masse** [252], en provenance d'un groupe de population particulier, d'organisations étatiques ou de conflits interethniques, des Commissions de réconciliation collective sont susceptibles de produire des effets restauratifs inattendus comme, par exemple, la Commission Vérité et Réconciliation (CVR) en Afrique du Sud ou dans d'autres pays du monde (Amérique latine, Afrique notamment). D'autres pays ont réactivé des modes plus traditionnels de régulation des conflits, la Justice étatique étant totalement démunie relativement à l'ampleur de la tâche : les juridictions *Gacaca* au Rwanda [253], les *Ubushingantahe* au Burundi [254]

168, Service correctionnel du Canada, csc-scc.gc.ca ; Dossier *In Porte ouverte*, 2007-20-1, asrsq.ca ; P. Redekop, Changing paradigms, *op. cit.*, p. 119 et s.

252. Sur ces crimes de masse, V. not. J. SEMELIN, *Purifier et détruire. Usages politiques des massacres et génocides*, Ed. du Seuil, Coll. La couleur des idées, 2005, 484 p.

253. En Kinyarwanda, l'expression signifie gazon, par extension « pelouse sous un arbre ».

254. En Kirundi, vient du verbe « gushinga » (planter, fixer, établir) et du substantif « intahe » (baguette de la sagesse). Il s'agit ainsi, par des actions de témoignage, de médiation, d'arbitrage, de rétablir la véracité des faits et la

notamment qui, pour être soucieuses du respect des droits fondamentaux, ont parfois adopté des visées plus rétributives que restauratives [255]. La déclaration officielle des actes, souvent constitutifs de crimes contre l'humanité, la désignation des coupables et/ou leur propre aveu, la reconnaissance des victimes constituent un vecteur puissant de réconciliation nationale. Certes « la vérité blesse mais le silence tue » soulignait la CVR. « Une famille qui ne parle pas meurt » prévient encore ce proverbe rwandais. De telles commissions ont vraisemblablement permis aux proches des victimes de commencer leur travail de deuil, aux survivants d'envisager enfin une sortie de la détresse psychologique consécutive à de telles victimisations, aux simples exécutants les plus sincères, ayant agi de manière proportionnée aux ordres de la loi, de se libérer du fardeau de leur faute et d'en être amnistié.

Mais s'il demeure que dans la plupart de ces mesures restauratives de régulation collective des conflits le retour à une vie commune, inévitable, entre infracteurs et victimes a été rendue possible (ce que la justice classique ou internationale ne permet en aucun cas), les questions de l'indemnisation effective, de la réparation globale (psychologique et sociale) des victimes demeurent pleines et entières [256]. Tout comme celle de

---

justice conciliatrice. D'après Z. MANIRAZIKA, cité par J. NTAMAHUNGIRO, Les Bashingantahe au service de la paix, *In* Séminaire MIR-IRG, 2007, congoforum.be.

255. V. not. Avocats sans frontières, *Monitoring des juridictions Gacaca. Phase de jugement*, Rapport analytique n° 3, 2007, 126 p., asf.be ; *Rwanda : 10 ans après*, Arte, 2004, 1h 55 ; *Mon voisin, mon tueur*, documentaire et film d'Anne AGHION, 2009, 1h 20.

256. V. not. D. TUTU, Il n'y a pas d'avenir sans pardon, *op. cit.*, 285 p. ; S. PARMENTIER, Global justice in the aftermath of mass violence. The role of the International criminal Court in dealing with political crimes, *In Ann. Int. crim.*, 2003-41 (1-2), pp. 203-224 ; B. CHESNELONG, Victimes et justice des crimes de guerre et contre l'humanité, *In* D. SALAS (Dir.), *Victimes de guerre en quête de justice. Faire entendre leur voix et les pérenniser dans l'histoire*, Ed. L'Harmattan, coll. Sciences criminelles, 2004, pp. 31-54 ; D. BLOOMFIELD, T. BARNES, L. HUYSE (Dir.), *La réconciliation après un conflit violent. Un manuel*, Pub. IDEA, 2003, 177 p. ; idea.int. ; X. NSANZUWERA, La Justice réparatrice et la victimisation des masses : la situation au Rwanda, *In In* Les cahiers de la Justice, 2006-1, *op. cit.*, pp. 195-207 ; S. LEMAN-

la condamnation pénale des commanditaires, au plus haut niveau de l'Etat, de tels crimes contre l'humanité, poursuivis devant les Tribunaux internationaux *ad hoc* ou la Cour pénale internationale [257], auprès desquels les victimes ont les mêmes difficultés à être reconnues, accompagnées et réparées [258]. Les conflits de masse ont encore comme conséquence la disparition, plus ou moins prononcée, des institutions constitutionnelles, politiques et judiciaires notamment. Il importe donc de mettre en place, à côté des dispositifs de réconciliation évoqués ci-dessus, un système de justice transitionnelle pour reconstruire l'Etat de droit en général, le Système de justice pénale en particulier [259]. Dans la mesure du possible, il conviendrait de tendre vers la réalisation de ces divers objectifs, de manière cumulative.

LANGLOIS, La vérité réparatrice dans le Commission vérité réconciliation d'Afrique du Sud, *Ibid.*, pp. 209-218 ; du même auteur, *Réconciliation et justice*, Athéna Ed., 2008, 194 p. ; LEFRANC S., La justice dans l'après-violence politique, *In* J. COMMAILLE, M. KALUSZYNSKI (Dir.), *La fonction politique de la justice*, Ed. La Découverte, Coll. Recherches, 2007, pp. 273-291 ; P. DUTERTE, *Terres inhumaines. Un médecin face à la torture*, Ed. JC Lattès, 2007, 262 p. ; *In my country*, Film de John BOORMAN, 2005, 1h 43 ; *La réconciliation*, Documentaire de M. STALENS, 2005, 55 mn ; *Secretos de luchas*, 2008, film de Maianna BIDEGAIN , 85 mn.

257. V. not. A. GARAPON, *Ces crimes qu'on peut ni punir ni pardonner. Pour une justice internationale*, Ed. O. Jacob, 2002, 348 p. ; M. OSIEL, *Juger les crimes de masse. La mémoire collective et le droit* (1997), Ed. du Seuil, Coll. La couleur des idées, 2006, 456 p.

258. V. R. CARIO, Les droits des victimes devant la Cour pénale internationale, *In AJpénal*, 2007-6, pp. 261-266 ; J.B. JEANGENE VILMER, *Réparer l'irréparable. Les réparations aux victimes devant la Cour pénale internationale*, PUF, 2009, 201 p.

259. V. sur cette justice transtionnelle, not. R. TEITEL, *Transitional Justice,* Oxford University Press, 2000, 292 p. ; P. HAZAN, *Juger la guerre, juger l'histoire,* PUF, 2007, 251 p. ; J. ELSTER, *Closing the books. Transitional justice in historitical perspective,* Cambridge Univ. press, 287 p. ; Vérité, justice, réconciliation, les dilemmes de la justice transitionnelle, *In Revue Mouvement*, 2008-53, 187 p. ; R.V. MABIALA, *La justice dans les pays en situation de post-conflit : justice transitionnelle*, Ed. L'Harmattan, 2009, 350 p. ; International center for transitional justice, ictj.org.

7. L'aide aux victimes est considérée par certains restaurativistes comme une des mesures caractéristiques de la Justice restaurative. Cependant, si la reconnaissance de la victime peut passer par une rencontre avec l'infracteur ou d'autres condamnés ou par une empathie collective plus ou moins formalisée par la conférence ou les cercles, il demeure que l'accompagnement psychologique et social de la victime doit faire l'objet d'attentions et d'actions spécifiques, que ne garantissent pas toutes les mesures de Justice restaurative [260], notamment dans le post-sententiel.

B – La mise en œuvre des mesures restauratives

Généralement, ces principales mesures de Justice restaurative sont mises en œuvre avant le déclenchement des poursuites, plus rarement après et plus exceptionnellement encore alors qu'une condamnation a été prononcée. Mais la reconnaissance de la faute commise est exigée de l'auteur, dans la plupart des cas [261]. Le déroulement des processus, dyna-miques, de Justice restaurative, comme les réponses auxquelles ils permettent d'aboutir, sont assez voisins, que les mesures soient prononcées de manière autonome ou en complément aux mesures pénales classiques. Lors de la mise en œuvre de toutes ces mesures, des partenariats aboutis doivent être établis avec les services d'aide aux victimes comme avec les services spécialement dédiés à la prise en charge des infracteurs [262].

---

260. V. plus spécialement *Infra*, Chap. 4.

261. Lorsque la mesure restaurative est activée dans le cadre de processus de diversion au bénéfice d'infracteurs mineurs, une reconnaissance de culpabilité de leur part n'est pas nécessaire. V. not. la Loi sur les jeunes contrevenants au Québec ; S. CHARBONNEAU, Un exemple de justice réparatrice au Québec : la médiation et les organismes de justice alternative, *In Criminologie,* 1999-32-1, pp. 57-77 ; S. CHARBONNEAU, Justice réparatrice et justice des mineurs : considérations sur l'objet et enjeux pour la pratique, *In* R. CARIO (Dir.),Victimes : du traumatisme à la restauration, *op. cit.*, pp. 257-274 ; rojaq.qc.ca.

262. V. en ce sens not. H. ZEHR, Evaluation and restorative justice principles, *In* E. ELLIOTT, R.M. GORDON (Eds), New directions in Restorative justice, *op. cit.,* pp. 296-303.

1. Le déroulement des processus restauratifs

Avec un bel esprit d'à-propos, James SCOTT martèle que les trois conditions de mise en œuvre et de réussite des mesures de Justice restaurative sont : la préparation, la préparation, la préparation [263]. Il s'agit là de l'un des aspects primordiaux que ne manquent pas de souligner les principes éthiques comme les règles déontologiques qui président à la mise en œuvre des programmes de Justice restaurative [264]. En effet, il importe de se convaincre que la Justice restaurative est tout sauf de la précipitation, de l'improvisation. S'il demeure que toute nature d'infraction est éligible, à l'égard des majeurs comme des mineurs [265], l'importance de la formation des médiateurs / animateurs, notamment en matière de violences familiales et/ou d'infraction de nature sexuelle, doit être tout spécialement signalée. Sinon, le risque de courir à une catastrophe subjective est réel pour les protagonistes. Il en va aussi de la crédibilité des dispositifs et de ceux qui les mettent en place [266]. Et une fois encore, convenons que le processus peut-être aussi bénéfique que le résultat vers lequel est tendu la mesure concernée, l'échange valant souvent davantage, selon l'heureuse expression de Claude LEVI-STRAUSS, que les mots échangés.

---

263 . V. Actes du 5ème Colloque de Plaidoyer-Victimes, *Au cœur des droits*, aqpv.ca ; V. également S.E. CHARRETTE-DUCHESNEAU, L'expérience des victimes et du médiateur impliqués dans un processus de médiation pour des crimes « graves » au Québec, *op. cit.*, p. 120 et s.

264. V. not. Manuel sur les programmes de justice réparatrice, *op. cit.*, p. 33 et s. ; G. PAVLICH, Ethics, universal principles and restorative justice, *In* G. JOHNSTONE, D.W. VAN NESS, Handbook of restorative justice, *op. cit.*, pp. 615-630.

265. V. not. L. WALGRAVE (Ed.), *Restorative justice for juveniles. Potentialities, risk and problems*, Leuven Univ. Press, SCS, 1998-12, 407 p. ; A. LEMONNE, I. VANFRAECHEM, Victim-offender mediation for juvenile in Belgium, *In* A. MESTITZ, R. GORDON (Eds), *Victim-offender mediation with youth offenders in Europe*, Springer Ed., 2005, pp. 185-208 ; V. *Infra*, Chap. 4.

266. Sur les risques potentiels, V. Manuel sur les programmes de Justice réparatrice, *op. cit.*, pp. 68-71 ; D.L. GUSTAFSON, Is Restorative justice taking too few or too many risks ?, *In* H. ZEHR, B. TOEWS (Eds), Critical issues in Restorative justice, *op. cit.*, pp. 303-313.

La médiation victime / infracteur se déroule la plupart du temps en quatre phases distinctes, le plus souvent en face à face, parfois de manière indirecte par l'intermédiaire du médiateur (*shuttle diplomacy*). 1) Elle commence par l'examen de l'éligibilité de l'affaire à une mesure de médiation par l'autorité judicaire compétente et/ou le médiateur. 2) Elle se poursuit par un temps de préparation des acteurs privilégiés de la médiation. Le médiateur rencontre tout d'abord la victime en vue de constater son accord, ses réelles motivations, son aptitude psychologique à tirer profit de la mesure et afin de vérifier que la médiation n'aggravera pas l'ampleur de ses souffrances. Il rencontre ensuite l'infracteur pour recueillir son accord, ses motivations et aptitudes à participer à la médiation. 3) La rencontre de médiation peut alors avoir lieu entre la victime et l'infracteur, de manière telle que la sécurité physique et psychologique des personnes soit assurée. Après avoir rappelé les objectifs de la médiation, le médiateur invite les parties à s'exprimer sur les circonstances ayant conduit à la cristallisation du conflit par le passage à l'acte infractionnel ainsi que sur les actions envisagées pour en réparer les conséquences. 4) La médiation se termine par la signature d'un protocole d'accord (après consultation le cas échéant de leurs conseils respectifs), mis en œuvre sous le contrôle du médiateur (après la validation, selon les législations, de l'autorité judiciaire mandante) [267].

La conférence du groupe familial (ou le forum de justice communautaire) s'organise en trois phases, selon une chronologie voisine. 1) Le médiateur (*facilitator*) prépare la conférence : par un examen approfondi des faits ; par une rencontre avec les parties destinée à recueillir leurs observations, motivations, aptitudes, et de leur présenter les objectifs de la

267. V. not. M.S. UMBREIT, J. GREENWOOD, *Guidelines for victim-sensitive victim-offender mediation. Restorative justice through dialogue*, Pub. Office for victims of crime, 2000, 63 p., qui préconisent au médiateur de rencontrer en premier lieu la victime qui, prévenue à cette occasion de l'éventuel refus de la part de l'infracteur, ne le vivra pas comme une forme de victimisation secondaire ; www.ojp.usdoj.gov/ovc.

conférence. 2) Vient ensuite la conférence elle-même, articulée autour de trois temps, afin de déterminer ce qui s'est passé, qui a été concerné et que peut-on faire pour tenter de réparer tous les torts : a) l'infracteur donne sa version des faits, suivi par la victime. L'un et l'autre expriment ensuite leurs sentiments relativement aux actes agis/subis. Les autres participants interviennent à leur tour. b) Lorsque l'ensemble des problèmes semble avoir été évoqué, l'infracteur et sa famille se retirent pour discuter ensemble des caractéristiques de la réparation. c) Ils reviennent alors proposer l'offre de réparation à la victime et à ses proches. La discussion durera aussi longtemps qu'un consensus n'est pas obtenu. 3) A l'issue de la négociation, le médiateur (*facilitator*) contrôle la légalité, les conditions de mise en œuvre de la réponse adoptée et en assure le suivi. Selon les cas, la validation par l'autorité judiciaire mandante est nécessaire. Le contrôle du respect des accords par les membres de la communauté est important de même qu'apparaît plus essentiel encore leur support chaque fois qu'ils s'y sont engagés.

Les cercles présentent des similitudes avec les deux autres mesures de Justice restaurative. Ses promoteurs les décrivent comme un moyen de nature à conduire à l'appropriation (*empowerment*) par les participants du processus de justice mis en place, autour des valeurs de respect, de partage, d'honnêteté notamment, l'écoute étant culturellement considérée comme plus importante que la parole. Mais, plus précisément, trois phases peuvent être schématiquement distinguées (sauf à observer que certains cercles de guérison fonctionnent sans être associés à un cercle de sentence et que d'autres pratiques autochtones ne comportent que des cercles de sentence). 1) Quand l'infracteur et la victime sont d'accord pour tenter de résoudre leurs différends d'ordre pénal selon ce procédé, chaque partie se prépare séparément dans le cadre parfois, selon les dispositifs, d'un « cercle de guérison ». 2) Leur rencontre a ensuite lieu au sein d'un « cercle de sentence » (encore appelé cercle de détermination de la peine ou cercle de consultation). Les participants, installés en cercle, prennent tous, chacun à leur tour, la parole (processus généralement formalisé par la détention d'une « *talking piece* » - ou « *talking stick* » -, « bâton de parole » matérialisé sous la forme d'une plume d'aigle, d'une pierre ou de tout autre objet considéré comme symbolique.. ou utile comme un microphone). En présence du juge ou de son représentant, tous les aspects du conflit, du point de vue de l'infracteur, de la victime et de la communauté sont envisagés, dans une perspective globale (aux plans physique, affectif, psychologique, spirituel et social). A l'issue des discussions consécutives, tous décident, en commun, de la réponse à apporter à la victime, à l'infracteur et à la communauté, accord parfois suivi d'une cérémonie de purification. 3) La validation de l'accord par l'autorité judiciaire est nécessaire dans les cercles de sentence car il ne s'agit que d'une recommandation. Mais dans la plupart des cercles de sentence, le juge ne fait qu'entériner les accords passés, lesquels accèdent ainsi à l'autorité de la chose jugée. Dans certains cercles de guérison, il peut être exécutable en l'état. La communauté doit offrir, dans les deux cas, les moyens de la réalisation de l'accord négocié collectivement : quant aux aspects matériels, aux délais, aux aides éventuellement mises à disposition notamment.

L'ambition des **rencontres restauratives post-sentencielles** apparaît plus spécifique. Il ne s'agit plus de trouver une solution équitable au conflit qui a opposé les protagonistes, mais de leur permettre de prendre réciproquement conscience des conséquences et des répercussions du crime. Les échanges offrent, notamment, l'opportunité de verbaliser sur les émotions qui perdurent au-delà des prises en charge institutionnelles du crime, de vérifier la sincérité du cheminement de l'autre en termes de responsabilisation, d'entrer en empathie réciproque par la (re)découverte de l'humanité de chacun.

D'une manière générale, le médiateur / animateur procède selon un processus très proche de ceux évoqués précédemment. Dans un premier temps, il/elle s'interroge sur la recevabilité des cas qui lui sont soumis en rencontrant les personnes concernées (condamnés et victimes), par principe volontairement engagées dans le processus. Après avoir rappelé les caractéristiques de la mesure envisagée (son cadre, ses contraintes, ses limites notamment), il vérifie quelles sont les motivations de chacun à vouloir y participer. Il peut ainsi s'assurer des aptitudes psychiques et psychologiques des intéressé(e)s à s'investir dans ce processus humainement très difficile. Il les informe de la possibilité de quitter à tout moment le processus et leur rappelle, qu'en cas de besoin, un accompagnement psychologique leur sera assuré (au sein de l'établissement pénitentiaire ou d'un Service d'aide aux victimes respectivement).

La rencontre a lieu dans un second temps, en milieu carcéral, selon des modalités particulières aux deux dispositifs analysés. La **médiation en face à face en cas de crime grave et violent** se déroule en présence du médiateur / animateur. La préparation a pu durer de longs mois au cours desquels il/elle a rencontré chacune des parties, les a informées réciproquement et a évalué leur évolution personnelle. Mais la rencontre peut ne pas avoir lieu si les bénéfices escomptés sont insuffisants, voire contre-productifs notamment pour la victime [268]. Dans le même sens, si tel est le choix des parties, des échanges épistolaires et/ou audiovisuels peuvent également en tenir lieu.

Les **Rencontres Détenus-Victimes** affichent des particularités principalement liées à la délicate mobilisation des deux groupes, à de mêmes moments, durant cinq à six semaines, au cours de rencontres comprises entre deux et trois heures, ponctuées d'une pause conviviale. Chaque session est placée sous la responsabilité des animateur(e)s, spécialement formé(e)s à la médiation et rompu(e)s par ailleurs aux techniques de gestion de groupe. Il importe de souligner que les deux animateur(e)s ont rencontré, séparément et le plus souvent à

---

268. V. M.S. UMBREIT and al., The handbook of victim offender mediation : an essential guide to practice and research, *op. cit.*, p. 35 et s. ; « Nouveaux protocoles et orientations stratégiques touchant les processus de médiation entre la victime et le délinquant et de justice réparatrice », 2003, *In* S.E. CHARRETTE-DUCHESNEAU, L'expérience des victimes et du médiateur impliqués dans un processus de médiation pour des crimes « graves » au Québec, *op. cit.*, Annexes, p. 186 et s.

plusieurs reprises, tous les protagonistes. Ces derniers ont encore été réunis, en groupe distinct cette fois, avant la première rencontre afin de faire connaissance entre eux et avec les représentants de la communauté. Une visite de l'établissement pénitentiaire où se dérouleront les rencontres est généralement judicieusement proposée aux victimes. La préparation de la salle (disposition en cercle notamment) doit assurer à chacun confidentialité, sécurité et convivialité.

A l'occasion de chaque rencontre, chacun doit pouvoir, dans le respect de la parole de l'autre, exposer ce que le crime a provoqué en lui/elle, ce qui demeure non résolu et ce que ces rencontres pourraient apporter ou sont sur le point d'apporter (ou non) au fur et à mesure de leur déroulement.

Les deux représentants de la société civile associés, ès qualités, à ces rencontres, ont pour rôle, sans interférence avec celui des animateur(e)s, de manifester par leur présence l'intérêt porté par la société à la réparation la plus complète des répercussions du conflit né de l'infraction, d'encourager les participants dans leur implication, de promouvoir ainsi la reconstruction du lien social. Ils pourront encore témoigner auprès de leurs communautés d'appartenance, le cas échéant, de l'équité du processus restauratif et des bénéfices induits pour la plupart des participants.

Il est essentiel de souligner que les animateurs comme les représentants de la communauté se gardent de tout jugement de valeur lors des échanges. Dans une posture de neutralité bienveillante, les uns facilitent l'échange de la parole entre tous les participants, les autres encouragent de manière beaucoup plus ponctuelle un orateur en particulier.

D'une rencontre sur l'autre, il peut être demandé aux participants de partager la représentation qu'ils se font d'eux-mêmes (ou de l'autre) consécutivement aux faits et/ou en cours de processus, une réflexion ou une action symbolique (texte, objet, dessins...) autour de thématiques en lien avec les ambitions des rencontres. Au cours d'une dernière séance, à deux mois généralement de la cinquième rencontre, les participants sont réunis pour évoquer, ensemble, les résultats atteints au cours de ce cheminement collectif. Un échange d'objets ou d'écritures (sous toutes ses formes) sans valeur marchande peut intervenir afin de finaliser la clôture de la Session et de renforcer davantage encore le processus d'intercompréhension voire même de réconciliation entrepris.

2. La nature des accords

En complément des sanctions et/ou réparations à venir ou de celles issues du jugement définitif, les parties peuvent négocier, dans le cadre de la mesure restaurative choisie, des accords particuliers. Il est délicat de donner une liste détaillée et exhaustive de la nature des accords conclus lors des rencontres. Ils dépendent en effet étroitement du contexte criminel, de l'infracteur, de la victime et, plus généralement, des personnes concernées par le crime et impliquées dans la mesure de Justice restaurative. Ils sont généralement très concrets, portant sur des aspects de la vie quotidienne bouleversée par le crime, que la sanction de l'acte et l'allocation de « dommages-intérêts » ne permettent pas de prendre en compte. C'est là la richesse et la finesse des mesures de Justice restaurative : prendre en considération les besoins et déterminer les obligations de chacun en offrant aux participants l'opportunité d'échanger à un niveau de verbalisation qui leur est accessible, au contraire souvent des prestations juridiques officielles, décalées voire incompréhensibles (au sens propre de l'expression) pour les justiciables. Dans le cadre de la Justice restaurative, ces accords sont dans la plupart des cas exécutés grâce à la qualité du support que les proches ou les représentants de la communauté se sont engagés à apporter.

De la même manière que l'on doit respecter la volonté des parties à participer ou non à une mesure de Justice restaurative (à charge pour le médiateur de vérifier les motivations et aptitudes des intéressés), il convient de ne pas porter de jugement de valeur sur la nature des accords et les modalités de leur mise en œuvre dès lors qu'ils ont fait l'objet d'une authentique négociation et qu'ils sont conformes au droit.

Les accords conduisent généralement à deux séries de réparation selon que la victimisation frappe une personne physique, une personne morale ou la communauté. Dans le premier cas, la réparation prend très souvent la forme d'une indemnisation (*compensation*). Ce type de réparation n'est certes pas étranger au système traditionnel de justice pénale, qui l'utilise aujourd'hui massivement, selon des critères juridiques et médico-légaux bien établis. L'intérêt que l'indemnisation présente dans les processus restauratifs tient au fait qu'elle porte sur les répercussions du crime. Les conséquences immédiates (identifiées par la loi au travers des dommages déclinés en divers préjudices) ont été prises en charge par les dispositifs spécifiques (Commission d'indemnisation des victimes d'infractions, Fonds étatiques d'indemnisation, notamment). Il s'agit ici, par le dialogue, de négocier au travers d'une participation active de toutes les personnes et institutions concernées par le conflit, à titre complémentaire ou principal selon les Systèmes, la réparation des modifications pour l'avenir que le crime entraîne, dans le quotidien de la victime depuis les faits. Et la plupart de ces répercussions, bien réelles mais paraissant trop éloignées d'une causalité directe, sont rarement prises en considération par le Système de justice pénale actuel. De manière bien plus concrète et globale, l'infracteur prend alors conscience de l'ampleur des souffrances et difficultés causées par son comportement à la victime et/ou à ses proches, voire à la communauté. Le cas échéant – et l'occurrence n'est pas rare – le montant des indemnisations est déterminé raisonnablement, en plein accord avec la victime par définition, en fonction des facultés contributives réelles de l'infracteur.

Dans les deux autres cas, la réparation consiste en un travail au profit d'une institution ou de la communauté (*community service*). Né dans les années 1960 en Californie, le travail au profit de la communauté (encore appelé travail d'intérêt général, prestation ou travaux communautaires) est conçu soit comme mesure de diversion, soit comme sanction autonome, soit comme alternative à l'incarcération. Il convient également de souligner que cette mesure peut être prononcée à l'égard d'un infracteur dont la victime ne souhaite pas entrer dans un mode restauratif de régulation du conflit ou encore dans le cas d'infraction sans victime. En tout cas, le travail au profit de la communauté consiste précisément en la réparation du dommage concrètement subi par l'institution ou la communauté. Cette recherche d'analogie entre réparation et torts causés confronte directement l'intéressé aux conséquences réelles du dommage provoqué par l'acte infractionnel ainsi qu'aux limites de la tolérance sociale. Les efforts fournis par l'infracteur pour mener à bien les exigences de ce travail réparateur sont de nature à faciliter, au cas de succès, sa réintégration dans la collectivité et, corrélativement, à consolider la paix sociale.

D'autres modalités de réparation sont également possibles, en complément des réparations précédentes ou de manière autonome : restitution des objets volés ; participation à des programmes d'éducation ou de formation ; continuation de la fréquentation scolaire ou maintien dans une activité salariée ; programmes de sensibilisation aux victimes (réalités vécues, conséquences pour leur avenir) ; dans une moindre mesure, suivi de programmes sanitaires (au cas d'addictions toxiques), de thérapies spécialisées (délinquance sexuelle, violences conjugales principalement) en vue de protéger l'intéressé et d'éviter la reproduction des comportements interdits.

Dans quelques communautés autochtones, il n'est pas rare que soient mis en œuvre des « cercles de support » au bénéfice de l'infracteur et de la victime, afin que les modalités de l'accord soient véritablement menées à terme. Parfois, ces cercles de support impliquent la communauté tout entière. Dans d'autres cas encore, des « cercles de soutien » (ou « de libération ») tendront à apaiser les inquiétudes du public lors de la remise en liberté de condamnés pour des faits graves. Un tel forum public, dont l'objectif est de préparer voire d'associer tous les membres de la communauté au retour du condamné en son sein, permet de leur présenter le plan de réintégration sociale des intéressés, de leur offrir la possibilité d'exprimer leurs préoccupations, voire leurs craintes… trop souvent (ré)activées ou alimentées par les médias qui, sans beaucoup d'éthique, jette le libéré en pâture aux citoyens souvent hostiles.

Après en avoir été momentanément exclu lors du procès ou dans le cadre d'une condamnation le privant de liberté (quelle qu'en soit la nature), l'infracteur doit pouvoir retrouver rapidement sa place dans le groupe social [269].

Pour sembler éloignées de la stratégie restaurative originale, les « rencontres restauratives post-sentencielles » présentent néanmoins d'incontestables avantages. Les participants peuvent verbaliser leurs émotions, les partager avec le groupe, entrevoir l'humanité, mesurer la nature et l'ampleur des souffrances de chacun. Ils se voient également offrir la possibilité de reprendre du pouvoir sur leur vie, notamment psychique, en sortant un peu plus de la honte de l'acte (posé ou subi) que rien n'a vraiment dissipée jusqu'alors par défaut de re-co-naissance de leur qualité de personne.

Certes, l'auteur n'échappe pour autant pas à la sanction pénale et, en principe, ne tire aucun profit de la rencontre restaurative. Sa responsabilisation relativement à l'interdit de l'acte posé comme à ses obligations de réparation sont, par contre, des leviers forts de sa réinsertion sociale. Et si la participation à une rencontre restaurative n'est pas de nature à rejaillir sur l'individualisation de sa peine (privative de liberté ou en milieu ouvert), il a accompli des efforts remarquables, volontairement, pour lui-même et les victimes, en termes d'estime de soi, de réparation de souffrances antérieures ou consécutives au crime, de compréhension de l'autre, du bien fondé de l'interdit qu'il a transgressé comme de la sanction qu'il exécute, de non réitération de tels comportements dommageables.

Quant aux bénéfices restauratifs pour la victime (verbalisation des affects, démystification de l'infracteur, appréciation du milieu carcéral, notamment), ils sont réels en termes d'apaisement de ses peurs et craintes diffuses à l'égard d'infracteurs potentiels, de situations qu'elle estime criminogènes. Les

269. V. en ce sens not., *Quand l'espoir devient parole*, Service Correctionnel du Canada, multigraph., 2001, p. 21 ; A. Bell, S. Trevetham, Justice réparatrice et services correctionnels, *In Forum*, 2003-15-1, pp. 32-35.

questions posées[270] comme les réprobations clairement affichées sont de nature à lui permettre de redevenir active dans sa propre vie. Lorsque la sincérité des condamnés, à endosser la responsabilité de leurs actes et à s'engager à ne pas les répéter, lui apparaît manifeste, la satisfaction de ses attentes se trouve encore renforcée. Sauf à regretter que ces dernières auraient dû être bien plus avantageusement envisagées plus en amont du processus pénal. Il est en effet à craindre que le maintien de la victime dans ces dispositifs provienne de l'absence, de leur insuffisance pour le moins, de prises en compte psychologique et sociale dès après les faits. Le risque serait alors de confondre la peine de l'infracteur avec la peine de la victime, de la condamner à vivre (trop) longtemps dans le passé de l'acte.

Lorsque les torts sont effectivement réparés, la mesure restaurative accomplie a pu offrir la chance à l'infracteur d'exprimer des regrets, du remords, de présenter des excuses (verbales ou écrites) et, plus symboliquement encore, de demander pardon à la victime, à ses proches et/ou à la communauté. Et à chaque fois que celui-ci a pu être échangé et accordé, le processus restauratif a conduit à la réconciliation intersubjective et, au-delà, à la consolidation des liens sociaux intra-communautaires. Il n'est pas vain de souligner que de telles mesures restauratives, par l'accord consensuel qu'elles supposent quant à la réponse à apporter, évitent de maintenir la victime dans des revendications vengeresses si courantes dans le système classique (par absence réelle de considération dès la commission des faits, par explication insuffisante des modalités procédurales conduisant au jugement de l'infracteur, par incompréhension de la peine prononcée, relativement au quantum consécutivement estimé comme insuffisant...). Dans le même esprit, les encouragements prodigués (selon les mesures) par la société civile aux protagonistes pour qu'ils développent à l'avenir des comportements plus harmonieux, tout comme les regrets exprimés relativement aux vies fracturées de chacun antérieurement ou consécutivement au crime, participent de la reconnaissance des intéressés et de leur

270. V. *Supra*, Chap. 2, C, 2, b).

potentielle réinsertion sociale. D'où l'impérieuse nécessité de complémentarité entre sanction de l'acte et restauration des personnes comme des relations intersubjectives et communautaires.

3. L'autonomie ou la complémentarité des mesures de Justice restaurative ?

Parmi les promoteurs de la Justice restaurative, nombreux sont ceux, minimalistes, qui estiment que les mesures précitées ont vocation à être prononcées de manière autonome, comme alternatives aux mesures traditionnellement mises en œuvre par le Système de justice pénale dominant et défaillant *(diversion)*, afin d'éviter toute procédure judiciaire autoritaire. D'autres auteurs ou praticiens, plus maximalistes au contraire, prétendent que la complémentarité avec les pénalités classiques est envisageable, voire même souhaitable pour le faire évoluer et, pourquoi pas, le remplacer un jour. Quelques maximalistes pensent encore qu'une mesure de Justice restaurative peut intervenir quand bien même toutes les parties n'y consentent pas [271]. La vigilance s'impose dans tous les cas, que le programme de Justice restaurative soit autonome ou intégré [272] : risque d'extension du contrôle socio-pénal d'une part, risque d'instrumentalisation des acteurs de l'autre [273]. Ethique et

271. V. not. M. JACCOUD, Réflexions sur la justice réparatrice, *In Cahiers de l'AQPV*, 2007-3, pp. 3-4 ; de la même auteure, Innovations pénales et Justice réparatrice, *In Rev. Champ pénal*, champpenal.revues.org ; L. WALGRAVE, La justice restaurative : à la recherche d'une théorie et d'un programme, *In Criminologie*, 1999-1, pp. 7-29 ; *La justice réparatrice au Canada. Document de consultation*, mod. 2009, justice.gc.ca ; Manuel sur les programmes de justice réparatrice, *op. cit.*, pp. 105-107.

272. V. not. Manuel sur les programmes de justice réparatrice, *op. cit.*, p. 39 et s.

273. V. not P. MCCOLD, Toward a Holistic Vision of Restorative Justice : a Reply to the Maximalist Model, *In Contemporary Justice Review*, 2000-3/4, pp. 357-414 ; L. WALGRAVE, La justice restaurative et la justice pénale : un duo ou un duel ?, *In* R. CARIO (Dir.), *op. cit.*, 2003, pp. 275-303 ; A. LEMONNE, A propos de la 5è Conférence internationale sur la justice restaurative. Accord ou contradiction au sein d'un mouvement en expansion ?, *In Rev. Droit pénal et crim.*, 2002, Chron. de criminologie, pp. 411-428, spé.

déontologie des acteurs socio-judiciaires sont alors requises afin d'offrir aux protagonistes du crime la pleine garantie de leurs droits humains et le respect exhaustif des principes fondamentaux de procédure pénale dans le cadre d'un procès équitable [274]. Une telle complémentarité suppose encore, naturellement, un partage équilibré des prérogatives entre les acteurs de la justice pénale et les organismes habilités pour mettre en œuvre les mesures de Justice restaurative, dans le cadre d'un partenariat éclairé et durable. Enfin et ce n'est pas le moins important, la complémentarité est inévitable notamment à l'égard des situations où l'infracteur refuse de reconnaître sa culpabilité, ou ne souhaite pas participer à un processus restauratif. Il convient alors de privilégier, comme le suggère Mylène JACCOUD, « la complémentarité par horizontalité », l'initiative restaurative agissant « en parallèle à la filière pénale,

---

p. 419 et s. ; L. WALGRAVE, Imposing restoration instead of inflicting pain : reflections on the judicial reaction to crime, *In* A. VON HIRSCH, J.V. ROBERTS, A. BOTTOMS, K. ROACH, M. SCHIFF (Eds), *Restorative justice and criminal justice. Competing or reconcilable paradigm ?*, Hart publishing, 2003, pp. 61-78 ; B. ARCHIBALD, La justice restaurative : transformation démocratique en droit pénal, *In* M. JACCOUD (Dir.), *op. cit.*, 2003, p. 148 et s. ; V. STRIMELLE, La justice restaurative : une innovation du pénal ?, *In* champpenal.revues.org, 2007-IV ; S. SNACKEN, Fateurs de criminalisation : une approche comparative européenne, *In R.D.P.C.*, 2008, pp. 1208-1228 ; L.W. SHERMAN, H. STRANG, Restorative justice : the evidence, *op. cit.*, pp. 32-34 ; L. WALGRAVE, Integrating criminal justice and restorative justice, *In* G. JOHNSTONE, D.W. VAN NESS (Eds), Handbook of Restorative justice, *op. cit.*, pp. 559-579 ; P. REDEKOP, Changing paradigms, *op. cit.*, p. 104 et s.

274. V. sur ces points not. A. SKELTON, C. FRANK, How does Restorative justice address Human rights and due process issues ?, *In* H. ZEHR, B. TOEWS (Eds), *op. cit.*, pp. 203-213 ; A. ASHWORTH, Responsabilities, rights and Restorative justice, *In* G. JOHSTONE (Ed), A Restorative justice reader, *op. cit.*, pp. 426-437 ; A. SKELTON, M. SEKHONYANE, Human rights and Restorative justice, *In* G. JOHSTONE, D.W. VAN NESS (Eds), Handbook of restorative justice, *op. cit.*, pp. 580-597 ; P. LANDENNE, La justice répratrice et les droits de la personne et lien entre le système classique et la justice réparatrice, *In* Petit manuel de justice réparatrice, *op. cit.*, pp. 45-60 ; L. WALGRAVE, Restorative justice, self-interest and responsible citizenship, *op. cit.*, p. 155 et s.

à titre de filière supplémentaire qui n'altère en rien les activités et les fonctionnalités de la filière pénale »[275].

Actuellement, dans la plupart des systèmes de justice, les médiations, conférences ou rencontres victime / infracteur peuvent être organisées dès le déclenchement des poursuites, durant l'instruction ou avant le prononcé de la peine, voire même en cours d'exécution de la peine privative de liberté. Mais il est aussi clairement établi qu'il est possible de sortir, à tout moment, du processus restauratif et de s'adresser à la justice classique. Au cas d'échec du processus mis en œuvre, le retour à la justice pénale classique est quasiment partout la règle. La question de l'autonomie ou de la complémentarité ne peut alors être tranchée en soi : il importe en effet de l'aborder au regard des dysfonctionnements du Système de justice pénale actuel et, notamment, de son engorgement cyclique et de la perte de sens de la pénalité contemporaine.

Concernant plus particulièrement les médiations victime / infracteur, elles interviennent soit comme alternatives aux poursuites, soit en renforcement des mesures classiques. C'est le cas, en France, de la médiation pénale au bénéfice des majeurs et, plus heureusement, de la réparation pénale à l'égard des mineurs. Si la médiation pénale ne peut être prononcée qu'au niveau du parquet, comme alternative aux poursuites pénales, la réparation pénale peut l'être par le juge d'instruction ou de jugement, en tant que mesure préalable ou probatoire au prononcé définitif de la sanction.

Les recherches disponibles semblent indiquer que la médiation avant poursuites est plutôt réservée aux petits délits, mais non pas toujours. Lorsque les rencontres victime / infracteur ont lieu après poursuites, elles concernent alors des infractions de violences plus graves contre les personnes ou les biens. Une telle orientation apparaît tout à fait logique – et les profits bien réels – dans la mesure où le traumatisme du conflit est d'autant moins compris par la victime qu'il a été provoqué par des personnes proches ou connues.

---

275. Innovations pénales et Justice réparatrice, *In champpenal.revues.org.*

La complémentarité semble également pouvoir s'instaurer avec les conférences du groupe familial (avec les conférences restauratives plus généralement), qu'elles soient mises en œuvre avant toutes poursuites (à l'égard des mineurs notamment) ou après le déclenchement de l'action publique selon les législations en vigueur.

Quant aux cercles, la présence du juge dans la plupart d'entre eux rend aussi compte d'une complémentarité harmonieuse. Il demeure néanmoins qu'ils constituent la mesure restaurative de nature à jouir de la plus grande autonomie, car les accords négociés peuvent être globalement érigés en sentence exécutoire en l'état.

La question du caractère restauratif des médiations mises en œuvre après la condamnation demeure controversée. En Belgique et au Canada notamment, une « médiation restaurative » peut être en effet organisée après condamnation à la privation de liberté. Aux Etats-Unis, la législation de l'Etat du Texas autorise même des médiations dans les couloirs de la mort qui ne sont pas sans poser problème lorsque les proches des victimes déclarent que « tuer fait désormais partie du processus de cicatrisation » [276]. Sauf ces situations extrêmes, absolument contraires à la philosophie restaurative, les RDV (en groupes anonymes) comme les médiations directes en face à face (ou non) au cas de crime grave, semblent néanmoins correspondre pour partie aux objectifs de la Justice restaurative et peuvent conduire, dans le cadre même du Système de justice pénale, à la compréhension de ce qui s'est réellement passé, à la responsabilisation de l'infracteur et à l'apaisement de tous.

Il semble aller sans dire qu'une évaluation scientifique de toutes ces mesures de Justice restaurative s'impose, pour éviter toute dérive victimaire sans doute, toute instrumentalisation de

---

276. Cité par D. SALAS, Sisyphe devant ses juges, souci des victimes et recomposition de la justice, *In* D. SOULEZ LARIVIERE, H. DALLE (Dir.), *Notre justice. Le livre vérité de la justice française*, Ed. R. Laffont, 2002, p. 301.

la victime mais, davantage encore et surtout, pour promouvoir la dissémination des bonnes pratiques [277].

C – L'évaluation des pratiques restauratives

Comme le souligne pertinemment Howard ZEHR, nous avons désespérément besoin d'évaluation [278]. A partir des recherches évaluatives dorénavant disponibles, il est possible de remarquer, d'une manière générale, que la Justice restaurative répond mieux aux attentes et aux besoins des justiciables, sans distinction significative relativement au moment de sa mise en œuvre (avant ou après poursuites, après condamnation). Il importe cependant d'être prudent car les évaluations n'offrent pas toutes le même degré de validité scientifique : non représentativité de certains échantillons, rare présence de groupes de contrôle, dimension quantitative ou qualitative de l'étude, variété étendue des programmes, nature et quantité des items d'évaluation variables, approche exceptionnellement longitudinale (à distance plus ou moins grande des accords conclus), principalement. Pour autant, si l'évaluation des pratiques est inévitable pour disséminer les bonnes – et supprimer les mauvaises davantage encore – pratiques, il ne serait guère raisonnable de rejeter sans nuance les mesures restauratives non évaluées… sauf à procéder de la même manière à l'égard des mesures plus classiques qui dominent aujourd'hui la réaction socio-pénale au crime. Ces recherches relèvent des traits constants quant aux avantages et aux insuffisances avérés des mesures de Justice restaurative précédemment décrites.

Au rang des avantages offerts par rapport aux pénalités classiques, en premier lieu, les bénéfices provenant des médiations (plus particulièrement) [279], conférences, cercles ou

---

277. V. Manuel sur les programmes de Justice réparatrice, *op. cit.*, pp. 83-90.

278. V. Evaluation and restorative justice principles, *In* E. ELLIOTT, R.M. GORDON (Eds), New directions in Restorative justice, *op. cit.*, pp. 296-303.

279. V. not. M.S. UMBREIT and al., The handbook of victim offender mediation : an essential guide to practice and research, *op. cit.*, p. 161 et s.

rencontres post-sententielles [280] profitent tantôt à tous les intéressés, tantôt plus spécialement à l'un d'entre eux, victime, infracteur ou communauté. Toutes les personnes concernées par le conflit d'origine infractionnelle se sentent reconnues dans leur globalité de personne humaine et, partant, sont plus satisfaites que lors des prises en charge par le Système de justice pénale actuel [281]. Occupant une authentique place d'acteur à la résolution du conflit, elles ont le sentiment d'avoir pu se l'approprier dans le cadre d'un processus équitable. Par exemple, la plupart des participants à un Forum de Justice communautaire ont déclaré être « très » (39 %) ou « extrêmement » (51 %) satisfaits des FJC en général, 96 % d'avis que le processus était « extrêmement » ou « très » équitable, 91 % que les résultats des ententes « très » ou « extrêmement » équitables, la plupart des participants estimant par ailleurs avoir eu la chance de donner leur avis sans avoir à subir de pressions de la part de quiconque [282].

Il en va de même en matière de crime grave, particulièrement lorsque l'auteur est infracteur primaire [283]. L'évaluation d'un programme de justice coopérative, dans le cadre de médiation en cas de crimes graves avant prononcé de

280. V. not. M.S. UMBREIT and al., The handbook of victim offender mediation : an essential guide to practice and research, *op. cit.*, pp. 255-290.

281. V. not. L.W. SHERMAN, H. STRANG, Restorative justice : the evidence, *op. cit.*, p. 62 et s.

282. V. J. CHATTERJEE, Rapport sur l'évaluation de l'initiative de justice réparatrice de la GRC : degré de satisfaction des participants aux forums de justice communautaire, multigraph., 1999, p. viii ; V. également A. MORRIS, G. MAXWELL, Restorative Justice in New Zealand : Family group conferences as a group study, 1998, *In Western Criminology Review*, on line wcr.sonoma.edu.

283. V. not. T. ROBERTS, *Evaluation of the victim offender mediation project (Langley, B.C.). Final Report for Sollicitor general of Canada*, 1995, multigraph. ; M.S. UMBREIT and al., The handbook of victim offender mediation : an essential guide to practice and research, *op. cit.*, pp. 174-177, 195-252 ; K. DALY, Restorative justice and sexual assaults, *In British Journ. Crim.*, 2005-46, pp. 334-350 ; T. RUGGE, R. CORMIER, Restorative justice in case of serious crime : an evaluation, *In* E. ELLIOTT, R.M. GORDON (Eds), New directions in Restorative justice, pp. 266-277 ; I. VANFRAECHEM, Evaluating conferencing for serious juvenile offenders, *Ibid.*, pp. 278-295.

la peine, le souligne très nettement. La majorité de ceux ayant participé au programme estiment que justice leur a été rendue (95 % des condamnés, 78,7 % des victimes) et qu'ils/elles opteraient pour un tel processus si l'occasion devait se représenter (87,8 % et 86,3 % respectivement). Une plus grande confiance dans le système de justice pénale en découle. De la même manière, la plus grande partie des acteurs socio-judiciaires (89,4 %) considèrent que la complémentarité de la justice réparatrice et du système de justice pénale est viable, qu'elle participe à son humanisation. Conduisant à la responsabilisation de l'infracteur, elle contribue à la diminution du recours à l'emprisonnement. Finalement, magistrats et professionnels (avocats, travailleurs sociaux, notamment) estiment que le recours aux mesures de Justice restaurative produit un précieux gain de temps pour tous [284].

Le symbolisme d'une telle stratégie régulatrice est fort, car au-delà des arrangements réparateurs obtenus (de nature somme toute assez souvent banale), chacun a pu s'investir dans le dialogue, assumant pleinement son droit à la parole comme son devoir d'écoute, favorisant par là l'intercompréhension de tous. En ce sens et par exemple, le taux de participation des victimes (sécurisées par la présence de proches ou de tiers) et des infracteurs est élevé, atteignant jusqu'à 95% des cas éligibles en matière de médiation [285].

Une telle satisfaction de toutes les parties se mesure encore par le fait que la peur du crime, en tant que conséquence d'une expérience criminelle vécue, diminue fortement, d'autant plus que les probabilités d'exécution de la décision sont élevées, sous le seul contrôle du médiateur / facilitateur (la contrainte demeurant exceptionnelle). Par exemple, plus de 95 % des

---

284. T. Rugge, J. Bonta, S. Wallace-Capretta, *Évaluation du Projet de justice coopérative : un programme de justice réparatrice pour les cas de crimes graves*, Rapport pour spécialistes 2005-02, Ottawa, multigraph., publicsafetycanada.ca ; T. Rugge, R. Cormier, Restorative justice in cases of serious crimes : an evaluation, *In* E. Elliott, R.M. Gordon, New directions in Restorative justice, *op. cit.*, pp. 266-277 ; V. Strimelle, La justice restaurative : une innovation du pénal ?, *op. cit.*, champpenal.revues.org.

285. V. Manuel sur les programmes de Justice réparatrice, *op. cit.*, p. 88.

médiations en face à face ont abouti à un accord de dédommagement et plus de 90 % des infracteurs ayant signé ces accords se sont conformés aux conditions dans le délai d'un an [286]. Dans le même sens, le désir de vengeance s'estompe fortement, la crainte d'être à nouveau victimisées diminue fortement chez les victimes [287].

L'investissement personnel dans une mesure restaurative est aussi de nature à produire des changements sur la santé psychologique et physique des participants. Une récente et très originale recherche semble le confirmer. Dans le premier cas, ses auteures ont démontré une diminution notable de la colère, de la peur, de la honte ou de la culpabilité, tout comme de la dépression chez les participants (à la hauteur de 84,8 %). Dans le second cas, des améliorations sur le plan de la santé physique des intéressés ont eu pour effet de réduire les problèmes de sommeil, de consommation de produits toxiques ou médicamenteux notamment. Plus généralement, victimes et infracteurs reconnaissent que si la rencontre est l'une des étapes les plus délicates de la mesure restaurative à l'œuvre (par le partage de fortes émotions), elle est aussi considérée comme l'une des plus enrichissantes [288]. Au plan social, des bienfaits sont encore à espérer, à plus ou moins long terme, consécutivement à la diminution des craintes ci-dessus évoquées, au bien être susceptible de découler des rencontres de nature à redonner confiance en soi à des fins de réintégration de la communauté humaine, notamment aux plans relationnel et professionnel.

Le taux de récidive apparaît beaucoup moins élevé dans la mesure où l'infracteur prend conscience qu'il appartient à la

---

286. V. *Quand l'espoir devient parole. Semaine de la justice réparatrice 2001*, Service Correctionnel du Canada, multigraph., 2001, p. 15.

287. V. not. L.W. SHERMAN, H. STRANG, Restorative justice : the evidence, *op. cit.*, pp. 78-79.

288. V. T. RUGGE, T.L. SCOTT, *Incidence de la justice réparatrice sur la santé psychologique et physique des participants*, Recherche correctionnelle : rapport pour spécialistes, Sécurité publique du Canada, multigraph., 2009-03, 28 p., securitepublique.gc.ca ; T. DE VILLETTE, Faire justice autrement, *op. cit.*, p. 152 et s..

communauté humaine [289]. Il convient cependant de remarquer que les évaluations ne portent que sur ceux qui ont volontairement choisi de participer au processus, les plus engagés dans le crime le souhaitant peut-être moins. Néanmoins et par exemple, la probabilité que les infracteurs ayant participé à un forum de justice communautaire [290] récidivent est moindre d'un tiers que lorsqu'ils passent par le système traditionnel. Il semblerait en aller de même en cas de médiation ou de conférences du groupe familial [291]. Soutenus par tous, ils modifient notablement leurs comportements et, le cas échéant, leur environnement. La stratégie qui domine la philosophie de la plupart des mesures de Justice restaurative introduit de l'empathie réciproque et renforce le réseau des relations entre les familles et les institutions, entre les services d'aide et de soutien (au bénéfice de la victime comme de l'infracteur) et entre tous les membres de la communauté même. Car c'est l'acte qui est désapprouvé, pas la personne : la communauté « refuse d'abandonner aucun de ses membres, si profondément qu'ils aient été touchés, si méprisables que soient leurs actes » [292]. Enfin et pour l'essentiel, un avantage particulièrement remarquable gît dans la possibilité, lorsque l'auteur est inconnu, le crime sans victime ou lorsque l'un ou l'autre refuse finalement d'y participer, d'impliquer néanmoins le groupe dans la régulation des désordres consécutifs au crime afin que,

---

289. V. not. L.W. SHERMAN, H. STRANG, Restorative justice : the evidence, *op. cit.*, p. 68 et s. ; J. FITZGERALD propose une évaluation plus nuancée relativement aux Cercles de sentence mis en place au sein de communautés autochtones australiennes, « Does circle sentencing reduce Aboriginal offending ? », *In Crime and justice bulletin*, 2008-115, 11 p., restorativejustice.org.

290. Quand l'espoir devient parole, *Ibid.*, p. 15 et s. ; V. également A. MORRIS, G. MAXWELL, *eod. loc.* ; R. ROSS, *Returning to the teachings : exploring aboriginal justice*, Penguin Books, 1996, 287 p. ; Les quatre Cercles d'Hollow Water, *op. cit.*, p. 141 et s.

291. V. not. J. SHAPLAND and al., *Does restorative justice affect reconviction ? The fourth report from the evaluation of three schemes*, Min. of Justice, Research Series, 2008-10, pp. 10-42, nationalarchives.gov.uk.

292. V. B. BUSHIE, Réflexions sur le processus holistique de réconciliation de Hollow Water, *Ibid.*, p. 141 et s. ; comp. J. FITZGERALD, *op. cit.*, restorativejustice.org.

selon les cas, les vertus de la honte réintégrative pour l'un, les bienfaits de la reconnaissance sociale des traumatismes pour l'autre, puissent pleinement s'épanouir.

Les évaluations réalisées à propos des rencontres post-sentencielles offrent des résultats très proches, sinon en ce qui concerne, par définition, l'absence d'accord particulier entre les participants. Ainsi et principalement, les médiations en cas de crimes graves sont « particulièrement bénéfiques pour toutes les victimes qui décident de s'y investir ». Leurs attentes, en termes de besoin de compréhension des circonstances du crime, de partage et de reconnaissance des conséquences sont fortement satisfaites. Toutes expriment un sentiment de libération à l'issue du processus et aucune n'éprouve de regrets à s'y être engagée [293]. Concernant les rencontres détenus-victimes, les participants sont « comblés ». Les besoins exprimés par les victimes ou les détenus avant les rencontres sont satisfaits à hauteur de 93 % pour les unes, de 95 % pour les autres. Apaisement des souffrances, compréhension mutuelle, prise de conscience de l'ampleur des torts commis, cheminement personnel vers une plus grande responsabilisation, reprise en mains de sa vie et (re)construction de l'estime de soi, sont les bienfaits le plus souvent relevés par les participants [294].

Les recherches évaluatives soulignent aussi, en second lieu, que les mesures de la Justice restaurative présentent de réelles insuffisances, quand elles n'induisent pas des formes subtiles de victimisation secondaire. Selon les mesures restauratives, la présence effective de la victime est éminemment variable : elle s'observe, par exemple, dans seulement la moitié des confé-

293. V. S.E. CHARRETTE-DUCHESNEAU, L'expérience des victimes et du médiateur impliqués dans un processus de médiation pour des crimes « graves » au Québec, *op. cit.*, p. 102 et s.

294. M. BEAULAC, G. ROUSSEAU-COMTOIS, *Rapport d'évaluation portant sur le programme Rencontres détenus victimes du Centre de services de justice réparatrice, année 2005-2006*, Montréal, multigraph., 2006, 34 p. ; M. BEAULAC, Les rencontres détenus-victimes : des participants comblés, *In Les cahiers de l'AQPV*, 2007-3, pp. 41-43 ; V. KONE, *Rapport d'évaluation portant sur le programme Rencontres détenus-victimes du Centre de services de justice réparatrice, année 2007-2008*, Montréal, multigraph., 2008, 61 p.

rences restauratives, au sens large. Quand bien même il est sûr que les victimes aient besoin de temps pour parler et dépasser les traumatismes consécutifs à l'infraction, la lenteur et le coût *a priori* élevés de la Justice restaurative sont soulignés, notamment lorsqu'il s'agit de préparer les participants directs et d'intégrer la communauté à la régulation du conflit. De même, l'absence apparente de formalisme pourrait laisser craindre un respect insuffisant des droits fondamentaux de l'individu et une méconnaissance des principes du procès équitable, notamment dans les cercles [295]. La disparition des communautés, dans les pays non anglophones pour le moins, rend délicate de surcroît une telle participation et davantage encore une authentique réintégration des intéressés. Quelques auteurs s'inquiètent également de l'élargissement considérable du contrôle social (*net widening*), de la banalisation de crimes sérieux (notamment à l'égard des femmes) et de l'instrumentalisation de la victime dans la gestion des conflits intersubjectifs. Dans le même sens, les évaluations indiquent que l'infracteur comme la victime n'ont pas toujours la possibilité de poser un choix éclairé lors de l'acceptation de la mesure restaurative. A l'égard du premier, l'alternative avec des poursuites pénales classiques est souvent déterminante. Pour la seconde, il peut s'agir de la seule possibilité offerte pour éviter un classement immédiat de l'affaire. Pour l'un comme pour l'autre, le refus de voir la communauté se saisir du conflit peut devenir suspect, voire même être considéré comme une défiance inacceptable à l'égard de la famille ou du groupe élargi. Bien davantage encore, il est regretté que l'échec de la modalité restaurative, lorsqu'elle est préalable aux poursuites pénales, conduise à saisir la justice pénale classique, ce qui n'a pas seulement pour conséquence de

---

295. V. sur ces points la pertinente mise au point d'A. MORRIS, Critiquing the critics : a brief response to critics of restorative justice, *In British Journal of criminology*, 2002-42-3, pp. 596-615 ; rééd. *In* T. NEWBURN (E.), *Key readings in criminology*, Willan publishing, 2009, pp. 732-737 ; J.V. ROBERTS, K. ROACH, Restorative justice in Canada : from sentencing circles to sentencing principles, *In* A. VON HIRSCH and al. (Eds), Restorative and criminal justice, *op. cit.*, pp. 237-256 ; H. ZEHR, B. TOEWS (Eds.), *Critical issues in restorative justice*, Willan publishing, 2004, 412 p. ; L.W. SHERMAN, H . STRANG, Restorative justice : the evidence, *op. cit.*, pp. 43-45.

porter sérieusement atteinte à la présomption d'innocence (par la reconnaissance plus ou moins spontanée par l'auteur de sa culpabilité lors de son acceptation à participer à la modalité restaurative), de vider de sa substance la règle *non bis in idem* mais, surtout, d'accabler l'infracteur d'un préjugé nettement défavorable qui ne manquera pas de peser sur le choix et le quantum de la sanction pénale finalement et inévitablement prononcée [296].

Mais plus que tout, nombre de mesures de nature restaurative n'abondent pas la globalité des droits de la victime. Ces

296. V. également sur ces différentes évaluations, J.P. BONAFE-SCHMITT, La médiation pénale en France et aux États-Unis, *op. cit.*, 141 p. ; C. COOPER, J. CHATTERJEE, *Punir le crime au tournant du siècle : le point de vue de la Gendarmerie Royale du Canada*, multigraph., 18 p. ; A. MORRIS, G. MAXWELL, *Restorative justice for juveniles : conferencing, mediation and circles*, Hart Publishing Comp., 2001, 256 p. ; M. JACCOUD, Justice réparatrice et violence, *In* P. DUMOUCHEL (Dir.), Comprendre pour agir : violences, victimes et vengeances, *op. cit.*, p. 203 et s. ; J. DIGNAN, Restorative justice and crime reduction : are policy-makers barking up the wrong tree ?, *In* E.A FATTAH, S. PARMENTIER (Eds.), *Victim policies and criminal justice system on the road of restorative justice. Essays in honor of Tony Peters*, SCS, Press Univ. Leuven, 2001, pp. 329-351 ; J. LATIMER, C. DOWDEN, D. MUISE, *L'efficacité des pratiques de la justice réparatrice. Méta-analyse*, Direction de la Recherche et de la Statistique, Min. Justice Canada, Ottawa, multigraph., 2001, justice.gc.ca ; J. WEMMERS, M. CANUTO, *Expériences, attentes et perception des victimes à l'égard de la Justice réparatrice. Analyse documentaire critique*, 2002, 47 p., Min. Justice Canada, Centre de la politique concernant les victimes, justice.gc.ca ; S. ROBINSON, S. DOBBIN, S. GATOWSKI, M. LITCHFIELD, Family conferencing : a success for our children, *Juvenile and family court journal*, 2002-53, pp. 43-48 ; J. MATES, Restorative justice : the impact of righting the wrongs, 2003, mediate.com ; L. KURKI, Evaluating Restorative justice practices, *In* A. VON HIRSCH and al. (Eds), *op. cit.*, pp. 293-314 ; I. VANFRAECHEM, Evaluating conferencing for serious juvenile delinquency, *op. cit.*, pp. 278-295 ; L. WALGRAVE, Restorative justice (2008), *op. cit.*, p. 101 et s. ; J. LECOMTE, La justice restauratrice, *In* J. LECOMTE (Dir.), *Introduction à la psychologie positive*, Ed. Dunod, 2009, pp. 259-270 ; T. DE VILLETTE, Faire justice autrement, *op. cit.*, p. 10 et s. ; J. SHAPLAND, G. ROBINSON, A. SORSBY, *Restorative justice in practice: evaluating what works for victims and offenders*, Willan Publishing, 2010, 256 p. ; La justice réparatrice au Canada. Document de consultation, *op. cit.*, justice.gc.ca ; V. également restorativejustice.org ; Manuel sur les programmes de justice réparatrice, *op. cit.*, pp. 83-90 ; V. *Infra*, Chap. 4, A, 2, a).

différents droits sont acquis à la victime, à ses ayants droit et à ses proches. Il va de soi qu'ils sont susceptibles d'intensité, de cumul et de permanence variables selon les souffrances propres à chacune des victimes. La difficulté principale de leur plein exercice provient aujourd'hui encore de l'absence de globalisation de la réponse socio-judiciaire à leur égard, les victimes étant « morcelées » par les multiples interventions auxquelles le procès pénal les contraint, de facture classique ou de sensibilité restaurative [297]. La possibilité de s'exprimer sur les conséquences du crime éclaire sans aucun doute les éléments de la négociation entre victime et infracteur et favorise la sortie du conflit intersubjectif noué par le crime. Cependant, les difficultés sociales et, surtout, les perturbations psychologiques – voire les traumatismes – de la victime ne sont pas pour autant complètement et définitivement réglées par cette seule possibilité de négociation. La sortie du conflit est une chose, sa symbolisation et sa réparation en sont d'autres. Un accompagnement psychologique et social, distinct de la mise en œuvre de la Justice restaurative s'avère souvent nécessaire, quelle que soit la gravité intrinsèque de l'infraction, en harmonieuse complémentarité. Il importe donc d'organiser de réels partenariats entre Organismes et Services de justice restaurative et Services d'aide aux victimes, à la manière, certes encore imparfaite, de ce que l'on peut observer en certains lieux de notre pays.

---

297. Sur ces aspects, V. not. H. REEVES, The victim Support perspective, *In* M. WRIGHT, B. GALAWAY (Eds), *Mediation and criminal justice : victims, offenders and community*, Sage Pub., 1989, p. 44 et s. ; *La transformation des rapports humains par la justice participative*, Commission du Droit du Canada, 2003, p. 50 et s. ; A. GAUDREAULT, Les limites de la justice restaurative, *In Les cahiers de la Justice, Revue semestrielle de l'ENM*, 2006-1, pp. 71-82 ; L. WALGRAVE, La justice restaurative et la perspective des victimes concrètes, *In* M. JACCOUD (Dir.), *op. cit.*, pp. 161-183 ; J.A. WEMMERS, Introduction à la victimologie, *op. cit.*, p. 175 et s. ; J. DIGNAN, *Understanding victims and restorative justice*, Open Univ. Press, Crime and justice Serie, 2005, pp. 162-195.

4

L'avenir de la Justice restaurative en France

> *« Pour ce qui de l'avenir, il ne s'agit pas de le prévoir, mais de le rendre possible ».*
>
> Antoine de SAINT EXUPERY

La question de la Justice restaurative émerge péniblement en France – entre intégrisme victimaire et toute puissance judiciaire –, contrairement aux multiples initiatives – appuyées sur des discours construits et des pratiques innovantes – qui viennent d'être (ré)activées dans la plupart des pays anglo-saxons ainsi qu'au Canada et dans quelques pays européens.

Des programmes manifestement de qualité, qui gagneraient sans aucun doute à être scientifiquement évalués, sont pourtant à l'œuvre aujourd'hui. Dans ce même esprit novateur, des expériences de Justice restaurative, plus ou moins vulgarisées, se déroulent en divers lieux du territoire. Cependant, les résistances sont encore grandes et de nature à soumettre la mise en place des mesures à la sensibilité des magistrats et de leurs partenaires à la question restaurative. A quelques exceptions près, la doctrine est souvent réservée, sur la base d'approximations idéologiques plutôt que de certitudes méthodologiques.

Une telle rhétorique de la mauvaise foi [298], typiquement française, conduit à condamner, *a priori*, toute innovation (d'autant plus lorsqu'elle provient de l'étranger) par une crispation sur les aspects considérés comme négatifs, dans le mépris des promesses pourtant affichées ailleurs [299]. Davantage encore, ces critiques semblent ignorer – ou s'en accommoder pour le moins – les dysfonctionnements du Système de justice pénale actuel, bien réels [300] comme il a été souligné dans l'introduction. Rien d'étonnant alors à ce que les citoyens eux-mêmes perdent confiance en leur justice : 70 % de jugements insatisfaisants en janvier 2006 [301]. Interrogées à leur tour, les victimes, généralement satisfaites dans près d'un cas sur deux, déclarent que justice leur a été rendue dans seulement un peu plus d'un tiers des atteintes aux personnes aux conséquences très graves. La

---

298. En ce sens, l'argumentaire développé vise à convaincre, non pas en s'appuyant sur les connaissances scientifiques disponibles mais sur le sens supposé commun qui entoure le phénomène criminel. Tout dépend en effet de l'autorité et de la crédibilité, *a priori*, de l'orateur (politicien ou scientifique), l'auditoire des citoyens n'étant plus à une manipulation ou à une tromperie près. Il est vrai qu'en ce domaine complexe d'humanité en souffrance, l'indifférence domine, conduisant aujourd'hui à une authentique forme de violence sociale ; sur l'art de la rhétorique et ses composantes (logos, pathos, ethos), V. not. M. MEYER, Nous sommes tous des rhétoriciens, *In Sciences humaines*, 2009-209, pp. 44-49 ; C. PERELMAN, L. OLBRECHTS-TYTECA, *Traité de l'argumentation. La nouvelle rhétorique*, 6è éd. 2008, Ed. de l'Univ. de Bruxelles, Coll. Fondamentaux, 740 p. ; M. MEYER, *Principia rhetorica. Une théorie générale de l'argumentation*, Ed. Fayard, Coll. Ouvertures, 2008, 324 p. ; V. également A. MORRIS, Critiquing the critics, *op. cit.*, pp. 610-612.

299. V. not. C. BAKER, Pourquoi faudrait-il punir ? Sur l'abolition du système pénal, *op. cit.*, p. 154 et s. ; X. BEBIN, Pourquoi punir ? L'approche utilitariste de la sanction pénale, *op. cit.*, pp. 197-200 ; S. LEFRANC, Le mouvement pour la justice restauratrice : « an idea whose time has come », *In Droit et société*, 2006/63-64, pp. 393-409 ; V. *Supra*, Introduction, b).

300. V. *Supra*, Introduction, a).

301. V. not. F. DABI, Y.M. CANN, *Les français et la Justice*, ifop.com ; V. également R. PACHE, E. FORT, *Enquête de satisfaction auprès des usagers de la Justice*, multigraph., 2001, 24 p., gip-recherche-justice.fr ; M. DELBERGHE, Services publics. Des usagers satisfaits, *In Le Monde*, 21 juin 2008, p. 22 où il est noté que si 67 % des usagers interrogés ont une bonne opinion de la police et de la gendarmerie, ils ne sont plus que 46 % en ce qui concerne la Justice ; D. SALAS, A. CARSTOIU, *La Justice*, Le cavalier bleu éd., Coll. Idées reçues, 2008, p. 12 et s.

médiation est la procédure qui procure le plus de satisfaction : 55 % des personnes interrogées [302]. Plus inadmissible encore, l'opinion des personnes souhaitant participer – ou satisfaites d'y avoir participé – est considérée comme superflue. Leur volonté et leur parole sont ainsi confisquées par toutes sortes de décideurs institutionnels ou associatifs. De telles attitudes de sens commun doivent, d'urgence, céder le pas à des raisonnements fondés sur les résultats évalués des pratiques engagées, à la satisfaction de tous : infracteur, victime, communautés d'appartenance, Système de justice pénale, comme cela a été clairement démontré au cours des chapitres précédents.

Si les concepts relatifs à cette nouvelle philosophie de régulation des conflits de nature pénale fleurissent, les pratiques se cristallisent en France autour de la médiation pénale essentiellement [303]. D'autres modalités, parfois décrites comme susceptibles de participer à une telle ambition restaurative, ne semblent cependant pas suffisamment favoriser la participation des victimes, de leurs proches et/ou des membres de la communauté et n'intègrent que partiellement leurs besoins, tant dans leur contenu que dans leur exécution [304]. Quoi qu'il en soit, notre Système de justice pénale ne doit plus hésiter à s'engager, prudemment mais sereinement, au prix certes de quelques

---

302. V. not. Z. BELMOKHTAR, Les victimes face à la justice : le sentiment de satisfaction sur la réponse judiciaire, *In Infostat Justice*, déc. 2007-98, 4 p.

303. V. not. J. FAGET, La médiation. Essai de politique pénale, *op. cit.*, 210 p. ; J.P. BONAFE-SCHMITT et al., Les médiations, la médiation, *op. cit.*, 302 p. ; P. MBANZOULOU, *La médiation pénale*, Ed. L'Harmattan, 2è éd., 2004, 85 p. ; P. MILBURN, *La médiation : expériences et compétences*, Ed. La Découverte, 2002, 171 p. ; J.L. LASCOUX, *Pratique de la médiation. Une méthode alternative à la résolution des conflits*, ESF éd., 2001, 217 p. ; Y. STRICKLER, *Médiation et réparations pénales en Alsace*, Presses univ. Strasbourg, 2004, 160 p. ; J. FAGET (Dir.), *Médiation et action publique. La dynamique du fluide*, Presses univ. de Bordeaux, Coll. Le territoire du politique, 2005, 272 p. ; J.L. CHABOT, S. GAL, C. TOURNU (Dir.), *Figures de la médiation et lien social*, Ed. L'Harmattan, 2006, 224 p. ; Comp. J. CRUYPLANTS, M. GONDA, M. WAGEMANS, *Droit et pratique de la médiation*, Ed. Bruylant, 2008, 397 p. ; N. PIGNOUX, La réparation des victimes d'infractions pénales, *op. cit.*, p. 382 et s.

304. V. R. CARIO, Victimologie. De l'effraction du lien intersubjectif à la restauration sociale, *op. cit.*, p. 227 et s.

réformes tranquilles, sur le chemin de la Justice restaurative, en harmonieuse complémentarité.

A) La médiation pénale

Après une longue expérimentation, fruit d'une riche collaboration entre magistrats éclairés et travailleurs sociaux engagés, le législateur a entendu judiciariser la médiation pénale en offrant au Procureur de la République la possibilité, préalablement à sa décision sur l'action publique et avec l'accord des parties, de décider de recourir à une médiation s'il lui apparaît qu'une telle mesure est susceptible d'assurer la réparation du dommage causé à la victime, de mettre fin au trouble résultant de l'infraction et de contribuer au reclassement de l'auteur de l'infraction (ancien art. 41 al.7 *C.P.P.*). Assez curieusement, ces trois conditions sont dorénavant alternatives, rendant ainsi possible, dénaturant ainsi l'esprit même de la mesure initiale, l'extension du champ d'application de la médiation pénale (art. 41-1 al. 1 et 41-1-5° *C.P.P.*) [305]. En ce sens, lorsque l'une des conditions, pour le moins, est remplie, « [...] *le procureur de la République peut, préalablement à sa décision sur l'action publique, directement ou par l'intermédiaire d'un officier de police judiciaire, d'un délégué ou d'un médiateur du procureur de la République : (...) 5° Faire procéder, avec l'accord des parties, à une mission de médiation entre l'auteur des faits et la victime. En cas de réussite de la médiation, le procureur de la République ou le médiateur du procureur de la République en dresse procès-verbal, qui est signé par lui-même et par les parties, et dont une copie leur est remise ; si l'auteur des faits s'est engagé à verser des dommages et intérêts à la victime, celle-ci peut, au vu de ce*

305. V. nouvel art. 41-1 al. 1 *C.P.P.* introduit par la loi du 23 juin 1999 ; V. également la *Circulaire* du 2 oct. 1992 (NOR-JUS D.92-300022 C) et les Notes d'orientation (pub. oct. 1992) 'Un mode d'exercice de l'action publique : les classements sous condition et la médiation en matière pénale', Multigraph., 16, 17 et 13 p. ; selon la Circulaire NOR-JUS D.04-30045C du 16 mars 2004, la médiation pénale consiste , « sous l'égide d'un tiers, à mettre en relation l'auteur et la victime afin de trouver un accord sur les modalités de réparation mais aussi de rétablir un lien et de favoriser, autant que possible, les conditions de non réitération de l'infraction alors même que les parties sont appelées à se revoir ».

procès-verbal, en demander le recouvrement suivant la procédure d'injonction de payer, conformément aux règles prévues par le nouveau code de procédure civile. [...]En cas de non-exécution de la mesure en raison du comportement de l'auteur des faits, le procureur de la République, sauf élément nouveau, met en œuvre une composition pénale ou engage des poursuites ».

La même Loi du 4 janvier 1993 a également institué, à l'article 12-1 de l'Ordonnance du 2 février 1945, la médiation-réparation, ou réparation pénale, spécialement applicable aux mineurs, autour d'une formulation restaurative volontairement plus imprécise mais dans un cadre de déclenchement nettement plus riche (au niveau du parquet, de l'instruction ou du jugement) et en l'assortissant d'un heureux suivi socio-éducatif. Ainsi, « *Le procureur de la République, la juridiction chargée de l'instruction de l'affaire ou la juridiction de jugement ont la faculté de proposer au mineur une mesure ou une activité d'aide ou de réparation à l'égard de la victime ou dans l'intérêt de la collectivité. Toute mesure ou activité d'aide ou de réparation à l'égard de la victime ne peut être ordonnée qu'avec l'accord de celle-ci.*
Lorsque cette mesure ou cette activité est proposée avant l'engagement des poursuites, le procureur de la République recueille l'accord préalable du mineur et des titulaires de l'exercice de l'autorité parentale. Le procès-verbal constatant cet accord est joint à la procédure.
La juridiction chargée de l'instruction procède selon les mêmes modalités.
Lorsque la mesure ou l'activité d'aide ou de réparation est prononcée par jugement, la juridiction recueille les observations préalables du mineur et des titulaires de l'exercice de l'autorité parentale.
La mise en œuvre de la mesure ou de l'activité peut être confiée au secteur public de la protection judiciaire de la jeunesse ou à une personne physique, à un établissement ou service dépendant d'une personne morale habilités à cet effet dans les conditions fixées par décret. A l'issue du délai fixé par la décision, le service ou la personne chargé de cette mise en œuvre adresse un rapport au magistrat qui a ordonné la mesure ou l'activité d'aide ou de réparation » [306].

---

306. Sur cette mesure, V. not. J.F. GAZEAU, V. PEYRE, *La justice réparatrice et les jeunes,* Actes des XIème Journées Internationales de criminologie juvénile de Vaucresson, Pub. C.R.I.V., 1994, 265 p. ; V. not. M. ALLAIX, M. ROBIN, La genèse de la mesure de réparation pénale à l'égard des mineurs, *In* M. VAILLANT (Dir.), De la dette au don, *op. cit.*, pp. 29-41 ; V.

La crainte justifiée de voir échapper une part importante du contentieux pénal et, au-delà, de leur perte d'autorité, a conduit les magistrats du parquet à encadrer strictement la médiation pénale, sous le modèle socio-judiciaire [307]. Les derniers chiffres disponibles indiquent qu'en 2008, 33 700 médiations ont été mises en œuvre au bénéfice des infracteurs majeurs et de leur victime. Au cours de la même année, près de 35 500 mesures de réparation à l'égard des infracteurs mineurs ont été prises en charge par les services de la P.J.J. (dont 9 000 ordonnées par le procureur de la République au titre de mesures alternative aux poursuites) [308].

Cependant, l'introduction de la médiation pénale au niveau du Parquet, pour le moins, pose davantage de problèmes juridiques qu'elle n'aide à la résolution des conflits, en l'inscrivant par là dans une visée répressive, insidieuse mais réelle.

Circ. 11 mars 1993 (Nor Jus F 93 500.13 C K.2 n°1) relative à la mise en œuvre à l'égard des mineurs de la mesure de réparation pénale (pub. *In* De la dette au don, *ibid.*, p. 217 et s.) ; M. ALLAIX, La réparation : une nouvelle philosophie judiciaire psycho-éducative, *In Délinquance et précocité*, Actes 29è Congrès A.F.C., Multigraph., 1995, Vol. 2, pp. 589-596 ; R. CARIO, Jeunes délinquants. A la recherche de la socialisation perdue, *op. cit.*, p. 89 et s. ; R. BIDART, De la médiation pour les majeurs à la réparation pour les mineurs, *In* R. CARIO (Dir.), *La médiation pénale : entre répression et réparation*, Ed. L'Harmattan, Coll. Sciences criminelles, 1997, pp. 83-89 ; M. VAILLANT, *La réparation. De la délinquance à la découverte de la responsabilité*, Ed. Gallimard, 1999, 148 p. ; M. KLAJNBERG, La réparation comme support de réinsertion du mineur délinquant, *In* C. SERON (Dir.), Don, pardon et réparation, *op. cit.*, pp. 161-178 ; P. MILBURN, *La réparation pénale à l'égard des mineurs*, Pub. Mission de recherche Droit et Justice, Arrêt sur recherches, multigraph., 2002-1, 171 p. ; P. MBANZOULOU, La médiation pénale, *op. cit.*, p. 63 et s. ; S. ROHMER, La réparation pénale et le secteur public de la Protection Judiciaire de la Jeunesse, *In* Y. STRICKLER, *op. cit.*, pp. 101-106 ; P. MILBURN, La mobilisation de la société civile dans les politiques pénales en France, *In* J. SHAPLAND, Justice, communauté et société civile, *op. cit.*, pp. 55-69 ; du même auteur, *Quelle justice pour les mineurs ? Entre enfance menacée et adolescence menaçante*, Ed. Erès, Coll. Trajets, 2009, p. 165 et s.

307. Sur les classifications des divers modèles de médiation pénale, V. not. C. LAZERGES, Essai de classification des procédures de médiation, *In Archives Pol. Crim.*, 1992-14, p. 17 et s. ; J. FAGET, *Justice et travail social. Le rhizome pénal*, Ed. Erès, Coll. Trajet, 1992, p. 59 et s.

308. V. *Les chiffres clefs de la justice des mineurs 2008*, justice.gouv.fr.

Pourtant, son ambition de restauration du lien social apparaît incontestable, en théorie pour le moins.

1. La médiation pénale : mesure cohérente de justice négociée

L'incapacité du système de justice pénale à gérer les émotions suscitées par le crime, dans son endroit comme dans son envers, est apparue déterminante dans le développement de la médiation pénale. Le faible de taux de réponse pénale à l'égard des infracteurs (le classement sans suite de l'affaire dans 8 cas sur 10 confinant à l'impunité) ainsi que l'absence de reconnaissance de la personne de la victime (mépris s'observant y compris lors des poursuites) imposaient en effet une rupture dans leur prise en charge respective. Les objectifs restauratifs de la médiation pénale sont remarquables : considération de la personne de la victime, responsabilisation de l'infracteur, assouplissement de l'intervention pénale.

a) Cohérences du point de vue des acteurs

Par la médiation pénale, la *victime* semble mieux assurée que la justice pénale ne lui « vole » plus son conflit [309]. Ce réinvestissement dans sa victimisation permet à l'intéressé(e) de communiquer sa colère, son ressentiment, son émotion, de les renvoyer à l'auteur de l'acte et d'envisager les modalités de leur atténuation, voire de leur disparition. Elle peut évoquer avec l'infracteur les questions qui la préoccupent au sujet de l'infraction, comme notamment sa domination excessive et, corrélativement, la perte de maîtrise sur sa propre vie et son espace de vie. Par la mise en contact des protagonistes la violence se dissipe [310]. Par l'instauration du dialogue, les affects nés du conflit sont médiatisés par la victime et/ou ses proches. La

309. V. N. Christie, Conflicts as property, *In British Journal of Criminology*, 1977-17, pp. 1-15 ; rééd. *In* T. Newburn (E.), *Key readings in criminology*, Willan publishing, 2009, pp. 712-719.

310. V. en ce sens B. Cyrulnik, *Les nourritures affectives,* Ed. O. Jacob, 1993, p. 144.

victime est alors susceptible d'offrir à l'infracteur une possibilité unique de pardon, vecteur trop négligé de la réconciliation [311].

La médiation pénale participe également à la responsabilisation de l'*infracteur* qui, tout en réparant matériellement le mal causé, prend concrètement conscience de sa dimension psycho-affective relativement à la personne victimisée ou, plus généralement, conscience de la réalité d'un trouble causé à la communauté. Cette synergie réparatrice permet à l'infracteur (majeur comme mineur) de « découvrir que la loi symbolique échange est préférable à celle imposée par la force » [312]. Fortement restauratrice des liens sociaux blessés par l'acte agressif, la médiation initie ainsi l'infracteur à une démarche structurante qui le conduira, symboliquement, de la dette au don, de la violence envers autrui (ou envers soi-même) à l'amour de l'autre (et de soi-même) [313].

---

311. Sur le pardon, V. not. A. BERISTAIN, *Nueva criminología desde el derecho penal y la victimología*, Ed. Tirant lo Blanch, 1994, p. 344 et s. ; P. RICŒUR, Le juste, *op. cit.*, p. 185 et s. ; M. VAILLANT, La réparation, *op. cit.*, p. 112 et s. ; E. MORIN, Pardonner, c'est résister à la cruauté du monde, *In Le Monde des débats*, mars 2000, pp. 24-26 ; J. DERRIDA, *Sur parole. Instantanés philosophiques*, Ed. de l'Aube, 1999, pp. 123-142 ; H. DUMONT, Le pardon, une valeur de justice et d'espoir, un plaidoyer pour la tolérance et contre l'oubli, *In Rev. Canadienne de criminologie*, 2000-42-3, pp. 299-322 ; D. TUTU, Il n'y a pas d'avenir sans pardon, *op. cit.*, not. p. 39 et s. ; S. LEFRANC, *Politiques du pardon,* PUF, Coll. Fondements de la politique, 2002, 384 p. ; A. GARAPON, R. VERDIER, Postface. Nouvelles justices, nouvelles sanctions, *In* R. VERDIER (Dir.), *Vengeance. Le face-à-face victime / agresseur*, Ed. Autrement, Coll. Mutations, 2004, pp. 223-227 ; C. SERON (Dir.), Don, pardon et réparation. Comment résilier un contrat avec la souffrance, *op. cit.*, 222 p. ; M.T. MUÑOZ SASTRE, E. MULLET, J. LECOMTE, Le pardon : une porte ouverte sur l'avenir, *In* LECOMTE J. (Dir.), Introduction à la psychologie positive, *op. cit.*, pp. 181-195.

312. V. J. SELOSSE, la réparation dans le champ éducatif, *In* M. VAILLANT (Dir.), De la dette au don. La réparation pénale à l'égard des mineurs, *op. cit.*, pp. 15-27 et spé. p. 27.

313. V. M. VAILLANT, Entre envie et sollicitude. Du besoin de compensation à la capacité de compassion, *In* De la dette au don, *Ibid.*, pp. 157-197 ; L. DALIGAND, La réparation : accès au symbolique, *Ibid.*, pp. 153-155.

Le rôle du *médiateur* apparaît alors réellement novateur au travers de la mission qui lui est confiée par l'autorité judiciaire. Il va tenter de dénouer le conflit en dynamisant la participation des parties afin qu'elles s'investissent personnellement dans la recherche des solutions. Par son aptitude à l'écoute, il doit les inciter à raconter le conflit, à se raconter. Par recentrages successifs, le médiateur conduira les intéressés à s'approprier le règlement du conflit qui les a opposés, qui les oppose encore.

Le symbolisme de ce mode de régulation des conflits est puissant. En replaçant l'infracteur et la victime dans leur histoire et leur dimension d'acteur social au sein d'une communauté souvent partagée, en provoquant l'expression de leur parole contradictoire, sans taire leur émotion, le médiateur (professionnel du travail social ou citoyen formé spécialement à la médiation) rend possible l'apaisement des souffrances génératrices et consécutives de l'infraction. Il peut encore inviter les protagonistes à agir sur leur environnement et à modifier leurs comportements respectifs pour éviter que de telles situations de conflit ne se renouvellent. Une telle pédagogie de la responsabilité des acteurs conduit inévitablement à se connaître, à retrouver l'humanité de chacun, à la reconnaissance réciproque [314], à la restauration de l'image personnelle de tous. Et les vertus de la médiation pénale ne s'arrêtent pas là, car en intervenant au plus près du conflit, elle offre encore au système de justice pénale les moyens d'une réponse plus douce au conflit noué par l'infraction.

b) Cohérences du point de vue du système de justice pénale

La médiation pénale offre à la régulation des conflits une autre justice, plus humaine, plus consensuelle, plus flexible. Par le dialogue instauré entre les parties au conflit, par la recherche commune de solutions, la justice que la médiation pénale peut

---

314. V. *La pratique de la médiation pénale,* Guide déontologique publié par le C.L.C.J., multigraph., 1994, p. 19 ; J. COSTA-LASCOUX, La régulation des petits désordres sociaux, *In Cahiers de l'I.H.E.S.I.,* 1994-18, p. 144 et s. ; C. LAZERGES, *op. cit.*, citant P. RICŒUR, p. 198.

promouvoir est naturellement moins violente, nettement moins traumatisante et surtout clairement participative [315].

La justice pénale est rendue plus crédible, ensuite et cumulativement, par la réparation réelle, directe ou indirecte, du dommage causé par l'infracteur. La médiation pénale invite la justice pénale à être plus pédagogique, au travers de la réponse, effective, qui est apportée au comportement litigieux, expressif souvent de recherche de limites. La responsabilisation de l'infracteur (nomination de la loi, rappel à la loi, notamment) donne un sens à l'intervention socio-pénale : en aiguisant son discernement, en excitant son aptitude à tirer profit de la mesure négociée.

La médiation pénale, enfin et pour l'essentiel, conduira à rendre, à moyen terme, la justice pénale moins coûteuse. Bien au-delà de la stricte répression, une médiation pénale de qualité est un gage de resocialisation. Authentique mesure de lutte contre la récidive, elle conduit à épargner, par conséquent, des dommages individuels et sociétaux ultérieurs.

Voilà dressé le portrait un peu idéalisé, mais potentiellement raisonnable, de ce qu'est ou devrait être la médiation pénale : un outil pertinent de restauration des liens sociaux distendus par l'acte pénalement interdit ; à la condition que les incohérences à tonalité répressive qui l'entourent encore soient clairement levées.

---

315. V. J.P BONAFE-SCHMITT, *La médiation : l'autre justice*, Ed. Syros, 1992, 280 p. ; Comp. J. COSTA-LASCOUX, *op. cit.,* Cahiers de l'IHESI, p. 146 ; V. également sur ces aspects P. TRUCHE, Violente justice/justice non violente, *In La Justice. Cahiers français,* 1991-251, p. 111 et s. ; C. LAZERGES, *Introduction à la politique criminelle,* Ed. L'Harmattan, Coll. Traité de Sciences criminelles, Vol. 1, 2000, p. 109 et s. ; Comp. *Recommandation* R(83)7 sur 'La participation du public à la politique criminelle', Pub. Cons. Eur., 1984, multigraph., 74 p.

2. La médiation pénale : instrument déguisé de répression

Pour être *a priori* de nature à rendre plus effective la réaction sociale au crime, la médiation pénale, en ce qu'elle « mord » sur les classements sans suite (dont le taux, anormalement élevé, à cause de l'encombrement du contentieux par l'inflation des infractions de petite délinquance, est très mal perçu par la société civile) n'est pas sans paradoxe. En effet, nul ne conteste que la très grande majorité des affaires ainsi traitées auraient fait l'objet, à l'époque où la médiation pénale n'existait pas encore, d'un classement sans suite « sec », parce que massivement constitutives de faits de très faible gravité. On assiste là à un élargissement injustifié du contrôle social, d'où découlent de réelles incohérences qui atteignent tous les acteurs à la médiation pénale.

a) Incohérences au niveau du parquet

Les choix décisionnels que le parquet formule quant aux bénéficiaires, au médiateur et, surtout quant à l'évaluation de la médiation dépassent ainsi très nettement le champ de ses compétences. Pour trancher sur les suites à donner à la médiation pénale, il exerce des pouvoirs juridictionnels incontestables, en ce qu'il « choisit entre diverses solutions que lui proposent les parties » [316], explicitement ou par le canal du médiateur. Au mépris du principe de séparation des fonctions judiciaires, dans une mesure telle que certains procureurs semblent devenus « juges de l'indemnisation des petits délits » [317]. La précision introduite en 1999 pourrait sembler, *a contrario*, plutôt rassurante dans la mesure où le procureur est

316. Sur le critère de l'ordonnance juridictionnelle, V. not. J. PRADEL, *Procédure pénale,* Ed. Cujas, 9è éd. 1997, p. 526 et s. ; V. également *CEDH gr. ch.* 29 mars 2010 / 3394-03, aff. Medvedyev et al. c/ France.

317. V. sur cet aspect, A. WYVEKENS, Entre médiation et justice pénale. L'activité judiciaire des maisons de justice du Rhône, *In Arch. Pol. Crim.*, 1997-19, p. 91.

invité à engager des poursuites « au cas de non-exécution de la mesure en raison du comportements de l'auteur des faits » [318].

Dans le même sens, la possibilité pour le procureur de déclencher finalement l'action publique après médiation pénale (immédiatement après ou dans les délais de prescription de l'action publique) [319], constitue une atteinte à la règle *non bis in idem* [320] et confère à la médiation pénale un caractère présentenciel de nature à sérieusement influencer la décision qui sera ensuite rendue au fond.

D'autres incohérences frappent la médiation pénale installée au stade des poursuites, au regard des garanties judiciaires fondamentales traditionnelles quant à : la présomption d'innocence (que ne lève pas très objectivement l'accord de l'intéressé à la médiation) ; la nécessité et la proportionnalité de la mesure (relativement au contentieux de petite délinquance de faible gravité généralement traité) ; l'égalité de traitement des infracteurs (critère de sélection, implantation incomplète sur l'ensemble du territoire national) [321] ; l'absence de publicité ; l'absence de recours...

Plus gravement encore, les éléments recueillis et négociés au cours de la procédure de médiation, sous le sceau de la confidentialité, peuvent être versés aux débats lors de toute autre procédure, pénale ou non, y compris sans l'accord des intéressés. Une telle jurisprudence vide de son sens la médiation pénale même, en totale contradiction avec ce que l'on observe en matière de comparution sur reconnaissance préalable de

---

318. V. art. 41-1 *C.P.P. in fine*, mod. L. 9 mars 2004.

319. La décision administrative de classement sans suite demeure en effet provisoire, aussi longtemps que la prescription n'est pas acquise. V. not. Crim. 5 déc. 1972, *In Bull. Crim.*, n° 375, pp. 945-946.

320. V. *Recommandation* R(87)18 sur *La simplification de la justice pénale*, Pub. Conseil de l'Europe, 1988, multigraph., not. p. 9 et s. ; V. M. PUECHAVY, L'article 6 de la Convention Européenne des Droits de l'Homme et la médiation pénale, *In Arch. Pol. Crim.*, 1992-14, pp. 31-35.

321. V. not. M. DELMAS-MARTY, *Pour un droit commun*, Ed. du Seuil, 1994, p. 32 et s.

culpabilité, toutes deux mises en œuvre au titre d'alternatives aux poursuites [322].

b) Incohérences au niveau des bénéficiaires

S'agissant de l'accord des parties à la médiation, accord que doit solliciter le parquet, certains observateurs ont craint que l'acceptation de l'infracteur soit assez directement guidée par la « menace » de poursuites pénales. En guise de contractualisation de la relation ainsi établie, il y aurait plus simplement contrat d'adhésion [323], voire subtile marchandage pénal [324]. D'autres soutiennent que l'assentiment formulé n'est pas pleinement mûri par celui qui le donne, notamment quand il s'agit de mineurs (ou de jeunes adultes) dont la suggestibilité est grande.

La médiation pénale conduit à rendre la justice pénale en temps réel, au plus près des faits, au plus près des souffrances que l'acte a cristallisées [325]. Mais ce temps précipité de la justice pour l'infracteur n'est pas souvent superposable à celui

---

322. V. not. Crim. 12 mai 2004, *In Bull. crim.*, 2004-121, pp. 466-469 ; *Gaz.Pal.*, somm., 3489, p. 3994 ; Soc. 2 déc. 2009, inédit, Note J.P. TRICOIT, *In J.C.P.*, 2010-11, pp. 541-543 ; V. *contra* Crim. 28 fév. 2001, *In Bull. crim.*, 2001-54, pp. 186-189 ; Note A. MARON, *In Dr. pén.*, 2001, com. 95, pp. 24-25 ; V. not. P. MBANZOULOU, La médiation pénale, *op. cit.*, pp. 49-50 ; F. DESPORTES, L. LAZERGES-COUSQUER, *Traité de procédure pénale*, Ed. Economica, 2009, p. 732 et s.

323. V. J. FAGET, *op. cit.*, p. 67 ; C. LAZERGES, *op. cit.*, p. 197.

324. On se souvient à cet égard de la décision de principe du Conseil Constitutionnel (Décision 95-360 DC du 2 fév. 1995, *J.O.* du 7, pp. 2 097-98) considérant comme contraire à la Constitution les dispositions relatives à 'l'injonction pénale' et not., « ...que le prononcé et l'exécution de telles mesures, même avec l'accord de la personne susceptible d'être pénalement poursuivie, ne peuvent, s'agissant de la répression de délits de droit commun, intervenir à la seule diligence d'une autorité chargée de l'action publique mais requièrent la décision d'une autorité de jugement ...».

325. Sauf à se garder des excès de la précipitation. V. not. A. WYVEKENS, *op. cit.*, p. 88 ; V. A. BRUEL, Aller vite peut-être, mais savoir où aller !, *In Adolescents menaçants ou mineurs irresponsables ?*, Pub. Ecole Nat. Magistrature, C.N.F.E./P.J.J., Multigraph., 1994, pp. 127-156 ; Les dérives d'un parquet omniscient, *In J.D.J.*, 1997/166, pp. 13-14.

des victimes. Elles perçoivent assez vite qu'à défaut d'accepter la médiation pénale, les chances de voir aboutir leur demande de reconnaissance sont bien minces. C'est sans beaucoup d'illusions qu'elles s'investissent dans ce processus de négociation, sans en connaître réellement les mécanismes. Il n'est pas toujours acquis, en effet, qu'elles bénéficient des prestations offertes par les services associatifs d'accès au droit en général, d'aide aux victimes en particulier, principalement quand l'infracteur est un mineur.

Plus généralement, il convient de regretter que la situation de l'infracteur, comme celle de la victime, ne fassent pas systématiquement l'objet d'un diagnostic global, relativement à leur situation matérielle, familiale, sociale pour le moins. Or chacun connaît les méfaits, parfois irréversibles, des interventions en cascade. Plus tôt à lieu l'intervention psychosociale, plus grandes sont les chances de (re)socialisation pour l'un, de réparation globale pour l'autre [326].

Une autre incohérence gît dans le caractère transactionnel généralement reconnu à la réparation dont bénéficie la victime : rien ne l'empêche de saisir le juge civil pour inexécution (totale certes, mais aussi éventuellement insuffisante) en vue de se voir 'restituer ses droits primitifs' [327].

---

326. Sur ces aspects, V. Recommandation R(00)20 sur le *Rôle de l'intervention psychosociale précoce dans la prévention des comportements criminels*, Pub. Conseil de l'Europe, 2001, multigraph., 57 p. ; F. VITARO, C. GAGNON (Dir.), *Prévention des problèmes d'adaptation chez les enfants et les adolescents*, Presses Univ. Québec, 2001, 2 Tomes, 535 et 616 p. ; R. CARIO, *La prévention précoce des comportements criminels. Stigmatisation ou bientraitance sociale ?*, Ed. L'Harmattan, Coll. Controverses, 2004, 108 p. ; R. CARBONNEAU, Prévention développementale du crime, *In* G. LOPEZ, S. TZITZIS (Dir.), *Dictionnaire des sciences criminelles*, Ed. Dalloz, 2004, pp. 739-745 ; R. TREMBLAY, *Prévenir la violence dès la petite enfance*, Ed. O. Jacob, 2008, 269 p.

327. V. art. 2 044, 2 052 et 1 351 *C. Civ.* ; V. sur cette question essentielle les conclusions décisives de G. BLANC, La médiation pénale (commentaire de l'article 6 de la Loi 93-2 du 4 janvier 1993 portant réforme de la procédure pénale), *In Sem. Jurid.*, I, 3 760, pp. 211-215 ; V. également art. 41-1-5° *C.P.P.* mod. L. 9 mars 2004 offrant à la victime accès à la

Quant à la présence des avocats, elle est curieusement très variable selon les juridictions pour diverses raisons : nature peu attrayante du contentieux traité ; méconnaissance de la technique de médiation ; faible rémunération notamment. Leur présence s'impose pourtant, non pas pour représenter directement les parties mais pour les assister, les conseiller quant à l'acceptation de la mesure elle-même et quant au contenu et aux modalités de la réparation qu'elles ont personnellement négociés. Concernant les mineurs, la situation est très claire : l'assistance de l'avocat est obligatoire (art. 4-1 Ord. 1945). L'esprit de la médiation pénale empêche tout simplement à l'avocat de participer directement à la rencontre entre les parties.

c) Incohérences au niveau du médiateur

Le médiateur doit, quant à lui, être un professionnel habilité, impartial, neutre, tenu à l'obligation du secret... En pratique, il lui est bien difficile de garder cette indépendance à l'égard de son mandant, *i.e.* du parquet. En effet, s'il ne doit pas être engagé dans une activité judiciaire principale [328], il demeure que sa nomination par le parquet transforme la relation de complémentarité supposée [329] entre médiation et justice en relation de dépendance [330]. N'est-il pas dorénavant expressément, après avoir prêté serment [331], « médiateur du procureur de la Répu-

procédure d'injonction de payer si l'auteur ne s'acquitte pas du paiement des dommages-intérêts qu'il s'est engagé à verser à la victime.

328. Sur les qualités que doivent présenter les médiateurs, V. Note d'orientation complétant la Circulaire du 2 oct. 1992, précitée, p. 2 et s. ; J. MORINEAU, Le Centre de médiation et de formation à la médiation, *In Arch. Pol. Crim.*, 1992-14, p. 71 et s. ; J. FAGET, La médiation (1997), *op. cit.*, p. 119 et s. ; art. 15-1 et s. *C.P.P. ;* V. également *Circulaire* JUS-D-96-30161 C. relative à l'habilitation des médiateurs pénaux et aux conditions d'exercice des fonctions de médiateur, Min. Justice, Multigraph., 7 p.

329. V. *contra* J. FAGET, La double vie de la médiation, *In Droit et société,* 1995/ 30-31, p. 32 et 38.

330. V. M. GUILLAUME-HOFNUNG, *La médiation*, PUF, Que sais-je ?, 2930, p. 117 ; J. FAGET, *Ibid.*, p. 30 et s.

331. V. art. R 15-33-36 *C.P.P.* mod. D. 27 sept. 2004.

blique » ? Cela est plus particulièrement vrai encore pour les médiateurs recrutés à titre individuel (cumulant de plus en plus souvent avec des fonctions de « délégués du procureur ») qui ont de plus en plus vocation à se substituer aux médiateurs appartenant au secteur associatif privé habilité [332], souvent par défiance injustifiée à l'égard des travailleurs sociaux (qu'ils appartiennent au réseau de l'Inavem ou à celui de « Citoyens et Justice »), souvent aussi pour de simples raisons financières [333]. Un autre lien de subordination pourrait provenir du financement des associations de médiation qui, en l'absence de pérennisation de leurs budgets de fonctionnement, sont souvent tributaires du nombre de mesures accordées par le parquet. Le souci – non critiquable au demeurant – de pérennisation des emplois risque ainsi de faire primer la logique entrepreneuriale sur la logique de mission. Et à cette aune là, on peut craindre deux dérives : une acceptation « sans discernement » des mesures et un taux de réussite « démesuré ».

Il n'est pas toujours acquis, enfin et pour l'essentiel, que la formation des médiateurs atteste de connaissances juridiques et psychologiques approfondies, mais encore de la maîtrise, absolument fondamentale, des techniques d'écoute et de conduite d'entretien, communes à tous les techniciens de la communication humaine, aptes à favoriser le dialogue et à évaluer les résultats de la médiation.

d) Incohérences au niveau du Système de justice pénale

Lorsque la médiation pénale (comme la réparation pénale à l'égard des mineurs mise en œuvre par le substitut aux affaires des mineurs) conduit à un accord entre les parties, il est en général validé par le procureur de la République. Ce dernier

---

332. Sur le statut des délégués et des médiateurs du procureur de la République, V. art. R 15-33-30 et s. *C.P.P.* D. 29 janv. 2001, mod. D. 27 sept. 2004.

333. En effet le coût d'une médiation par une personne physique habilitée est de 39 €, alors que la mise en œuvre de la médiation pénale par une association varie, selon la durée, de 77 € (moins d'un mois), 153 € (entre 1 et 3 mois) à 305 € (plus de 3 mois) ; V. art. R 121-2 *C.P.P.*

prononce logiquement un classement sans suite, certes consécutif à une mesure alternative aux poursuites réussie. Les termes mêmes d'une telle décision « juridictionnelle », comme souligné plus haut, sont très ambigus pour les parties qui ont effectivement volontairement participé à la médiation et négocié, dans le cadre d'un processus partagé, les termes de la sortie du conflit infractionnel de nature à clore le conflit qui les opposait. Ce « classement sans suite » ne permet pas la nomination explicite des faits et des acteurs et, par conséquent, la séparation des parties. Pour symboliques que puissent paraître ces déclarations, elles participent bien de l'œuvre de justice.

B – Les autres mesures à « caractère » restauratif

Pour être fréquemment souhaitée, la nécessité d'inventer toujours de nouvelles réponses pénales, mieux adaptées aux caractéristiques du phénomène criminel, ne s'impose pas en l'état actuel de notre législation. Des réponses véritablement restauratives existent déjà, il suffit de les appliquer, tout simplement, en ayant le souci des torts causés à tous les protagonistes. D'autant plus qu'elles crédibilisent fortement la réponse pénale, aux yeux de tous. L'infracteur a la possibilité d'apporter la preuve de sa bonne foi en effectuant réellement les engagements qu'il a pris (restitution, paiement des dommages et intérêts, activités compensatoires diverses, notamment). La victime, en recevant effectivement la réparation, plus ou moins négociée selon les mesures, est apaisée et rassurée, d'autant plus qu'elle bénéficie parallèlement de l'accompagnement psychologique et social que son état nécessite. La communauté sociale dans son ensemble garde confiance dans le système de justice pénale : l'interdit est puni tout en favorisant la (re)socialisation de l'infracteur (la nature et le quantum de la sanction pouvant ainsi dépendre du degré de responsabilisation qu'il manifeste) ; la victime est restaurée dans sa dignité de personne humaine et réparée ; l'harmonie sociale est rétablie et consolidée par la qualité de la réponse pénale qui offre aux intéressés les voies du retour au sein de la communauté humaine. Par une évolution significative des mentalités judiciaires et sociales, des mesures à « caractère » restauratif pourraient être mises en œuvre au niveau présentenciel, dans le cadre du contrôle judiciaire socio-éducatif. Quelques sanctions sont également disponibles aux magistrats répressifs soucieux de leur conférer une dimension restaurative [334]. Dans le même esprit, le juge de l'application des peines jouit d'un large éventail de mesures d'individualisation qui pourrait bien participer d'un traitement restauratif du condamné et, par voie de conséquence, de la victime.

1. Le contrôle judiciaire socio-éducatif

Le contrôle judiciaire peut être ordonné par le juge d'instruction si la personne mise en examen encourt une peine d'emprisonnement correctionnel ou une peine plus grave [335]. Cette mesure présente le premier avantage d'éviter le placement en détention provisoire, normalement exceptionnel [336]. Elle répond en ce sens aux principes de contrainte minimale et de proportionnalité, d'autant mieux que la morphologie des actes criminels est caractéristique d'une activité généralement banale contre les biens et les personnes. A côté des obligations de police qu'il prévoit, le contrôle judiciaire offre surtout, embrassant par là une dimension socio-éducative, du sens à la réponse judiciaire en ce qu'il conduit à responsabiliser l'intéressé dès la commission de la transgression.

Par le contrôle judiciaire, le juge d'instruction astreint la personne concernée à se soumettre à une ou plusieurs obligations de nature à éviter la réitération des faits d'une part, à permettre à l'infracteur de ne pas être davantage désocialisé, voire même de consolider sa socialisation fragile d'autre part. Concernant les victimes, le contrôle judiciaire socio-éducatif présente un avantage supplémentaire majeur, car parmi les

334. V. L. WALGRAVE, La justice restaurative : à la recherche d'une théorie et d'un programme, *In Criminologie*, 1999-1, p. 17 et s.

335. V. art. 137 et s., R. 17-1 et s. *C.P.P.*

336. V. art. 144 et s. *C.P.P.*

conditions imposées à l'auteur de l'acte, deux d'entre d'elles méritent d'être relevées. La première oblige l'infracteur à fournir un cautionnement dont le montant et les délais de versement, en une ou plusieurs fois, sont fixés par le collège de l'instruction ou le juge des libertés et de la détention, compte tenu notamment des ressources et des charges de la personne mise en examen [337].

La seconde l'amène à fournir un cautionnement ou à constituer, dans un délai, pour une période et un montant déterminés par le collège de l'instruction ou le juge des libertés et de la détention, des sûretés personnelles ou réelles destinées notamment à garantir les droits de la victime par le paiement de la réparation des dommages causés par l'infraction [338]. Afin de rendre effective la réparation de la victime, le juge d'instruction peut, avec le consentement de l'infracteur, ordonner que la partie du cautionnement affectée à la garantie des droits de la victime lui soit versée par provision, sur sa demande. Ce versement peut aussi être ordonné, même sans le consentement de l'intéressé, lorsqu'une décision de justice exécutoire a accordé à la victime une provision à l'occasion des faits qui sont l'objet des poursuites [339]. De telles dispositions vont véritablement dans le sens de la sauvegarde des intérêts de la victime et de la responsabilisation de l'infracteur [340], tout comme d'autres modalités de peines qui, sans conteste, sont également susceptibles de favoriser la restauration sociale de tous.

---

337. V. art. 138-11° *C.P.P.*

338. V. art. 138-15° *C.P.P.*

339. V. art. 142, 142-1, al. 1 et 2 *C.P.P.*

340. V. C. CARDET, *Le contrôle judiciaire socio-éducatif : substitut à la détention provisoire entre surveillance et réinsertion*, Ed. L'Harmattan, Coll. Sciences criminelles, 2000, 400 p.

2. Les sanctions à « visée » restaurative

La *dispense de peine*, introduite par la Loi du 11 juillet 1975, en est une première illustration [341]. Elle peut-être prononcée en matière correctionnelle, lorsqu'il apparaît que le reclassement du coupable est acquis, que le dommage causé est réparé et que le trouble résultant de l'infraction a cessé. La combinaison de cette mesure avec le contrôle judiciaire ou une mesure de réparation ordonnée en cours d'instruction à l'égard des mineurs est particulièrement heureuse. Dans les mêmes conditions, concernant plus spécialement les mineurs, la *dispense de mesure* [342] participe tout autant à la restauration du lien social rompu par l'acte de transgression posé par le mineur.

Très judicieusement, depuis cette même Loi du 11 juillet 1975, le tribunal peut encore, après déclaration de culpabilité, *ajourner le prononcé de la peine* (de la mesure éducative ou de la peine prononcée par le Tribunal pour enfants), pour une durée maximale d'une année (de six mois pour les mineurs de treize à dix-huit ans), dans deux séries de situations qui récompensent l'investissement de l'infracteur dans la réparation du dommage qu'il a causé. La première, classique, permet un ajournement simple du prononcé de la peine lorsqu'il apparaît que le reclassement du coupable est en voie d'être acquis, que le dommage causé est en voie d'être réparé et que le trouble résultant de l'infraction va cesser [343]. La seconde situation, propre aux mineurs, permet l'ajournement simple ou avec mise à l'épreuve dès lors que les perspectives d'évolution de la personnalité du mineur le justifient [344].

---

341. V. art. 132-58 et s. *C.P.* et 20-7 al. 1 *Ord. 1945.*

342. V. art. 8 *Ord. 1945* ; Comp. art. 132-59 *C.P.* ; la liberté surveillée d'épreuve, décidée avant jugement sur le fond, procède du même esprit. V. art. 8 al. 8 et 19 al. 2 *Ord. 1945.*

343. Sur l'ajournement simple, V. art. 132-60 à 132-62 *C.P.* ; sur l'ajournement avec mise à l'épreuve, V. art. 132-63 à 132-65 *C.P.* ; art. 747-3 et s. *C.P.P.* ; Comp. M. VAN DE KERCHOVE, *Quand dire, c'est punir. Essai sur le jugement pénal*, Pub. des Fac. univ. Saint-Louis, 2005, pp. 187-192.

344. V. art. 20-7 al. 2 et 3 *Ord. 1945.*

Le *travail d'intérêt général* (Loi du 10 juin 1983)[345] présente aussi ces potentialités restauratives qui donnent du sens à la sanction. Il est prononcé à titre principal ou complémentaire pour les majeurs comme pour les mineurs. L'accord des intéressés est nécessaire et la possibilité de refuser la peine apparaît en ce sens, ici comme en matière de médiation-réparation, la condition de l'acceptation, donc de l'adhésion du condamné. Le T.I.G. remplit bien, en dépit de son aspect contraignant, un rôle de recomposition du tissu social. Le travail d'intérêt général, non rémunéré, que le condamné va effectuer au profit d'une personne morale de droit public ou d'une association habilitée lui permet d'assumer, en personne, les conséquences de sa transgression dommageable socialement (V. par ex. les TIG/Tag et les TIG routiers). S'il ne peut être directement affecté au bénéfice de la victime, celle-ci pourrait néanmoins proposer un lieu d'exercice particulier. Ce contact, réparateur, avec le monde du travail peut être de nature à initier un processus d'insertion professionnelle. Il pourrait être effectué au bénéfice d'un Service d'aide aux victimes comme l'a proposé Paul MILLIEZ[346]. L'inconvénient majeur de la peine de T.I.G. réside en la sanction de la violation par le condamné des obligations l'accompagnant : emprisonnement de deux ans notamment[347].

Le travail d'intérêt général, de manière plus discutable, peut également constituer l'épreuve assortissant une peine privative de liberté bénéficiant du sursis[348]. Le risque de voir tomber le sursis au cas d'épreuve imparfaite paraît en effet sans proportion réelle avec les faits ayant motivé la condamnation, inférieure à six mois d'emprisonnement. Certains voient en ces prévisions une espèce de progressivité de la réponse pénale, du T.I.G. à

---

345. V. art. 131-8, 131-22 à 24 *C.P.* ; art. 20-5 *Ord. 1945*.

346. V. *Rapport de la Commission d'étude et de proposition dans le domaine de l'aide aux victimes*, multigraph., Min. Justice, 1982, p. 31.

347. V. art. 434-42 *C.P.* ; d'aucuns prônent alors la suppression de cette mesure « adultomorphique » ; V. en ce sens S.N.P.E.S./P.J.J., *In* J.D.J., *op. cit.*, p. 7 et s. ; B. CASSAGNABERE, Le mineur en prison, *In Rev. pénitentiaire*, 1996-2, p. 163 et s.

348. V. art. 132-54 à 132-57 *C.P.* ; art. 20-5 *Ord. 1945*.

l'emprisonnement ferme. C'est ignorer les conséquences très néfastes des courtes peines privatives de liberté qui ne permettent que très exceptionnellement d'engager un processus de resocialisation des personnes prises en charge.

La *sanction-réparation*, susceptible d'être prononcée en matière délictuelle et contraventionnelle, à la place ou en même temps qu'une peine d'emprisonnement, consiste dans l'obligation pour le condamné de procéder, dans le délai et selon les modalités fixés par la juridiction, à l'indemnisation du préjudice de la victime. Avec l'accord de la victime et du prévenu, la réparation peut être exécutée en nature. Elle peut alors consister dans la remise en état d'un bien endommagé à l'occasion de la commission de l'infraction. Cette remise en état est réalisée par le condamné lui-même ou par un professionnel qu'il choisit et dont il rémunère l'intervention [349].

Parmi les peines au sens strict, l'*amende* pourrait prendre une connotation nouvelle si une partie de son montant était reversée soit au Fonds de garantie d'indemnisation des victimes d'infractions, soit aux Services d'aide aux victimes eux-mêmes (notamment pour assurer les aides matérielles d'urgence), à la manière de la « suramende compensatoire » appliquée dans quelques pays [350]. Une telle opportunité devrait être saisie principalement lorsque les infracteurs sont des personnes morales, auteurs d'infractions au droit fiscal, des affaires ou des sociétés, caractéristiques de victimisations collectives d'ampleur à l'égard de victimes qui demeurent, très souvent encore, « anonymes ».

3. La peine privative de liberté

Les modalités d'exécution de la peine privative de liberté sont susceptibles de favoriser la perspective restaurative de la

---

349. V. art. 131-8-1, 131-15-1 *C.P.* (introduits par L. 5 mars 2007).

350. V. not. l'art. 737 du Code criminel canadien qui l'impose à tous les condamnés en plus de leur peine. Pénalité monétaire, tout comme une amende, elle est versée à un fonds de la province ou du territoire qui sert à fournir des services et de l'aide aux victimes d'actes criminels.

sanction. Le *sursis avec mise à l'épreuve* devrait conduire à imposer, parmi les conditions imposées par le juge, l'indemnisation de la victime en vue de réparer en tout ou partie, en fonction de ses facultés contributives, les dommages causés par l'infraction, même en l'absence de décision sur l'action civile [351].

Au cas de peine privative de courte durée (moins d'une année d'emprisonnement), une mesure de *semi-liberté* peut être ordonnée par le tribunal ou sollicitée par le juge de l'application des peines. Une telle opportunité est heureuse, si pour le moins le principe de proportionnalité est respecté, car l'intéressé continuera son activité professionnelle, ou en acquerra une, consolidant ainsi son insertion sociale. Par les produits du travail exercé, le condamné pourra plus effectivement indemniser la victime des sommes que le tribunal lui a allouées [352].

Dans le cadre de l'octroi des mesures d'individualisation de la peine privative de liberté de plus longue durée, le juge de l'application des peines doit attacher la plus grande importance aux réels efforts développés par le condamné pour indemniser la victime, au regard de ses possibilités naturellement (que les versements soient effectués directement auprès des victimes ou du FGTI subrogé la plupart du temps dans leurs droits) : au cas de réductions de peine supplémentaires [353], de semi-liberté, de placement à l'extérieur, de libération conditionnelle [354]. Dorénavant, les juridictions de l'application des peines sont dotées, bien plus que par le passé, de pouvoirs d'information, d'investigation et de protection considérables à l'endroit de la victime [355]. Le souci d'éviter toute victimisation secondaire à ces égards devra les conduire à privilégier les relations avec le

---

351. V. art. 132-40 et s. *C.P.*, spé. art. 132-45-5° et 13° ; art. 739 et s. *C.P.P.*

352. V. art. 132-25 et 132-26 *C.P.* ; 723 et D 49-1 *C.P.P.*

353. V. art. 721-1 *C.P.P.*

354. V. art. 729 et s. *C.P.P.*

355. V. art. 707, 712-1 et s., spé. 712-16, 720 *C.P.P.*

Juge délégué aux victimes [356] et à développer des collaborations étroites avec les Services d'aide aux victimes [357].

Mais s'agit-il encore de modalités conformes aux ambitions de la justice restaurative ? S'il est tout à fait envisageable d'introduire la philosophie restaurative lors de l'exécution des peines privatives de liberté, encore convient-il que tous les personnels y soient associés et spécialement formés, notamment au travers de la mise en place de rencontres détenus-victimes, ou de groupes de paroles destinés à la prise en compte de la figure de la victime et des souffrances consécutives que le crime commis lui a causées [358]. Sinon, l'évolution amorcée en droit positif risque de comporter de réels dangers pour la victime elle-même comme pour le condamné. L'opportunité de maintenir la victime active durant l'exécution des peines est de nature à retarder le travail de deuil lui permettant, inévitablement, de passer de la détresse à l'adaptation. La nomination par la loi, au moment du jugement définitif, du coupable et de la victime, doit pour autant bien être considérée comme fondatrice de la restauration de la victime et de ses proches. Or il semblerait que ce sont précisément les victimes qui n'ont pas pu, pour diverses raisons, bénéficier d'un accompagnement psychologique et social – précoce, global et évolutif – qui « s'accrochent » à la peine et revendiquent, pour « leur » infracteur condamné, des conditions d'exécution à la hauteur de leurs souffrances exacerbées. Le souci légitime de la victime ne devrait pour autant pas conduire à privilégier le droit à l'information au détriment du droit à l'oubli [359].

---

356. V. art. D. 479-1 et s. (D. 13 nov. 2007) ; sur ce juge aux pouvoirs controversés, V. not. A. GIUDICELLI, Le Judevi ou l'oubli de la symbolique de l'impartialité (Cass. 20 juin 2008, Avis 00800005P), *In R.S.C.*, 2008-3, pp. 633-635 ; S. BOUZIGUES, Le juge délégué aux victimes : outil de communication ou amélioration du soutien des victimes ?, *In AJpénal*, 2008-9, pp. 361-362.

357. V. en ce sens art. D 49-64 et s., spé. D 49-66.

358. B. TOEWS, *The little book of Restorative justice for people in prison : rebuilding the web of relationships*, Good Books Ed., 2006, p. 71 et s.

359. V. art. 712-16, 720 al. 4, D 49-72 *C.P.P.* ; Comp. Art. 4 Décision-cadre du 4 mars 2001, *Infra*, Annexe n° 7 ; V. not. R. CARIO, La place de la

En résumé, la richesse du dispositif pénal à la disposition des magistrats est indiscutable. Malheureusement, l'application de telles mesures à caractère restauratif est encore beaucoup trop confidentielle parmi les réponses effectivement prononcées par les tribunaux répressifs. Cependant, par une meilleure considération de la victime et, à travers elle, de la société tout entière, le sens de la sanction serait mieux compris. Dès lors qu'elle permet d'apaiser l'émotion suscitée par le crime, la sanction rend possible la réconciliation, sinon individuelle avec le condamné, du moins collective avec le système de justice pénale.

Pour autant, en l'état actuel des textes et des pratiques, il est difficile d'accorder à ces modalités une dimension authentiquement restaurative, pour au moins deux séries de raisons. La première provient de leur caractère contraignant, la volonté des parties ne pouvant s'exprimer que de manière aléatoire – voire arbitraire – et souvent unilatérale. La seconde est plus critique encore dans la mesure où de telles modalités ne permettent en rien une rencontre, directe ou indirecte, entre l'infracteur, la victime et/ou ses proches. Pour tendre vers les objectifs de la Justice restaurative, de manière encore très imparfaite, ces réponses apparaissent ainsi bien éloignées des principes et pratiques prônées par la Justice restaurative.

Pour heureuse que soit néanmoins l'évolution qui se profile dans notre système de justice pénale vers une Justice restaurative soucieuse de traiter en toute humanité et équité les conséquences du crime, le passage à l'acte indique néanmoins, par évidence, l'échec social à prévenir les transgressions. Il ne

---

victime dans l'exécution des peines, *In Rec. Dalloz*, Chron., 2003, pp. 145-151 et réf. citées ; J.Y. CHEVALLIER, La victime et la peine : le point de vue du juriste, *In R.P.D.P.*, 2004-4, pp. 815-820 ; R. CARIO, Qui a peur des victimes ?, *In A.J. Pénal*, 2004-12, pp. 434-437 ; D. SALAS, La volonté de punir, *op. cit.*, p. 180 et s. ; Comp. A. GAUDREAULT, *Le parcours des victimes dans le système correctionnel canadien*, Ministère du Solliciteur général du Canada, 2003, multigraph., 36p. ; *Pour un plus grand respect des victimes dans la Loi sur le système correctionnel et la mise en liberté sous condition*, pub. Bureau de l'Ombudsman fédéral des victimes d'actes criminels, Ottawa, 2010, multigraph., 34 p.

fait aucun doute que l'accent doit être encore mis aujourd'hui, avec d'autant plus de convictions et d'applications que la répression échoue précisément, sur la prévention, notamment précoce, des comportements criminels et des victimisations, fonction première des sciences criminelles [360].

C – Sur le chemin de la Justice restaurative ?

Beaucoup d'auteurs et davantage encore de praticiens sont aujourd'hui convaincus que la médiation pénale constitue bien une mesure de Justice restaurative, transposition réussie dans notre système du modèle de *Victim/offender mediation*. Par l'indiscutable humanité qu'elle introduit dans la réaction pénale au crime, elle semble en effet apporter une réponse satisfaisante à l'infracteur, à la victime, à leurs communautés d'appartenance et, par contagion, à l'ensemble des membres de la communauté. Peu d'auteurs ou de praticiens aperçoivent, par contre, la possible évolution de la médiation pénale à tous les stades de la procédure. Plus rares encore sont ceux qui envisagent l'aménagement de réponses aujourd'hui disponibles, voire l'introduction de mesures nouvelles à forte connotation restaurative.

Pourtant, en l'état actuel de notre législation pénale, seulement trois obstacles principaux restent encore à lever, dans le cadre d'une révolution tout à fait tranquille. Il importe, tout d'abord, de dépénaliser massivement les actes constitutifs de déviance (abusivement pénalisée à ce jour) ou d'incivilité comme on voudra, source principale des dysfonctionnements de notre Système de justice pénale. Il convient, ensuite, de favoriser l'intégration des mesures de Justice restaurative à tous les stades de la procédure pénale. Il importe enfin de s'assurer que la globalité des besoins des protagonistes, infracteurs et victimes, est bien prise en compte dans le cadre d'un procès pénal équitable.

---

360. V. not. R. Cario, La prévention précoce des comportements criminels. Stigmatisation ou bientraitance sociale ?, *op. cit.*, p. 45 et s.

1. Nécessité d'une redistribution des contentieux « pénaux »

Il est bon de rappeler en ce sens que la confusion, très certainement évitable, entre atteintes aux valeurs essentielles et manquements à la discipline sociale, tous pénalisés aujourd'hui, conduit à un dysfonctionnement profond de notre système de justice pénale. L'engorgement des contentieux, artificiellement suralimentés, oblige à régler toujours plus vite et toujours davantage d'affaires « pénales », afin de lutter contre l'effet désastreux des classements sans suite comme des procédures qui semblent ne jamais pouvoir finir [361].

La prolifération du concept d'« incivilités », cultivé à l'envie par les sociologues de la déviance – dont l'absence de discours critique étonne quant aux valeurs remises en cause par leur objet d'étude – a fait le lit de l'« insécurité », assimilée aujourd'hui bien abusivement à la peur du crime. Il est grand temps de ne plus démagogiquement confondre les expériences réelles de victimisations graves avec les sentiments d'inquiétude liés à un mal-être existentiel d'origines sociales, économiques ou culturelles variées. Dans la plupart de nos pays continentaux, les violences graves contre les personnes, les biens ou l'autorité ne représentent qu'environ 10% des condamnations prononcées chaque année par les juridictions répressives. Il devient donc urgent de décriminaliser massivement les actes de petite délinquance, caractéristiques de manquements à la simple discipline sociale [362]. La croyance déraisonnable dans les vertus intimidatrices de la norme pénale n'a plus aucun sens aujourd'hui, sauf à se complaire dans une République pénalisée [363]. Renvoyer au contentieux civil ou administratif, notamment, la régulation de ces dérèglements mineurs – pour autant agaçants

361. Pour mémoire, en 2007, la durée moyenne d'une affaire correctionnelle a été de 11,3 mois à plus de 2 ans (26,3 mois) lorsque la Cour d'Appel a été saisie. Devant la Cour d'Assises, la durée moyenne approchait les 3 années (34,6 mois) pour dépasser les 4 années (53 mois) au cas d'appel ; V. *Les chiffres clefs de la justice, 2007*, justice.gouv.fr.

362. Sur les critères d'une telle décriminalisation, V. R. CARIO, Introduction aux sciences criminelles, *op. cit.*, p. 188 et s.

363. V. A. GARAPON, D. SALAS, La République pénalisée, *op. cit.*, 144 p. ; R. CARIO, Victimologie, *op. cit.*, p. 22 et s.

et déstabilisants – du lien social devient d'une criante nécessité, d'autant plus que de tels contentieux apparaissent, selon l'heureuse expression du Doyen CARBONNIER, d'un « rendement social » bien meilleur. Et il ne s'agit là que d'un juste retour de la gestion de comportements divers et variés, certes posant problème au groupe social et/ou aux citoyens, à leur contentieux d'origine, que le populisme pénal dominateur et dévastateur leur a confisquée avec une insolente démagogie.

Et quoi que l'on en pense, il est tout à fait possible de distinguer les atteintes aux valeurs sociales essentielles des simples manquements à la discipline sociale. Il peut être fait référence, en ce sens, aux propositions de Mireille DELMAS-MARTY, établies comme critères de la (dé)pénalisation. Tout acte ayant vocation à devenir, ou à demeurer, infraction devrait être lu, ou relu, au travers d'une « grille de décision » structurée autour des deux principes de justice et d'utilité, assortis eux-mêmes et respectivement des indicateurs de proportionnalité d'une part, d'effectivité et d'efficacité, de l'autre [364].

Le principe de justice, principalement, pourrait être opérationnalisé par la mise en œuvre de l'indicateur de proportionnalité. Chaque fois qu'un comportement, individuel ou collectif, pose problème au groupe social, une triple série d'interrogations doit être résolue pour déterminer la nécessité d'une pénalisation. Quelle est, tout d'abord, la valeur en cause ? Selon qu'il s'agira d'une valeur protégée par la Constitution ou un texte international, d'une valeur protégée par la loi (au sens large) ou d'une valeur ordinaire, il y aura lieu, ou non, d'incriminer pénalement le comportement subséquent.

Quels sont, ensuite, les caractères de la faute à considérer ? Selon qu'il s'agira d'une faute intentionnelle, d'une imprudence ou d'une simple faute matérielle d'inobservation des règlements, il y aura lieu, ou non, de rechercher la responsabilité *pénale* de son auteur.

---

364. V. M. DELMAS-MARTY, Pour des principes directeurs de législation pénale, *In Rev. Sc. Crim.*, 1985/2, p. 225 et s. ; V. R. CARIO, Introduction aux sciences criminelles, *op. cit.*, p. 185 et s.

De quelle nature et ampleur, enfin, est le dommage social susceptible d'être causé ? Selon qu'il s'agira d'une atteinte effective à la valeur à protéger, d'une mise en danger sérieuse ou d'une simple menace, il y aura lieu, ou non, à sanction pénale.

Si la confrontation au principe de justice ne permet pas d'affirmer nettement qu'il s'agit d'un comportement volontaire portant gravement atteinte à une valeur considérée comme essentielle, le principe d'utilité pourra intervenir à titre subsidiaire. La question à résoudre est alors de savoir si l'incrimination envisagée promet de devenir effective et efficace.

L'effectivité supposée de l'incrimination du comportement litigieux passe par la capacité du système de justice pénale à absorber les conséquences s'y rattachant : en personnels et matériels [365]. L'efficacité de l'incrimination se mesure, quant à elle, au regard : 1°) de son instrumentalité (à éliminer, intimider, resocialiser ou réparer) ; 2°) de ses vertus symboliques (à apaiser socialement) et 3°) pédagogiques (à obtenir des citoyens le respect de la valeurs en cause et des réponses à sa transgression).

En procédant à une telle évaluation, de manière cumulative ou complémentaire, le comportement problématique est susceptible d'être caractérisé comme de nature à troubler effectivement l'harmonie sociale ou comme l'expression d'un simple manquement à la discipline sociale. Dans le premier cas, l'intervention pénale doit s'imposer ; dans le second, elle doit être repoussée au profit d'autres modes, moins contraignants, de régulation des conflits. Une telle démarche rationnelle, soucieuse de tous les protagonistes au conflit (transgresseur, victime, société), semble, par ailleurs, pouvoir s'harmoniser

---

365. Sur l'effectivité, en général, des décisions de justice, V. Travaux de l'Association Henri Capitant, Tome XXXVII/1985, Ed. Economica, et not. pour ce qui touche au Droit pénal, la contribution de M. PUECH, p. 85 et s. ; M. ROBERT, La justice pénale et le contentieux de masse, *In* Délinquances quotidiennes, *Les Cahiers de la sécurité intérieure,* 1996-23, pp. 68-85 ; Inspection générale des services judiciaires, *L'effectivité de l'exécution des sanctions pénales*, multigraph., justice.gouv.fr.

avec le critère de la positivité du crime, objet de la criminologie. En ce sens, pour qu'un fait soit qualifié crime, il doit répondre à trois conditions : une condition historique (avoir été incriminé tout au long de l'histoire) ; une condition psycho-sociologique (être considéré comme attentatoire aux valeurs du groupe concerné par la majorité de ses membres) ; une condition clinique (être vécu comme tel par son auteur) [366].

Qu'une telle posture de politique criminelle responsable intervienne ou non [367] – la force commune de la « réalité » dominant sans doute pour longtemps encore celle du « plaisir » raisonné – il importe de modifier dès maintenant les modalités actuelles de mise en œuvre des mesures identifiées précédemment comme proche de la philosophie restaurative.

2. Nécessité d'une évolution des réponses « restauratives »

L'examen attentif de la mise en œuvre en droit positif des mesures proches de la philosophie de la Justice restaurative conduit à un constat assez consternant : la privation de liberté et l'amende dominent. Les « alternatives » à la privation de liberté ne représentent qu'environ 10 % seulement des sanctions prononcées actuellement par les juridictions répressives, alors qu'elles correspondent bien à la morphologie de délinquance massivement banale que connaît notre pays. Pour l'ensemble des décisions rendues, le souci de la victime est difficile à évaluer d'un point de vue statistique car aucun item n'est prévu à cet effet. Mais les pratiques confirment bien que c'est surtout dans l'intérêt de l'infracteur que ces mesures sont généralement prononcées.

---

366. V. en ce sens, J. PINATEL, Criminologie et Science pénitentiaire, *op. cit.*, polycop., 1988, p. 11.

367. V. not. J. CARBONNIER, Droit et passion du droit sous la Vè République, *op. cit.*, p. 137, rappelant l'article 1er du projet de Code pénal de 1983 selon lequel « Les crimes et les délits sont les atteintes aux valeurs que la société tient pour essentielles [...], les contraventions sont les atteintes à la discipline de la vie en société ».

a) La médiation pénale, par son installation au niveau du parquet, est davantage opérationnalisée, à notre époque de tolérance zéro et de justice en temps réel, comme un ajout punitif plutôt que comme une évolution affirmée vers une justice véritablement restaurative. Les pratiques de médiation pénale indiquent encore que les contentieux traités par le biais de la médiation pénale sont massivement de faible gravité, délits graves et crimes au sens strict ne semblant guère concernés. Dans le même esprit, le déroulement et les conséquences de la médiation pénale ne satisfont pas toujours les exigences d'accompagnement que requiert l'état des victimes de crime, au sens large. La pratique de la médiation en matière de violences conjugales est très discutée. Les résultats disponibles indiquent cependant que lorsqu'elles se déroulent selon les conditions précitées, en présence d'un médiateur professionnel particulièrement formé, elles permettent de réguler le conflit entre conjoints, aussi bien dans la perspective de continuation de la vie commune que dans celle d'une séparation [368]. D'où l'importance de considérer et respecter la parole authentique des intéressés et de ne pas décider à leur place, sinon par une évaluation professionnelle au cas par cas [369]. Une telle confiscation de la parole de l'infracteur, ou de la victime, serait définitivement contraire à toute stratégie d'*empowerment* et contre productive de toute intervention à leurs côtés.

Au regard de notre droit positif et *a minima* (dans l'attente d'une dépénalisation raisonnable), il convient d'interdire au parquet d'engager des poursuites, pour les mêmes faits, en cas d'échec de la médiation lorsque celle-ci a manifestement

---

368. V. not. P. MBANZOULOU, N. TERCQ, *La médiation familiale pénale*, Ed. L'Harmattan, Coll. Controverses, 2004, 112 p. ; V. *contra* C. LE MAGUERESSE, La médiation pénale, une négation du droit des victimes de violences physiques ou sexuelles de recourir à la justice, avft.org.

369. A ce point de vue, la Proposition de Loi n° 428 « renforçant la protection des victimes et la prévention et la répression des violences faites aux femmes », votée à l'unanimité à l'Assemblée nationale le 25 février 2010, confine à la caricature. Elle prévoit la suppression de la procédure de médiation pénale dans les affaires de violences conjugales, la victime étant « présumée » ne pas y consentir.

« mordu » sur les classements sans suite (contentieux caractéristique de petite délinquance, d'« incivilités » comme, par exemple, de simples conflits de voisinage, de dégradations mineures du milieu de vie, d'appropriations banales) [370]. Le sens profond de la médiation pénale est en effet de mettre un terme à l'action publique, à ce premier niveau de mise en œuvre.

Dans tous les autres cas soumis à médiation pénale qui manifestement « mordent » sur les poursuites pénales (infractions commises avec violence ou ruse), le parquet conservera l'opportunité de poursuivre lorsque la médiation pénale n'aura pas abouti, quelles qu'en soient les raisons. Si la plupart des infractions de gravité relative semblent pouvoir faire l'objet d'une médiation pénale, il convient d'être très prudent à l'égard des conflits d'ordre conjugal. De nombreux auteurs sont réticents à l'idée même d'une telle « négociation » entre conjoints, car l'observation du cycle communément admis de la violence les amène à penser que l'infracteur (très massivement de genre masculin) vivra une telle régulation au mieux comme une « lune de miel », au pire comme une provocation, l'une comme l'autre réactivant à plus ou moins court terme la violence initiale. Une telle opposition à la médiation pénale mérite cependant d'être réfléchie car la force symbolique supposée du procès pénal ne permet pas souvent, en réalité, de dénouer l'ambivalence entre le désir de voir le conjoint-agresseur puni et l'espoir de voir renaître un amour partagé, dilemme qui rend toujours douloureux et difficile le dépôt de plainte formel. Dans le même ordre d'idées, les violences conjugales reposent souvent (sans pour autant les justifier) sur des dysfonctionnements relationnels au sein du couple lui-même qui justifient des réponses bien plus systémiques.

Forts de ces constats, quelques services d'aide aux victimes développent, apparemment avec succès, des médiations pénales dans un tel contexte, dans le but de mieux gérer soit la sépa-

370. Enfin décriminalisés, de tels actes entreraient bien plus heureusement dans le champ de la médiation sociale, dans le cadre de contentieux civil ou administratif, dans le respect des droits des parties.

ration soit la continuation du couple concerné, avec le souci majeur de l'intérêt des éventuels enfants. A défaut d'évaluation scientifique pertinente – certes délicate en ce domaine – il apparaît essentiel de respecter deux conditions pour que la médiation pénale offre toutes ses potentialités restauratives. La première doit apporter la certitude que les violences incriminées, de qualification délictuelle, sont récentes et révélées pour la première fois par la victime à l'autorité judiciaire elle-même. La seconde, tout aussi impérative, exige que soient parallèlement mis en place un accompagnement psychologique individualisé au bénéfice de la victime (voire social si l'urgence le justifie) et, chaque fois que la situation le requiert, une thérapie au bénéfice du conjoint violent lui-même [371].

Au regard des potentialités restauratives de la médiation pénale, il conviendrait encore d'étendre son application volontaire et partagée aux affaires pénales plus graves faisant l'objet de poursuites, au niveau de l'instruction, dans le cadre d'un contrôle judiciaire socio-éducatif ou bien plus pertinemment comme mesure autonome, parallèlement à une détention provi-

---

371. V. not. P. MBANZOULOU, N. TERCQ, La médiation familiale pénale, *op. cit.*, p. 57 et s. ; J. FAGET, Médiation et violences conjugales, *In Champ pénal* [on line], http://champpenal.revues.org, Vol. 1, 2004 ; V. Circ. 16 mars 2004 soulignant la nature des contentieux pouvant faire l'objet d'une médiation pénale, not. les infractions commises à l'occasion d'une relation de proximité ; V. D.G. DUTTON, *La violence dans le couple*, Bayard Editions, Coll. Psychologie, 1996, 233 p. ; C. CHAMBERLAND, *Violence parentale et violence conjugale. Des réalités plurielles, multidimensionnelles et interreliées*, Presses de l'Université du Québec, Coll. Problèmes sociaux et interventions sociales, 2003, 396 p. ; V. art. 41-1-6° introduits par L. 24 avril 2006 (prise en charge sanitaire, sociale ou psychologique des conjoints ou ex-conjoints violents, comme alternative aux poursuites), 41-2-13° (dans le cadre d'une composition pénale), 138-17° (dans le cadre d'un contrôle judiciaire), 132-45-19° (comme épreuve d'un sursis) ; V. sur les trop exceptionnelles structures de soins apportés aux conjoints violents, Le Home des Rosati, *In La Voix du Nord*, 13 déc. 2008, 1er oct. 2009, lavoixdunord.fr ; M. BOETON, A Douai, un centre accueille les conjoints violents, la-croix.com ; A. CHEMIN, Conjoints violents : la France séduite par le modèle espagnol, *In Le Monde*, 19 nov. 2009 ; Comp. Association pour la recherche et le traitement des auteurs d'agressions sexuelles, artaas.org ; Association des ressources intervenant auprès des hommes violents, eurowrc.org.

soire ou non [372]. La verbalisation des affects est un puissant vecteur de responsabilisation de l'infracteur, tout comme elle est le point de départ de la restauration de la victime. Qu'elle soit directe ou indirecte, une telle médiation est précieuse car elle permet de nommer, de décrire et de tenter de comprendre ce qui s'est passé (*naming*), de marquer la réprobation à l'égard des actes posés et de responsabiliser les protagonistes (*blaming*), d'envisager de manière négociée la réparation de leurs conséquences (*claiming*). Il appartiendra au juge d'en prendre acte pour, le cas échéant, adapter la sentence qu'il estimera devoir prononcer.

Dans le même ordre d'idées, la médiation pénale devrait être envisageable lors de la phase de jugement, comme mesure préalable au prononcé de la peine. A la manière d'une probation, l'infracteur pourrait se voir offrir de participer à une médiation, directe ou indirecte, avec « sa » ou des victime(s). Non seulement la médiation rendra possible l'apaisement des souffrances, mais elle sera susceptible d'influer, ici encore, selon les termes et les résultats de la négociation, sur la sanction finalement retenue. Un tel dispositif serait d'autant plus bienvenu que 90% des affaires sont aujourd'hui jugées en comparution immédiate, hors la présence de la victime dans un nombre conséquent de cas.

La réparation pénale prévue à l'article 12-1 de l'Ordonnance du 2 février 1945 offre également au procureur de la République, à la juridiction chargée de l'instruction de l'affaire ou à la juridiction de jugement la faculté de proposer au mineur une mesure ou une activité d'aide ou de réparation à l'égard de la victime ou dans l'intérêt de la collectivité. Lorsque la réparation est directe, elle est soumise à l'accord de la victime. Elle suppose également que les observations du mineur comme

---

372. V. not. T. PETERS, Victimisation, médiation et pratiques orientées vers la réparation, *In* CARIO R., SALAS D. (Dir.), Œuvre de justice et victimes, *op. cit.*, p. 242 et s. ; I. AERTSEN, Victim-offender mediation with serious offences, *In Crime policy in Europe. Good practices and promising sample*, Ed. Conseil de l'Europe, 2005, pp. 75-86 ; V. également P. MILBURN, La médiation pénale en France : quelle place pour les victimes ?, *In Les cahiers de la Justice, revue semestrielle de l'ENM*, 2006-1, pp. 113-126.

celles des personnes titulaires de l'exercice de l'autorité parentale soient préalablement recueillies par la juridiction de jugement. Dans les autres cas de recours à la mesure de réparation, avant toutes poursuites ou durant l'instruction, l'accord du mineur et des titulaires de l'autorité parentale est indispensable. Si l'on peut souscrire au souci louable de répondre dans les meilleurs délais à l'acte posé par le jeune délinquant, on doit demeurer très réservé, pour des raisons précédemment invoquées, quant à l'opportunité de cette mesure au niveau du parquet (présomption d'innocence, suggestibilité du mineur), voire même de l'instruction (en l'état actuel de répartition et de spécialisation des magistrats concernés). De telles réserves tomberaient naturellement si la mesure de réparation préalable à une décision au fond était systématiquement renvoyée et traitée par le juge des enfants, avec bien sûr la collaboration institutionnelle, d'une part, des Services de la Protection judiciaire de la jeunesse au bénéfice de l'infracteur mineur et la collaboration conventionnelle, d'autre part, des Services d'aide aux victimes au bénéfice des victimes, mineures ou majeures.

b) Dans ce même esprit, il conviendrait d'envisager l'introduction dans notre droit positif pénal, à tous les stades de la procédure, des **Conférences du groupe familial**, chaque fois que l'auteur de l'infraction était mineur au moment des faits (quel que soit l'âge de la victime par ailleurs). Il est en effet regrettable qu'aujourd'hui encore la reconnaissance de la victime et/ou de ses proches par les juridictions pénales de la jeunesse soit si lacunaire. Au-delà de l'évocation de la figure de la victime par les professionnels de la justice, il apparaît pourtant essentiel que, dans les cas considérés comme éligibles par l'animateur, les parties qui le souhaitent puissent se rencontrer, dans un cadre sécurisé, en présence des représentants légaux et des travailleurs sociaux accompagnant le mineur le cas échéant. La dimension fortement socio-éducative qui anime encore la belle Ordonnance de 1945 devrait constituer un encouragement plutôt qu'un frein à une telle globalisation de la réponse au crime juvénile[373]. Il doit pouvoir en aller de même lorsque l'infracteur est majeur. Rien n'exclut par ailleurs que ces conférences restauratives interviennent, comme c'est le cas dans quelques pays, après condamnation.

c) Il est encore possible d'imaginer la mise en place assez systématique des **rencontres entre infracteurs** (en attente de jugement définitif ou après condamnation) **et victimes** qui le souhaitent. Si de telles rencontres doivent être privilégiées avant le prononcé même de la sanction comme précisé précédemment, il est clair qu'à l'heure du temps réel et du marchandage pénal les protagonistes d'un crime n'ont guère le choix de se revoir qu'à l'issue de la procédure. Néanmoins, au-delà de la violation d'une norme, ce sont aussi des relations intersubjectives qui ont été violées par le crime et leur restauration demeure capitale, y compris après un jugement classique n'ayant eu cure du temps de la victime. Les rencontres peuvent avoir lieu entre les personnes directement concernées par le crime (infracteur et victime), en face à face ou de manière indirecte, toujours en présence d'un médiateur / animateur. Les rencontres peuvent aussi être anonymes : sont ainsi réunis des infracteurs, auteurs d'un crime identique, et des victimes de ce type de crime, mais sans aucun lien entre eux. De telles rencontres restauratives élargies (RDV de groupes) apparaissent encore utiles au cas de classement sans suite, de non lieu, de relaxe, voire même lorsque l'un des protagonistes refuse une rencontre restaurative individualisée (RDV en face à face,

---

373. Sur ces aspects, V. not. J.P. Rosenczveig, *Le dispositif français de protection de l'enfance,* Ed. Jeunesse et droit, éd. 2005, 1483 p. ; F. Bailleau, *Les jeunes face à la justice pénale. Analyse critique de l'application de l'Ordonnance de 1945*, Ed. Syros, coll. Alternatives, 1996, 237 p. ; C. Blatier, *La délinquance des mineurs. L'enfant, le psychologue, le droit*, P.U. Grenoble, Coll. Vies sociales, 2è éd. 2002, 290 p. ; R. Cario, Jeunes délinquants. A la recherche de la socialisation perdue, *op. cit.*, p. 81 et s. ; P. Bonfils, A. Gouttenoire, *Droit des mineurs*, Ed. Dalloz, Précis, 2008, 1121 p.

notamment en cas de crime grave et sérieux), plus exceptionnellement de prescription [374].

d) Les **cercles de soutien et de responsabilité** (CSR) pourraient être avantageusement mis en place afin d'accompagner la resocialisation des libérés à fort risque de récidive, excessivement isolés socialement lors de leur sortie de prison ou évoluant dans un environnement peu propice aux activités prosociales. L'investissement à leurs côtés de bénévoles de la communauté, spécialement formés et encadrés par des professionnels, apparaît effectivement, selon les évaluations scientifiques disponibles, comme un gage sérieux de réintégration sociale. Il importerait sans doute d'avoir un plus grand souci d'intégration des victimes et/ou de leurs proches ainsi que des services d'aide et d'accompagnement qui leur sont dédiés.

e) Il est bien évidemment envisageable que des **groupes de parole** puissent être organisés séparément pour permettre une sensibilisation réciproque aux conséquences et préoccupations propres à chacun des protagonistes du crime en général. Mais il s'agit là d'une mission incombant aux services associatifs compétents pour les mettre en œuvre, dans l'envers comme dans l'endroit du crime le cas échéant. Ces groupes de parole ne sauraient être considérées comme ayant une vocation thérapeutique en dehors de dispositifs très spécialisés et mis en œuvre par des professionnels confirmés [375].

---

374. V. *Supra*, Chap. 3 ; V. R. CARIO, La prescription de l'action publique, *In Rec. Dalloz*, 2007, Etudes et commentaires, pp. 1798-1799 ; J. DANET, La justice et le temps, *In Hommes et libertés*, 2010-149, pp. 48-50.

375. Il importe également de souligner l'importance de la mise en place de groupes de parole au bénéfice des intervenants judiciaires : pour quelques uns, victimes physiques ou psychiques du crime ; pour beaucoup d'autres, exposés à répétition aux situations criminelles, sources de fatigabilité émotionnelle (*burn out*) ; pour tous, confrontés en permanence à la souffrance, aux émotions des personnes qu'ils prennent en charge, lesquelles bousculent inévitablement leur propre humanité.

En résumé, l'intégration en France des mesures de Justice restaurative passe par la mise en place d'un dispositif législatif qui, pour être innovant, n'est en rien révolutionnaire. Il n'est pas vain de rappeler ici la définition opérationnelle de la Justice restaurative, pour lever toute ambiguïté : s'inscrivant dans un processus dynamique, elle requiert la participation volontaire de tou(te)s celles et ceux qui s'estiment concerné(e)s par le conflit de nature criminelle, afin de négocier, ensemble, par une participation active, en la présence et sous le contrôle d'un « tiers justice » et avec l'accompagnement éventuel d'un « tiers psychologique et/ou social », les solutions les meilleures pour chacun, de nature à conduire, par la responsabilisation des acteurs, à la réparation de tous afin de restaurer, plus globalement, l'Harmonie sociale.

L'adoption d'un texte d'orientation générale apparaît indispensable pour en fixer les modalités d'installation et d'appropriation. A l'instar du législateur belge, il prévoirait que « *La possibilité de recourir à une mesure de justice restaurative est offerte aux personnes ayant un intérêt direct dans le cadre d'une procédure judiciaire, conformément aux dispositions légales y afférentes. Le Ministère public, le juge d'instruction, les juridictions d'instruction, les juridictions de jugement, les juridictions d'application des peines veillent à ce que les parties soient informées de la possibilité de demander une mesure de justice restaurative. Pour autant qu'ils l'estiment opportun dans des dossiers concrets, ils peuvent eux-mêmes proposer une mesure de justice restaurative aux parties* ». Se trouve ainsi posée la possibilité de recourir à la médiation pénale, aux conférences et rencontres restauratives à tous les stades de la procédure, y compris dans le post-sentenciel.

A cet effet, il conviendra de bien définir la démarche à suivre pour que chacun puisse manifester sa volonté de participer au processus restauratif. Les Services d'aide aux victimes, tout comme le Bureau des victimes (BDV) et le Judevi en poste au sein des tribunaux de grande instance semblent les mieux placés pour informer de l'existence, des caractéristiques des mesures de Justice restaurative et recueillir les demandes des victimes et/ou de leurs proches. Concernant les infracteurs, les Services de contrôle judiciaire ainsi que les magistrats du parquet, du siège, de l'application des peines et les professionnels des SPIP y pourvoiront.

Ce sont à des conclusions voisines que le groupe de travail installé par le Conseil national de l'aide aux victimes (CNAV) en 2006 est arrivé, autour de onze propositions principales. La 1ère proposition vise à promouvoir les différentes mesures de Justice restaurative au sein de la procédure pénale française en développant ou intégrant les mesures suivantes : médiation pénale, réparation pénale à l'égard des mineurs, conférences restauratives, rencontres restauratives. Un texte général pourrait consacrer dans le Code pénal le recours à ces mesures de Justice restaurative, à l'initiative des magistrats concernés ou sur demande des parties. Un texte de même nature pourrait rappeler ce possible recours lors de la présentation générale des différentes phases du procès pénal (proposition n° 2). Il conviendra alors d'intégrer la Justice restaurative à tous les stades de la procédure pour répondre aux attentes de tous ceux que concerne la survenance de l'infraction : victime, auteur, proches et société dans son ensemble (proposition n° 3). Le souci de reconnaître effectivement la victime passe d'une part, par la généralisation et transmission effectives de la « cote victime » contenant toutes les pièces utiles relatives à la victime et à ses proches, à tous les stades de la procédure pénale (proposition n° 4) et, d'autre part, par la systématisation du recours aux « enquêtes victimes » [376] destinées à évaluer la situation de la victime de l'infraction et de ses proches aux stades de l'enquête, de l'information et, le cas échéant, de l'exécution des peines (proposition n° 5). Comme souligné lors des évaluations précitées, le rôle des professionnels est essentiel au bon épanouissement des mesures de Justice restaurative. Ainsi, il importe de mettre l'accent sur la dimension restaurative dans les

376. V. actuel art. 81-1 *C.P.P.* : « Le juge d'instruction peut, d'office, sur réquisition du parquet ou à la demande de la partie civile, procéder, conformément à la loi, à tout acte lui permettant d'apprécier la nature et l'importance des préjudices subis par la victime ou de recueillir des renseignements sur la personnalité de celle-ci » ; une telle enquête devrait être étendue à « la situation de la victime » en général et prévue à tous les stades de la procédure ; V. en ce qui concerne les juridictions de l'application des peines, art. 712-16 *C.P.P.* ; com. art. 41 al. 6 *C.P.P.*

conventions liant la Justice à ses partenaires, notamment les associations fédérées par les réseaux INAVEM et « Citoyens et Justice » (proposition n° 6). En effet, clé de la réussite de l'intégration des mesures de Justice restaurative, une formation adéquate doit être mise en place, dans la continuité et la complémentarité de celles offertes par les réseaux associatifs habilités justice. Elle doit conduire, d'une part, à la création d'un authentique métier de médiateur au travers d'un référentiel emploi adapté et s'appuyer, d'autre part, sur les compétences développées par les réseaux associatifs habilités justice pour diffuser une véritable culture restaurative dans le système judiciaire français (proposition n° 7). Le groupe de travail n'a pas manqué de rappeler que l'évaluation systématique des mesures de Justice restaurative est déterminante tant pour apprécier les modalités de leur mise en œuvre que leur effectivité en termes de plus-value sociale et de prévention. Parallèlement, il apparaît utile que les bonnes pratiques soient effectivement disséminées sur l'ensemble du territoire national (proposition n° 8). Avec le souci d'accompagner le mieux possible la victime tout au long du parcours judiciaire, deux propositions particulières ont encore été formulées : instauration d'un « rendez-vous restauratif » à l'issue du jugement définitif, destiné à rendre compréhensible la décision prise, rappeler les droits corrélatifs de la victime et présenter les modalités d'exécution de la peine prononcée à l'encontre de l'infracteur (proposition n° 10) ; création d'un poste de « Juge spécialisé » dans l'application des mesures de Justice restaurative près le Tribunal de Grande Instance (proposition n° 11). Mesurant l'ampleur des évolutions à accomplir, en termes normatifs mais surtout au regard de l'évolution des mentalités (des protagonistes comme des professionnels), il a été proposé, dans un premier temps, de cibler sur certaines infractions l'expérimentation de nouvelles mesures de Justice restaurative au sein du système judiciaire français, telles que les conférences ou les rencontres restauratives [377].

---

377. V. *Infra*, Annexe n° 11.

La politique criminelle actuelle semble peu soucieuse d'insuffler une dimension restaurative à la réaction socio-pénale au crime. Les politiques sécuritaires d'exclusion, sur fond d'instrumentalisation des souffrances vécues par les victimes, dominent, chaque jour davantage, la lutte contre le phénomène criminel. Il demeure que des expérimentations à visée restaurative, plus ou moins officielles, se mettent en place dans notre pays. Souvent laissées à l'initiative de mouvements ou de personnes spécialement investies dans la recherche d'une Œuvre de justice soucieuse de rendre le droit et de promouvoir l'équité, des médiations élargies sont parfois mises en place, en matière familiale ou encore à l'occasion de contentieux liés à la protection de l'environnement [378]. Dans le même sens, des médiations sentencielles ou post-sentencielles sont expérimentées dans le cadre d'un programme européen Agis, financé par l'Union européenne, par quelques associations de contrôle judiciaire membres du réseau « Citoyens et Justice », sous l'égide du Forum européen de justice restaurative. Plus récemment, un partenariat remarquable entre l'INAVEM, le Service pénitentiaire d'insertion et de probation (SPIP) des Yvelines et la Maison Centrale de Poissy, a permis le démarrage d'une Session expérimentale de Rencontre détenus-victimes (RDV). D'autres services d'aide aux victimes, certes de manière encore timide, se rapprochent de SPIP (à Pau notamment) pour préparer, ensemble, en milieu ouvert, la mise en place de telles rencontres restauratives. Très prochainement, le SPIP des Yvelines va mettre en œuvre des Cercles de soutien et de responsabilité, auprès de condamnés libérés. Moins que la nature de l'infraction, le programme vise davantage « les profils psychologiques marqués soit par une fragilité morale et psychique, soit par un certain isolement ou bien encore par l'immersion dans un milieu néfaste et, bien souvent, un cumul de ces facteurs » [379]. Cependant, une évaluation scientifique de

378. V. not. E. MAUREL, *Environnement et médiation pénale*, Ed. l'Harmattan, Coll. La Justice au quotidien, 2010, p. 45 et s. (Conférence de groupe environnementale) et p. 95 et s. (médiation post-sentencielle).

379. D. DELAMOTTE, Un jour au Service pénitentiaire d'insertion et de probation des Yvelines, *In* acp.org, 2009-167.

ces différentes pratiques apparaît inévitable pour s'assurer de leur conformité avec la philosophie, la déontologie et les méthodes de la Justice restaurative.

3. Nécessité de garantir le respect des droits des victimes

Ce n'est que dans le cadre d'un procès équitable que l'œuvre de justice pourra garantir l'équilibre entre les droits et devoirs des victimes et ceux de l'infracteur. De réelles évolutions normatives et procédurales balisent chaque jour davantage le chemin de la Justice restaurative que nous avons résolument emprunté dans notre pays.

Bien évidemment, le respect des droits des victimes ne saurait, en aucun cas, occulter ceux dont jouissent **les infracteurs**, dorénavant très proches. La mise en œuvre d'une mesure de Justice restaurative, à quelque stade que ce soit du procès pénal, doit être accompagnée, autant que de besoin, de programmes destinés à prendre en compte les émotions susceptibles d'émerger à ces occasions. Les échanges entre participants sont en effet de nature à mettre l'accent sur les répercussions du crime qui, au-delà des dommages visibles et immédiats, deviennent bien plus concrètement perceptibles par les infracteurs. De la même manière, lors des rencontres (sous forme de médiation ou de conférences restauratives), l'infracteur peut être amené à exprimer un passé douloureux (voire même des traumatismes de nature infractionnelle antérieurs jamais révélés ou traités). Le passage à l'acte peut avoir également provoqué chez lui des souffrances que le Système de justice pénale actuel peine à considérer, tant il est crispé sur le passé et la honte de la faute. Le service public de la justice (SPIP, Protection judiciaire de la Jeunesse notamment) et le secteur associatif privé devraient permettre d'y pourvoir dans des conditions *a priori* bien meilleures qu'à l'égard des victimes (pérennité des services, ratios de professionnels par usager notamment).

Il convient également de rappeler tout l'intérêt de la complémentarité entre Justice restaurative et Système de justice pénale. En ce sens, les mesures restauratives proposées peuvent harmonieusement s'appuyer sur les programmes pénitentiaires appropriés (dans le cadre des Projets d'exécution des peines principalement) afin de mieux atteindre les objectifs de l'œuvre de justice en termes de satisfaction des participants, d'exécution des accords et/ou de réduction de la récidive selon les cas. D'autant plus que la justice en temps réel tout comme le populisme pénal ne privilégient guère la reconnaissance des personnes, occultée par la rétribution de l'acte.

Quant à la place de **la communauté** dans l'œuvre de justice elle est assez disparate et semble actuellement *a priori* encore assez éloignée de toute préoccupation restaurative. Certes, un certain nombre de juridictions pénales fonctionnent sous le mode de l'échevinage plus ou moins prononcé : les jurés des cours d'assises pour majeurs ou mineurs (neuf à douze jurés populaires [380]), les deux assesseurs laïcs qui siègent aux côtés du juge des enfants (président) au sein du tribunal pour enfant notamment [381]. Dans le même esprit, la volonté d'une plus grande reconnaissance de la victime a conduit à confirmer la présence d'un responsable d'une association de réinsertion des condamnés et d'un responsable d'une association d'aide aux victimes au sein la Chambre de l'application des peines, compétente pour connaître des appels formés contre les décisions du tribunal de l'application des peines [382]. Sous condition de formation professionnelle adéquate, les membres de la communauté qui le souhaitent peuvent encore, en qualité de bénévoles, devenir médiateur ou animateur au sein des

380. Ils sont tirés au sort parmi les citoyens de plus de 23 ans inscrits sur la liste annuellement constituée à cet effet dans le ressort de la Cour d'assises ; ils doivent savoir lire et écrire en français, jouir de tous leurs droits (politiques, civils et de famille) et ne pas faire l'objet d'incapacité ou d'incompatibilité particulière ; V. art. L 511-2 *C.O.J.*, 254 et s. *C.P.P.*

381. Ils sont choisis au regard de l'intérêt qu'ils portent aux problèmes de la protection de l'enfance. Elus pour quatre ans, ils doivent encore être de nationalité française, âgés d'au moins trente ans ; V. art. L 521-1 et s. *C.O.J.* ; *Juger les jeunes. Le guide de l'assesseur au tribunal pour enfants*, Ed. Jeunesse et droit, 1996, 71 p. ; J.P. ROSENCZVEIG, Le dispositif français de protection judiciaire de la jeunesse, *op. cit*, p. 433 et s.

382. V. art. 712-13 *C.P.P.*

dispositifs mis en œuvre par le secteur associatif privé « habilité justice ».

La communauté peut encore se trouver impliquée par le biais des partenariats établis avec le secteur associatif privé habilité justice ou les associations spécialisées de défense des intérêts des victimes. Pour riche que soit une telle activité en réseau, elle n'est pas réductible à la philosophie restaurative, qui suppose, dans toute la mesure du possible, la rencontre de l'infracteur *et* de la victime pour que, si tous deux le souhaitent, leurs proches et la communauté soient effectivement associés à la recherche des solutions pour sortir apaisés du conflit.

Cependant, conformément à la philosophie de la Justice restaurative, la communauté doit pouvoir jouer un tout autre rôle au sein du Système de justice pénale, sauf peut-être dans les cas de médiation pénale. S'impliquant volontairement dans les mesures de Justice restaurative (conférences, cercles, rencontres détenus-victimes) chaque fois qu'ils s'estiment concernés par le crime, dans son envers comme dans son endroit, les membres de la communauté poursuivent plusieurs ambitions. Ils souhaitent comprendre, tout d'abord, dans une posture d'écoute et de partage, ce qui s'est réellement passé. Ils apportent leur soutien, ensuite, aux protagonistes du crime, autant lors de l'expression de leurs souffrances que dans l'accompagnement de leur réparation. Ils entendent également témoigner auprès du voisinage, des citoyens pus généralement, de la qualité du dispositif restauratif (en termes de sécurité juridique et de sanction de l'acte) et des bienfaits qu'il procure à la plupart des participants (en termes de responsabilisation et d'apaisement). Ils vont par conséquent militer pour la mise en place de programmes divers destinés à éviter que le drame ne se reproduise au sein de leur communauté. La complémentarité avec la prévention sociale, principalement précoce, apparaît en ce sens également très pertinente, afin de réduire les facteurs de risque et favoriser les facteurs de protection, d'ordre personnel ou au sein des principaux lieux de socialisation.

En ce qui concerne plus particulièrement les droits des **victimes**, il serait vain de penser que les mesures de Justice restaurative observées épuisent tous leurs droits, ceux de leurs ayants droit et/ou de leurs proches [383]. De tels droits procèdent de cette réalité que le crime est une expérience que la personne victimisée seule traverse. Par contagion, ses proches sont parfois également fortement touchés. Envahie selon les cas par la peur, la confusion, la détresse, elle est susceptible d'osciller plus ou moins durablement et profondément entre des sentiments de vengeance, de colère, de doute, d'abandon, de honte, de blâme, susceptibles de conduire à la perte de confiance en soi et/ou à la suspicion à l'égard de tous et de tout. Dans les cas les plus graves, le traumatisme de l'événement est revécu sans cesse et peut conduire à des addictions à des produits toxiques divers, à des comportements dépressifs voire suicidaires [384]. Assez souvent, la victime ne peut guère compter très longtemps sur le soutien de ses proches. Submergés eux-mêmes par l'émotion, ils finissent par ne plus comprendre les sentiments variés et contradictoires qui l'animent toujours, par ne plus pouvoir l'entendre ressasser toujours son histoire sans jamais envisager de « passer à autre chose ».

Il demeure que l'expérience de victimisation peut-être intense, profonde et toucher toutes les sphères de la vie privée,

---

383. V. not. J.A. WEMMERS, *Introduction à la victimologie*, PUM, Coll. Paramètres, 2003, p. 173 et s.

384. Sur ces aspects, V. not. J.D. HERMAN, *Trauma and recovery. The aftermath of violence – from domestic abuse to political terror*, BasicBooks, 2nd ed., 1997, 290 p. ; G. LOPEZ, A. SABOURAUD-SEGUIN, L. JEHEL (Dir.), *Psychothérapies des victimes. Traitements, évaluations, accompagnement*, Ed. Dunod, 2è éd., 2006, p. 1 et s. ; P. BRILLON, *Comment aider les victimes souffrant de stress post-traumatique ?*, Les éd. Quebecor, 2003, p. 27 et s. ; V. également les contributions de F. LEBIGOT (Le traumatisme psychique), L. CROCQ, (Dépassement et assomption du trauma), L. BAILLY (Les traumatismes psychiques chez l'enfant), *In* R. CARIO (Dir.), Victimes : du traumatisme à la réparation, *op. cit.*, pp. 13-70 ; C. TARQUINIO, G.N. FISCHER, Les conséquences psychologiques de la violence et la prise en charge thérapeutique, *In* G.N. FISCHER (Dir.), *Psychologie des violences sociales*, Ed. Dunod, 2003, pp. 175-198 ; C. DAMIANI, C. VAILLANT, *Etre victime : aides et recours*, Ed. Vuidert, Guid'utile, 2003, p. 107 et s. ; S. GUAY, A. MARCHAND (Dir), *Les troubles liés aux événements traumatiques. Dépistage, évaluation et traitements*, Presses Univ. Montréal, 2007, 387 p. ; Le psychotrauma en quête de reconnaissance, *In Stress et trauma*, 2009-9-4, pp. 195-270.

professionnelle et sociale. Ces effets dévastateurs du crime proviennent de la violation de soi qu'il provoque, la profanation de son être, de ses croyances et de son espace privé. Plus fondamentalement encore, le crime détruit irrémédiablement trois croyances sur lesquelles notre vie est basée : celle que le monde qui nous entoure est bienveillant, celle qu'il est bien ordonné (a du sens) et celle que l'on en fait bien partie et y contribuons harmonieusement. Or le crime bouscule ces trois croyances profondément et, parfois, durablement. Comment ne pas comprendre en effet le monde comme hostile face à l'événement criminel subi ? Quel sens donné à un monde qui génère du chaos, de l'injustice à divers points de vue (personnel, matériel, social, notamment) ? Comment n'ai-je pu l'empêcher sinon parce que je ne vaux rien ? Pour reprendre la maîtrise de sa vie, lui (re)donner du sens, la victime a besoin de comprendre ce qui lui est arrivé, ce qu'elle aurait pu faire pour le prévenir. A défaut de réponses, la victime aura tendance à se blâmer et à blâmer les autres, êtres de chair et d'esprit. A défaut de pouvoir reprendre le contrôle de sa propre vie, un processus de perte d'estime de soi, de dégradation et de déshumanisation intervient, aggravant encore sa vulnérabilité [385].

Il apparaît donc essentiel de garantir à la victime le plein exercice de ses droits à la reconnaissance, à l'accompagnement et à réparation, y compris dans les hypothèses où elle optera volontairement pour l'accomplissement d'une mesure de Justice restaurative. Ces droits « rares » ont une triple ambition : garantir la dignité de la personne et les droits humains qui s'y rattachent d'une part ; consolider la place de la victime en tant qu'acteur au procès pénal, de l'autre ; enfin, offrir à la victime et/ou à ses proches la possibilité de réintégrer notre communauté humaine. Au regard de l'échec, patent par définition, des politiques préventives, c'est leur intégration qui

---

385. V. not. sur ces aspects, R. JANOFF-BULMAN, *Shattered assumptions : towards a new psychology of trauma*, Free press. Ed., 1992, 256 p. ; M.J. HOROWITZ, *Stress response syndromes. Personality styles and interventions*, 4th ed. 2001, Jason Aronson Inc., 463 p. ; O. LUMINET, *Psychologie des émotions. Confrontation et évitement*, De Boeck Ed., nouvelle éd. 2008, 256 p.

permettra d'offrir, le plus rapidement possible, aux victimes et à leurs proches, la voie de la restauration. Mais cet ensemble de droits ne sera garanti que si la victime est effectivement placée au centre des dispositifs judiciaires, psychologiques et sociaux disponibles, dans le cadre d'une authentique stratégie d'*empowerment*, chacun devant effectivement acquérir la maîtrise de ses propres affaires. Bien plus qu'au travers d'une simple prise en charge, les intervenants doivent amener la victime à s'approprier les outils disponibles, à en « apprivoiser » les modalités, pour « [re]créer des liens ». Sa restauration ne semble en effet envisageable que dans la mesure où elle se sent responsable de ce qu'elle a apprivoisé [386]. Et seule la victime sait ce dont elle souffre pour avoir vécu l'expérience du crime, ce que sont ses problèmes cruciaux pour y faire face, ses besoins pour les résoudre tous.

Reconnaître, c'est considérer la personne de la victime souffrante. Or, par la catastrophe intersubjective éprouvée, la victime est projetée dans l'abîme creusé par l'inhumanité du crime. Sa re-co-naissance apparaît bien alors comme l'unique manière de nature à lui permettre de demeurer une personne humaine, à redevenir désirante. En effet, venant d'autrui, la reconnaissance fonde l'humanité de la victime-sujet. C'est par le regard de l'autre que l'humanité se réalise, « le moi s'éveille par la grâce du toi » [387]. En d'autres termes, « ...être reconnu veut dire être considéré face à l'autre – ou l'autre face à nous – comme un être libre, méritant le respect, capable de défi et capable de réponse. Exister comme un être humain, c'est offrir et exiger ce respect. C'est là l'essentiel du lien social » [388].

Très concrètement, le renforcement de l'accès au droit (de nature à permettre les choix les plus éclairés), de la constitution de partie civile à chacun des stades du procès pénal, la moti-

---

386. V. à cet égard A. De Saint Exupery, *Le petit prince* (1943), Ed. Gallimard/Folio, 1999, pp. 70-78.

387. V. G. Bachelard, Préface, *In* M. Buber, *Je et tu* (1935), Ed. Aubier Montaigne, Coll. Bibliothèque philosophique, 1992, pp. 8-9.

388. V. M. Henaff, La dette de sang et l'exigence de justice, *In* P. Dumouchel, Comprendre pour agir, *op. cit.*, pp. 31-64.

vation du classement sans suite, la réponse à la question portant sur le point de savoir si l'intéressé déclaré irresponsable pénalement a commis les faits vont dans le sens des droits de la victime à la reconnaissance. L'accueil des victimes et de leurs proches est également primordial pour qu'ils se sentent reconnus, tant en termes de locaux spécialement aménagés que d'horaires d'ouverture des permanences, à tous les stades de la procédure. L'accueil offert par les équipes pluridisciplinaires des Services d'aide aux victimes semble satisfaire cette nécessité de reconnaissance des victimes. La première écoute, notamment, des plaintes et souffrances des victimes apparaît fondamentale, non seulement pour leur reconnaissance effective mais aussi pour l'orientation et le déroulement de la procédure consécutivement mise en œuvre. Empathie et compassion certes, mais aussi rigueur dans la recherche de la vérité factuelle, dans le respect des droits de chacun des sujets, dans le respect des nécessités de l'œuvre de justice, à charge et à décharge, sans manichéisme ou instrumentalisation. La reconnaissance passe, enfin et pour l'essentiel, par la généralisation d'une « cote victime » dans tous les dossiers pénaux. Rassemblant les informations disponibles les plus diverses sur la victime et ses proches, elle permet de les convoquer, à la bonne adresse en heure et en temps, à tous les actes de la procédure qui requièrent leur présence (convocations diverses des magistrats, confrontation avec l'infracteur, expertises, audiences ...).

Accompagner, c'est se joindre à quelqu'un pour aller où il va, en même temps que lui, à son rythme. C'est aussi partager, dans l'empathie, les souffrances de la victime. Les droits de la victime à l'accompagnement supposent que la victime soit entendue par des professionnels rompus aux techniques d'écoute et d'entretien. Elle doit être crue dans l'authenticité de ses déclarations [389]. Et comprise (recours éventuel à un interprète). A un rythme qui ménage fatigue physique et psychique : par l'aménagement de temps de repos lors des moments les plus

389. V. not. G. LOPEZ, S. PORTELLI, S. CLEMENT, *Les droits des victimes. Droits, auditions, expertise clinique*, Ed. Dalloz, Coll. États de droit, 2è éd. 2007, pp. 89-114.

pénibles, par le recours, le cas échéant, aux moyens modernes de télécommunication audiovisuelle. Car « redire… c'est revivre ».

L'accompagnement implique le droit pour la victime d'être informée des caractéristiques des contentieux qui seront activés, de quelle manière et de leurs chances d'aboutir. Plus précisément, les agents et officiers de police judicaire doivent informer, par tous moyens, les victimes : de leur droit à obtenir réparation des préjudices subis ; de se constituer partie civile ; d'être assistées immédiatement par un avocat éventuellement désigné d'office ; d'être aidées par une association conventionnée d'aide aux victimes ; de saisir si nécessaire la commission d'indemnisation des victimes d'infraction. Au cas de comparution sur reconnaissance préalable de culpabilité, la victime est informée sans délai. Dès le début de l'instruction l'information doit être donnée à la victime de son droit d'être assistée par un avocat, désigné le cas échéant par le bâtonnier dans le cadre de l'aide juridictionnelle. Elle est normalement informée de tous les actes la concernant, comme notamment : les conclusions d'expertises, la fin de l'information, le règlement. Dans le même esprit, des aides (qu'il conviendrait de conforter sérieusement) seront susceptibles d'être mobilisées selon l'urgence sociale des situations de victimisation : dépannage financier (réparations, liquidités...), hébergement, aides aux nécessités impérieuses de la vie quotidienne au bénéfice de la victime et de sa famille. L'accompagnement c'est encore le droit d'être protégé. Tout doit être mis en place pour que la victime ne soit plus en contact avec l'infracteur, pour qu'elle ne soit pas revictimisée.

Réparer, c'est prendre soin de l'autre, en tant que personne victimisée, dans la complexité de toutes les souffrances subies. La réintégration de la victime, ou de ses proches, parmi les autres humains est un devoir absolument impératif. La réparation doit être globale, intégrale et effective. Avoir affaire à des interlocuteurs professionnels compétents est un droit pour la victime. Et ce n'est que par le respect de l'ensemble de ces conditions que toutes les facettes des droits de la victime à réparation s'épanouiront.

Le droit pour la victime d'être acteur au « procès pénal équitable », de prendre la parole, fortement consolidé par les législations récentes [390], est profondément réparateur. Pouvoir verbaliser la nature et l'importance des souffrances consécutives au crime, ses conséquences sur sa situation personnelle et sociale permet finalement d'apaiser l'émotion qui submerge la victime et/ou ses proches. Cette expression des affects, par oral ou par écrit, semble de mieux en mieux prise en compte par le système de justice pénale, qui ne manque pas lui-même d'en tirer un très grand profit par l'atténuation des émotions, des tensions et des incompréhensions consécutives, lors des rencontres entre intervenants judiciaires et victimes : durant la phase d'instruction et celle de jugement. Il va sans dire pour autant que ces temps de parole ne doivent pas être offerts à la victime, notamment mineure, exclusivement pour qu'elle répète – sans cesse – les détails des faits subis mais essentiellement pour lui permettre d'exposer les répercussions qu'ils peuvent avoir sur sa vie et son environnement social immédiat. Une telle réparation processuelle, supportée par une stratégie d'*empowerment*, devrait encore conduire à une autre forme de réparation, complémentaire, mais plus symbolique cette fois. Par la nomination de l'acte, des acteurs, par leur séparation scellée dans l'autorité de la chose jugée, cette réparation symbolique est de nature à offrir à chacun la possibilité d'entrevoir une vie plus apaisée après le crime.

Aujourd'hui encore, la réparation de la victime demeure assez exclusivement indemnitaire. Or s'il est important de replacer la victime dans la situation où elle se serait trouvée si l'acte dommageable n'avait pas eu lieu (selon l'étonnante formule juridique consacrée), la liquidation de son préjudice se résume à la réponse à la question qui lui est si souvent posée du

---

390. V. not. R. CARIO, Les droits des victimes : état des lieux, *In AJpénal*, 2004-12, pp. 425-429 ; *Ibid.*, Les droits des victimes d'infraction. Lecture criminologique, *In* J.L. SENON, G. LOPEZ, R. CARIO (Dir.), Psychocriminologie. Clinique, prise en charge, expertise, *op. cit.*, pp. 313-322 ; R. CARIO (Dir.), Les droits des victimes d'infraction, *In Problèmes politiques et sociaux*, 2007-943, 120 p. ; Y. STRICKLER (Dir.), *La place de la victime dans le procès pénal*, Ed. Bruylant, 2009, 320 p.

« Combien demandez-vous ? ». Une telle réparation matérielle est certainement appréciable, d'autant plus que notre système d'indemnisation est assez performant, par la saisine de la Commission d'indemnisation des victimes d'infraction (CIVI) ou du Service d'aide au recouvrement des victimes d'infractions (SARVI) et le paiement transactionnel et/ou consécutif des indemnités accordées par le Fonds de garantie des victimes d'actes de terrorisme et d'autres infractions (FGTI), alimenté par la solidarité nationale [391]. Le problème de la juste barémisation des dommages subis reste pour autant entier.

Mais l'indemnitaire ne suffit pas toujours, au regard des conséquences provoquées par le crime sur la personnalité de la victime et/ou de ses proches et sur sa/leur vie sociale. L'accompagnement psychologique (immédiat, post immédiat et le cas échéant dans le long terme) est nécessaire chaque fois que la victime se trouve, à la suite de l'agression, dans un état de stress, aigu ou post traumatique. Parfois même, la difficulté à vivre après le crime rend problématiques les relations avec les proches qui, démunis devant les souffrances qui perdurent, incitent maladroitement « la victime à tourner la page ». Dans le même sens, les aspects quotidiens de sa vie familiale et sociale peuvent être profondément et durablement perturbés par le crime en termes de détérioration des relations intra-familiales, de frais de remplacement en urgence de matériels détruits ou de biens volés, d'organisation du foyer familial, de modification des activités professionnelles et sociales, notamment.

Au regard de l'énoncé de ces droits, il faut se convaincre que leur non respect conduit à la marginalisation, voire à l'exclusion de la victime. A défaut de prises en compte spécifiques, dès la révélation des faits et aussi longtemps que les troubles persistent, le travail de deuil, de symbolisation des affects en provenance de l'infraction risquent d'être retardés, en fonction de surcroît des aptitudes plus ou moins fortes de chacun à

---

391. Prélèvement annuel de 3,30 € sur chaque contrat d'assurance de biens, V. fgti.fr.

rebondir sur l'événement, de sa résilience personnelle [392]. On perçoit par conséquent l'importance des informations à fournir à la victime avant qu'elle n'accepte de s'engager dans un procès pénal en général, dans une médiation pénale ou toute autre mesure restaurative plus particulièrement, tout comme l'importance d'une appréciation préalable et globale de ses souffrances en vue de mettre à sa disposition, le plus tôt possible, toutes les aides et accompagnements disponibles. Une même démarche d'information et de prise en compte s'impose auprès de l'infracteur. Et quand le souci de l'autre jaillit, alors la Justice restaurative peut tenir, mieux que tout autre système, les promesses de resocialisation de l'infracteur, de réparation de la victime, de rétablissement de la paix sociale [393], conditions indispensables de la restauration globale de l'Harmonie sociale.

---

392. V. not. E. Werner, Children of the garden island, *In Scientific American*, 1989-260-4, pp. 106-111 ; E. Werner, R.S. Smith, *Overcoming the odds : high risk children from birth to adulthood*, Cornell Univ. press, 1992, 280 p. ; M. Manciaux, *La résilience : résister et se construire*, Ed. Médecine et Hygiène, 2001, 253 p. ; B. Cyrulnik, *Un merveilleux malheur*, Ed. O. Jacob, 1999, 239 p. ; du même auteur, *Autobiographie d'un épouvantail*, Ed. O. Jacob, 2008, 279 p.

393. Comp. P. Ricœur, Le Juste, la justice et son échec, *op. cit.*, p. 301 et s. ; D. Salas, La volonté de punir, *op. cit.*, p. 253.

Conclusion

> *« La justice est souvent inhumaine quand elle veut savoir. Elle ne redevient humaine que quand elle veut comprendre ».*
>
> Robert BADINTER [394]

Est-il besoin de souligner que les enjeux de la Justice restaurative apparaissent comme fondamentaux pour tous les protagonistes du crime : infracteur, victime, communautés, société ? Est-il utopique de penser que les valeurs de vie sociale harmonieuse, de respect mutuel, de responsabilité, de solidarité de justice finalement qui la fondent [395] constituent les promesses à remplir pour sortir la pénalité moderne de la crise profonde qui l'affecte ? Il s'agit, au pire, d'un utopisme rationnel comme se plaisait à le présenter Pierre BOURDIEU, capable de jouer sur la connaissance du probable pour faire advenir le possible. A bien y réfléchir, il semblerait même que la victime pourrait devenir le moteur de la transformation des pratiques classiques de justice pénale. La Justice restaurative favorise harmonieusement l'Œuvre de justice à laquelle la victime est en droit de prétendre car la victimisation dont elle souffre signe l'échec patent des programmes de prévention du phénomène criminel,

---

394. *In Guide des droits des victimes*, Ed. Gallimard / Min. de la Justice, 1982, p. 3.

395. V. not. D.W. VAN NESS, Victim offender mediation programmes, *In Les cahiers de la Justice, revue semestrielle de l'ENM*, Dalloz, 2006-1, pp. 143-151.

objet prioritaire des sciences criminelles[396]. A l'opposé du procès pénal classique qui aliène en se crispant sur le passé de la faute, la Justice restaurative rééquilibre les priorités en réinvestissant, aux côtés de l'infracteur, la victime elle-même. Par la présence du tiers justice (en la personne des institutions judiciaires) et du tiers social (de celle des représentants de la communauté, des organismes d'aide et d'accompagnement), elle permet de socialiser le désir de vengeance de la victime, tout comme la culpabilité de l'infracteur, lesquels deviennent alors fortement réparateurs. Par la reconsidération de la dignité de Personne de chacun, elle les confirme tous dans leur humanité. En même temps qu'elle institue chacun dans son rôle, qu'elle place tous les acteurs au centre même du conflit, opérations symboliquement essentielles, la Justice restaurative reconstruit l'avenir en associant à la réponse pénale de sanction de l'acte la réparation des torts subis, directement ou par répercussions.

Bien mieux que la justice classique, la Justice restaurative traite encore et principalement les émotions qui submergent les passages à l'acte criminel. Une telle fonction apparaît en tous points conforme par ailleurs aux théories psychologiques de la peine qui originent le droit de punir dans la nécessité d'apaiser les émotions suscitées par le crime[397]. Sans nier que l'acte criminel est posé par l'infracteur de manière totalement illégitime, la réponse restaurative prend aussi en compte la vulnérabilité dans laquelle il se trouvait au moment des faits, dans un nombre important de cas, vulnérabilité susceptible non seulement d'en expliquer la réalisation mais encore de permettre la meilleure adaptation possible de la sanction finalement prononcée à sa personnalité, aux besoins de la victime et à la préservation de l'intérêt général. Une telle approche se justifie

---

396. V. not. R. CARIO, Introduction aux sciences criminelles, *op. cit.*, p. 193 et s.

397. V. not. N. HARRIS, L. WALGRAVE, J. BRAITHWAITE, Emotional dynamics in restorative conferences, *In Theoritical criminology*, 2004-8-2, pp. 191-210 ; D. COOLEY, *De la justice réparatrice à la justice transformatrice*, Pub. Commission du Droit du Canada, 1999, p. 29 et s. ; R. CARIO, Victimologie, *op. cit.*, p. 18 et s.

d'autant plus que dans les crimes les plus sérieux, la plupart des protagonistes se connaissent et évoluent dans une forte proximité socio-culturelle, accablés de toutes sortes de pauvretés. Cette vulnérabilité partagée distribue, dans de nombreuses affaires, les rôles – interchangeables – de criminel et de victime.

Bien naturellement, la Justice restaurative suppose un partenariat de tous les services impliqués dans la gestion pénale du conflit et, plus que dans tout autre modèle de justice, la formation des intervenants est une clé fondamentale de la réussite des mesures mises en œuvre pour réintégrer en humanité les intéressés en particulier, pour restaurer l'harmonie sociale plus généralement. Trop peu de formations adaptées sont mises à la disposition des praticiens des services. Les offres que l'on constate çà et là en France sont insuffisantes, malgré la qualité de celles dispensées par l'Inavem ou encore par quelques universités françaises. La professionnalisation de l'aide aux victimes suppose également que tous les autres acteurs institutionnels impliquées dans l'œuvre commune de justice reçoivent eux-mêmes, en complément de leur formation de base, une spécialisation relativement à la question criminelle, dans l'endroit comme dans l'envers du crime. Il devrait en aller de même concernant les professionnels de tous les médias pour que leur devoir d'information ne devienne pas source de victimisation supplémentaire pour les victimes, ou cause de réinsertion sociale compromise pour les condamnés ayant purgé leur peine. La complexité des situations à prendre en compte exige en effet une pluridisciplinarité aboutie, dans l'ordre des théories mais aussi des pratiques, en termes notamment de méthodologie de l'action partenariale à mettre en œuvre auprès des victimes [398].

398. Sur cette inévitable professionnalisation, V. not. R. CARIO et al. (Dir.), *Profession criminologue : spécialisation ou professionnalisation*, Ed. Erès, 1994, 227 p. ; P. TOURNIER (Dir.), *La Babel criminologique. Formation et recherche sur le phénomène criminel : sortir de l'exception française ?*, Ed. L'Harmattan, Coll. Criminologie, 2009, 296 p. ; le Ministère de l'Enseignement supérieur et de la recherche a installé, en janvier 2010, une Conférence nationale de criminologie, présidée par le professeur L.M. VILLERBU, chargée de « prendre position sur les modalités de création de cette discipline » au sein de l'Université et sur « les champs de compétences qu'elle requiert ».

Le renforcement de l'activité pluridisciplinaire et généraliste des Services d'aide aux victimes est d'une extrême urgence, car plus de vingt ans après leur création, de nombreuses difficultés, souvent liées à leur statut associatif privé, rendent délicate leur intégration parmi les organismes publics de prévention et de traitement du phénomène criminel, nettement mieux pourvus en ce qui concerne la prise en compte des infracteurs. Pourtant, à défaut de partenariat local réel, la réponse aux victimisations et aux victimes, éclatée, perd de son sens. Le financement de l'aide aux victimes devrait être, par conséquent, notablement améliorée par une augmentation significative de la part de l'État et par un engagement beaucoup plus solidaire de toutes les collectivités territoriales, locales et régionales.

Pour ne pas encore aller de soi dans notre pays, une évaluation scientifique des activités de Justice restaurative devrait être systématiquement entreprise, tant en ce qui concerne les missions menées au sein des Services que celles effectuées par les autres partenaires, notamment institutionnels. De telles évaluations, certes délicates lorsqu'il s'agit de l'activité humaine, sont pour autant nécessaires dans une société où la tentation de la culpabilisation individuelle, toute comme celle de la psychologisation des réponses, sont envahissantes. Il apparaît tout à fait normal que tous les acteurs investis dans la prévention, la répression et le traitement du phénomène criminel (dans l'endroit comme l'envers du crime) rendent compte de la manière dont leur activité contribue finalement au bien commun. Il apparaît tout à fait utile, dans le même sens, que les bonnes pratiques soient effectivement disséminées sur l'ensemble du territoire national [399].

Finalement, par la globalisation de l'approche du conflit intersubjectif cristallisé par le crime (entendu comme la transgression d'une valeur sociale essentielle), la réponse sociopénale restaurative devient enfin intelligible. L'acte de juger repose en effet, selon Paul RICŒUR, sur une double finalité : une finalité courte consistant à trancher, mettre fin à l'incertitude,

---

399. V. *Supra*, Chap. 3, *in fine* ; V. également Manuel sur les programmes de justice restaurative, *op. cit.*, pp. 83-90 ; unodc.org.

séparer les parties ; une finalité longue conduisant, par la reconnaissance de chacun à la part que l'autre prend à la même société que lui, à la paix publique [400]. En annulant la vengeance vindicative, la Justice restaurative s'ouvre au vindicatoire en offrant à la victime, reconnue en tant que telle face à l'infracteur, la possibilité « de délier le lien d'offense et de lui remettre tout ou partie de sa dette, d'hier, d'aujourd'hui ou de demain » [401]. Et le pardon donné par une victime « casse l'engrenage du malheur », « mobilise pour l'avenir ». « C'est une vie nouvelle offerte » [402].

L'intégration des mesures de Justice restaurative dépend de la seule volonté politique. Eclairée sans aucun doute, mais certainement pas révolutionnaire et encore moins laxiste. Notre arsenal législatif peut être, en ce sens, très aisément adapté en s'appuyant sur les textes disponibles qui permettent déjà des réalisations de qualité (médiation pénale, réparation pénale à l'égard des mineurs) depuis plus de deux décennies. De surcroît, des expériences innovantes émergent tout doucement mais sûrement un peu partout dans notre pays. Elles reposent toutes sur des programmes bien établis aujourd'hui, soucieux de la garantie des droits humains des protagonistes, soucieux du respect des principes fondamentaux du droit criminel (tant substantiel que formel), soucieux de la déontologie des intervenants, de la méthodologie irréprochable des protocoles et de l'évaluation des dispositifs adoptés [403]. Au regard des promesses annoncées, en complémentarité avec le meilleur du Système de Justice pénale actuel, le temps de la Justice restaurative semble bien venu [404]. Quand bien même d'aucuns se complaisent en-

---

400. P. RICOEUR, *Le juste*, Ed. Esprit, 1995, pp. 185-192.

401. A. GARAPON, R. VERDIER, Postface. Nouvelles justices, nouvelles sanctions, *In* R. VERDIER (Dir.), *Vengeance*, *op. cit.*, p. 227.

402. V. J. CACHOT, H. RENAUDIN, J.H. VIGNEAU, *La peine et le pardon. Le cri des détenus*, Ed. de l'Atelier, 2001, p. 53 et s. ; *adde* D. TUTU, Il n'y a pas d'avenir sans pardon, *op. cit.*, 285 p. ; C. SERON (Dir.), Don, pardon et réparation, *op. cit.*, 222 p.

403. Sur ces aspects, V. not. Manuel sur les programmes de justice restaurative, *op. cit.*, pp. 39-58, 73-90.

404. V. not. P. REDEKOP, Changing paradigms, *op. cit.*, p. 261 et s.

core à décliner sous des formes variées que « rien ne marche » [405], que « ...[l'on a tout essayé...] », il convient de les contredire fermement en ajoutant, avec le grand naturaliste et explorateur que fut Théodore Monod : « [...sauf l'amour] ».

405. R. MARTINSON, What works ? Questions and answers about prison reform, *In The public interest*, 1974/35, p. 22 et s.

Table des Annexes

Annexe n° 7 – Décision-cadre du Conseil du 15 mars 2001 relative au 'Statut des victimes dans le cadre de procédures pénales'.

Annexe n° 8 – Forum Européen des Services d'Aide aux Victimes : 'Les droits des victimes dans le cours du procès pénal' (1996).

Annexe n° 9 – Forum Européen des Services d'Aide aux Victimes : 'Recommandations sociales en faveur des victimes d'infractions pénales' (1998).

Annexe n° 10 – Recommandation R(00)20 adoptée le 6 octobre 2000 par le Comité des Ministres sur 'Le rôle de l'intervention psychosociale précoce dans la prévention des comportements criminels'.

Annexe n°11 – Propositions du Groupe de travail du CNAV.

Annexe n° 1

Principes fondamentaux relatifs au recours à des programmes de justice réparatrice en matière pénale

Conseil Économique et Social des Nations Unies (E/2002/30)

Le Conseil économique et social,

Rappelant sa résolution 1999/26 du 28 juillet 1999, intitulée « Élaboration et application de mesures de médiation et de justice réparatrice en matière pénale », dans laquelle il a prié la Commission pour la prévention du crime et la justice pénale d'examiner l'opportunité d'élaborer des normes des Nations Unies dans le domaine de la médiation et de la justice pénale,

Rappelant également sa résolution 2000/14 du 27 juillet 2000, intitulée « Principes fondamentaux concernant le recours à des programmes de justice réparatrice en matière pénale », dans laquelle il a prié le Secrétaire général de demander aux États Membres et aux organisations intergouvernementales et non gouvernementales concernées, ainsi qu'aux instituts du réseau du Programme des Nations Unies pour la prévention du crime et la justice pénale, de faire part de leurs commentaires sur l'utilité et les moyens d'établir des principes communs concernant le recours à des programmes de justice réparatrice en matière pénale, y compris sur l'opportunité d'élaborer un nouvel instrument à cette fin,

Prenant en compte les engagements déjà souscrits au niveau international concernant les victimes, en particulier la Déclaration des Nations Unies sur les principes fondamentaux de justice relatifs aux victimes de la criminalité et aux victimes d'abus de pouvoir,

Prenant note des échanges de vues sur la justice réparatrice qui ont eu lieu durant le dixième Congrès des Nations Unies pour la prévention du crime et le traitement des délinquants, tenu à Vienne du 10 au 17 avril 2000, dans le cadre du point de l'ordre du jour intitulé « Délinquants et victimes: une justice responsabilisante et équitable »,

Prenant acte de la résolution 56/261 de l'Assemblée générale, en date du 31 janvier 2002, intitulée « Projets révisés de plans d'action concernant la mise en œuvre de la Déclaration de Vienne sur la criminalité et la justice: relever les défis du XXIe siècle », et en particulier des mesures relatives à la justice réparatrice visant à assurer le suivi des engagements pris au paragraphe 28 de la Déclaration de Vienne,

Prenant acte avec satisfaction des travaux réalisés par le Groupe d'experts sur la justice réparatrice à la réunion qu'il a tenue à Ottawa du 29 octobre au 1er novembre 2001,

Prenant note du rapport du Secrétaire général concernant la justice réparatrice ainsi que du rapport du Groupe d'experts sur la justice réparatrice,

1. *Prend note* des principes fondamentaux concernant le recours à des programmes de justice réparatrice en matière pénale annexés à la présente résolution ;
2. *Encourage* les États Membres à se fonder sur les principes fondamentaux concernant le recours à des programmes de justice réparatrice en matière pénale pour l'élaboration et l'application de programmes de justice réparatrice ;
3. *Prie* le Secrétaire général d'assurer aux principes fondamentaux concernant la justice réparatrice la diffusion la plus large possible auprès des États Membres, des instituts du réseau du Programme des Nations Unies pour la prévention du crime et la justice pénale ainsi que d'autres organisations internationales, régionales et non gouvernementales ;
4. *Demande* aux États Membres qui ont adopté des pratiques en matière de justice réparatrice de communiquer, sur demande, aux autres États des informations sur ces pratiques ;
5. *Demande également* aux États Membres de s'entraider pour élaborer et appliquer des programmes de recherche, de formation ou autres, ainsi que des activités visant à stimuler le débat et l'échange de données d'expérience sur la justice réparatrice ;
6. *Demande en outre* aux États Membres d'envisager d'apporter, par le biais de contributions volontaires, une assistance technique aux pays en développement et aux pays à économie en transition qui en font la demande, afin de les aider à élaborer des programmes de justice réparatrice.

Annexe – Principes fondamentaux concernant le recours à des programmes de justice réparatrice en matière pénale

Préambule

Rappelant que les initiatives en matière de justice réparatrice se sont sensiblement accrues dans le monde,
Constatant que ces initiatives s'inspirent souvent de formes de justice traditionnelles et autochtones qui considèrent la criminalité comme fondamentalement dommageable pour les personnes,
Insistant sur le fait que la justice réparatrice constitue, face à la criminalité, une réponse dynamique qui respecte la dignité de chacun et l'égalité entre tous, favorise la compréhension et contribue à l'harmonie sociale en veillant à la guérison des victimes, des délinquants et des communautés,
Soulignant que cette approche permet à ceux qui subissent les conséquences d'une infraction de faire part ouvertement de leurs sentiments et de leur expérience, et vise à répondre à leurs besoins,
Considérant que cette approche offre la possibilité aux victimes d'obtenir réparation, de se sentir davantage en sécurité et de trouver l'apaisement, permet aux délinquants de prendre conscience des causes et des effets de leur comportement et d'assumer leur responsabilité de manière constructive et aide les communautés à comprendre les causes profondes de la criminalité, à promouvoir leur bien-être et à prévenir la criminalité,

Notant que la justice réparatrice donne lieu à diverses mesures qui s'adaptent avec souplesse aux systèmes de justice pénale existants et les complètent, en tenant compte du contexte juridique, social et culturel,
Estimant que le recours à la justice réparatrice ne porte pas atteinte au droit des États de poursuivre les délinquants présumés,

I. Définitions
1. Le terme « programme de justice réparatrice » désigne tout programme qui fait appel à un processus de réparation et qui vise à aboutir à une entente de réparation.
2. Le terme « processus de réparation » désigne tout processus dans lequel la victime et le délinquant et, lorsqu'il y a lieu, toute autre personne ou tout autre membre de la communauté subissant les conséquences d'une infraction participent ensemble activement à la résolution des problèmes découlant de cette infraction, généralement avec l'aide d'un facilitateur. Les processus de réparation peuvent englober la médiation, la conciliation, le forum de discussion et le conseil de détermination de la peine.
3. Le terme « entente de réparation » désigne un accord résultant d'un processus de réparation. Les ententes de réparation prévoient des mesures et des programmes, tels que la réparation, la restitution et le travail d'intérêt général, qui visent à répondre aux besoins individuels et collectifs des parties, à faire assumer à celles-ci leurs responsabilités individuelles et collectives et à assurer la réinsertion de la victime et du délinquant.
4. Le terme « parties » désigne la victime, le délinquant et toute autre personne ou tout autre membre de la communauté subissant les conséquences d'une infraction susceptibles de participer à un processus de réparation.
5. Le terme « facilitateur » désigne une personne dont le rôle est de faciliter, de manière équitable et impartiale, la participation des parties à un processus de réparation.

II. Recours à des programmes de justice réparatrice
6. Des programmes de justice réparatrice peuvent être utilisés à tout stade du système de justice pénale, sous réserve de la législation nationale.
7. Les processus de réparation ne devraient être utilisés que s'il y a suffisamment de preuves à l'encontre du délinquant et si la victime et le délinquant y consentent librement. La victime et le délinquant devraient pouvoir revenir sur leur consentement à tout moment pendant le processus. Les accords devraient être librement consentis et ne devraient imposer que des obligations raisonnables et proportionnées.
8. La victime et le délinquant devraient normalement être d'accord sur les principaux faits de la cause pour pouvoir participer à un processus de réparation. La participation du délinquant ne devra pas être invoquée comme preuve d'un aveu de culpabilité dans une procédure judiciaire ultérieure.
9. Les disparités qui pèsent sur le rapport de forces ainsi que les différences culturelles entre les parties devraient être prises en considération pour décider s'il convient de recourir à un processus de réparation et comment mener celui-ci.

10. La sécurité des parties doit être prise en compte pour décider s'il convient de recourir à un processus de réparation et comment mener celui-ci.
11. Lorsqu'un processus de réparation n'est pas indiqué ou n'est pas possible, l'affaire devrait être renvoyée au système de justice pénale, et la suite à lui donner devrait être décidée sans tarder. Dans ces cas, les agents du système de justice pénale devraient s'efforcer d'encourager le délinquant à assumer ses responsabilités à l'égard de la victime et des communautés touchées et de favoriser la réinsertion de la victime et du délinquant dans la communauté.

III. Exécution des programmes de justice réparatrice
12. Les États Membres devraient envisager d'élaborer des principes directeurs et des normes, ayant force de loi si nécessaire, pour régir le recours aux programmes de justice réparatrice. Ces principes directeurs et normes devraient être conformes aux principes fondamentaux énoncés dans le présent instrument et porter notamment sur les points suivants :
a) Les conditions du recours à des programmes de justice réparatrice ;
b) Le traitement des affaires à la suite d'un processus de réparation ;
c) Les qualifications, la formation et l'évaluation des facilitateurs ;
d) L'administration des programmes de justice réparatrice ; et
e) Les normes de compétence et les règles de conduite régissant l'exécution des programmes de justice réparatrice.
13. Les programmes de justice réparatrice et, en particulier, les processus de réparation devraient être assortis de garanties de procédure fondamentales assurant un traitement équitable au délinquant et à la victime :
a) Sous réserve de la législation nationale, la victime et le délinquant devraient avoir le droit de consulter un avocat à propos du processus de réparation et, au besoin, de bénéficier de services de traduction et/ou d'interprétation. Les mineurs devraient, en outre, avoir le droit d'être assistés d'un parent ou d'un tuteur ;
b) Avant d'accepter de participer à un processus de réparation, les parties devraient être pleinement informées de leurs droits, de la nature du processus et des conséquences éventuelles de leur décision ;
c) Ni la victime ni le délinquant ne devraient être contraints, ou incités par des moyens déloyaux, à participer à un processus de réparation ou à accepter une entente de réparation.
14. Les discussions qui sont menées à huis clos lors d'un processus de réparation devraient être confidentielles et ne devraient pas être divulguées par la suite, sauf si les parties y consentent ou si la législation nationale l'exige.
15. Les résultats des accords découlant de programmes de justice réparatrice devraient, s'il y a lieu, faire l'objet d'un contrôle judiciaire ou être incorporés dans une décision de justice ou un jugement. Dans ce cas, l'entente devrait avoir le même statut qu'une décision de justice ou un jugement et devrait exclure de nouvelles poursuites pour les mêmes faits.
16. Lorsque les parties ne parviennent pas à un accord, l'affaire devrait être renvoyée au système de justice pénale classique et la suite à lui donner devrait

être décidée sans retard. Le fait qu'un accord n'a pu être réalisé ne saurait à lui seul servir d'argument dans une procédure pénale ultérieure.

17. En cas d'inexécution d'un accord résultant d'un processus de réparation, l'affaire devrait être renvoyée au programme de justice réparatrice ou, lorsque la législation nationale l'exige, au système de justice pénale classique et la suite à lui donner devrait être décidée sans retard. L'inexécution d'un accord, autre qu'une décision de justice ou un jugement, ne devrait pas être invoquée pour justifier une peine plus sévère dans une procédure pénale ultérieure.

18. Les facilitateurs devraient accomplir leur mission avec impartialité, en respectant dûment la dignité des parties. Ce faisant, ils devraient veiller à ce que les parties se respectent mutuellement et leur permettre de trouver entre elles une solution adaptée.

19. Les facilitateurs devraient avoir une bonne connaissance des cultures et des communautés locales et, au besoin, recevoir une formation initiale avant d'assumer leurs fonctions.

IV. Évolution constante des programmes de justice réparatrice

20. Les États Membres devraient envisager d'élaborer des stratégies et des politiques nationales visant à développer la justice réparatrice et à promouvoir une culture propice à l'utilisation de cette forme de justice auprès des services de répression, des autorités judiciaires et des services sociaux ainsi que des communautés locales.

21. Les autorités de justice pénale et les administrateurs des programmes de justice réparatrice devraient se consulter régulièrement afin de faire converger leurs vues sur les processus et ententes de réparation et les rendre plus efficaces, d'accroître le recours aux programmes de justice réparatrice, et d'étudier des moyens d'intégrer des mesures de justice réparatrice dans la pratique pénale.

22. Les États Membres, en coopération avec la société civile le cas échéant, devraient promouvoir des recherches sur les programmes de justice réparatrice et l'évaluation de ces derniers afin de déterminer la mesure dans laquelle ils débouchent sur des ententes, complètent la justice pénale ou se substituent à elle, et donnent des résultats satisfaisants pour toutes les parties. Avec le temps, il faudra peut-être modifier les modalités des processus de justice réparatrice. Les États Membres devraient, par conséquent, encourager l'évaluation et la modification régulières de ces programmes. Les résultats des recherches et évaluations devraient servir de base à l'élaboration de nouveaux programmes et politiques.

V. Clause de sauvegarde

23. Rien dans les présents principes fondamentaux ne porte atteinte aux droits reconnus au délinquant ou à la victime par la législation nationale ou par le droit international applicable.

Annexe n° 2

Résolution n° 2 relative à la mission sociale du système de justice pénale – justice réparatrice

LES MINISTRES participant à la 26ème Conférence des Ministres européens de la Justice (Helsinki, 7 et 8 avril 2005) ;

1. Ayant examiné le rapport du Ministre de la Justice de Finlande sur la mission sociale du système de justice pénale ;

2. Considérant qu'il est d'une grande importance, pour la paix sociale, de promouvoir une politique pénale qui mette aussi l'accent sur la prévention des comportements antisociaux et délictueux, l'établissement de sanctions et de mesures appliquées dans la communauté, les besoins des victimes et la réinsertion des auteurs d'infractions ;

3. Notant que le recours à l'emprisonnement fait peser un lourd fardeau sur la société et occasionne des souffrances humaines ;

4. Considérant que le recours à des sanctions et à des mesures appliquées dans la communauté, ainsi qu'à des mesures de justice réparatrice, peut avoir un impact positif sur les coûts sociaux de la criminalité et de la lutte contre celle-ci ;

5. Persuadés qu'une démarche fondée sur la justice réparatrice permet souvent de mieux servir les intérêts des victimes d'infractions, ainsi que d'accroître les possibilités de réinsertion sociale réussie des auteurs d'infractions et, par là même, la confiance des citoyens dans le système de justice pénale ;

6. Ayant à l'esprit que le but de la justice réparatrice est aussi de réduire le nombre de procès devant les tribunaux pénaux et que les systèmes alternatifs non judiciaires pour la justice réparatrice devraient être développés autant que possible dans le contexte national ;

7. Considérant que les peines d'emprisonnement ne peuvent pas toujours être évitées, mais qu'il est aussi possible de faire bénéficier le traitement et la gestion des détenus d'une démarche fondée, entre autres, sur la justice réparatrice, de manière à favoriser la réinsertion réussie des auteurs d'infractions ;

8. Considérant que la démarche fondée sur la justice réparatrice devrait être développée aussi bien dans le contexte des mesures appliquées dans la communauté que dans toutes les étapes du processus de la justice pénale, y compris des mesures de la justice réparatrice appliquées pendant et après l'emprisonnement ;

9. Considérant que, pour prévenir la délinquance, soutenir et dédommager les victimes d'infractions et réinsérer les auteurs d'infractions condamnés, il faut adopter une approche multidisciplinaire et/ou pluri-institutionnelle ;

10. Conscients de la nécessité de concevoir des stratégies *ad hoc* pour répondre aux besoins spécifiques des catégories vulnérables de victimes et d'auteurs d'infractions ;

11. Conscients qu'une situation particulière règne dans des pays où le système de justice pénale fait en ce moment l'objet d'importantes réformes et que ces pays peuvent avoir spécialement besoin d'assistance technique pour mener à bien les réformes en question ;

12. Eu égard à l'importance des principes contenus dans les instruments internationaux pertinents qui existent à l'heure actuelle ;

13. Rappelant les Recommandations du Conseil de l'Europe en la matière ;

14. Rappelant la Convention européenne relative au dédommagement des victimes d'infractions violentes ;

15. Conviennent de la nécessité de promouvoir l'application de la justice réparatrice dans leurs systèmes de justice pénale ;

16. Encouragent le Comité européen pour les problèmes criminels (CDPC) à continuer :
- de mettre à jour les Règles pénitentiaires européennes ;
- de traiter les besoins des victimes de crime, y compris les victimes d'actes de terrorisme et d'infractions graves au droit international humanitaire ;
- d'examiner les moyens d'améliorer la politique de prévention de la criminalité ;

17. Encouragent aussi le Conseil de l'Europe à poursuivre la conduite d'un projet multidisciplinaire sur la violence et les enfants;

18. Invitent le CDPC à établir, en conformité avec la Recommandation Rec(2003)20, un instrument en vue de l'élaboration de normes globales régissant les sanctions et mesures qui concernent les jeunes délinquants ;

19. Invitent le Comité des Ministres à charger également le CDPC d'examiner la question de la probation et de l'assistance post-pénitentiaire pour répondre à la nécessité de développer le rôle des services de probation ;

20. Invitent le Comité des Ministres à demander au CDPC d'étudier plus avant la possibilité d'élaborer un ou plusieurs instruments en vue de répondre aux besoins des catégories vulnérables de victimes et/ou d'auteurs d'infractions ;

21. Invitent aussi le Comité des Ministres à soutenir et à développer les programmes de coopération mis en place pour promouvoir une large application de la justice réparatrice dans les pays membres, sur la base des Recommandations du Conseil de l'Europe en la matière ;

22. Demandent au Secrétaire Général du Conseil de l'Europe de rendre compte, à leur prochaine conférence, des mesures prises pour assurer l'application de la présente Résolution.

Annexe n° 3

Les différents modèles de justice [406]

Ancien paradigme : Justice punitive	**Nouveau paradigme : Justice réparatrice**	**Loi et justice autochtones (modèle de justice réparatrice)**
Le crime est une atteinte à l'Etat	Le crime est une violation des droits d'une personne par une autre	Le crime est une atteinte à autrui
Accent mis sur le blâme, la culpabilité, le passé (avait-il/elle l'intention de le faire ?)	Accent mis sur la résolution des problèmes, les responsabilités et les obligations, l'avenir (que devrait-on faire ?)	Accent mis sur la résolution des problèmes et le rétablissement de l'harmonie
Relations et processus d'opposition considérés comme la norme	Dialogue et négociation considérés comme la norme	Dialogue et négociation du processus sont normatifs. Restitution des biens et réconciliation sont des moyens de réparer
Imposition d'une peine pour punir et dissuader/prévenir	Réparation des torts pour les deux parties avec pour objectif leur réconciliation	La collectivité a pour rôle de faciliter la réparation
La justice est définie selon l'intention et le processus : les bonnes règles	La justice est définie selon la justesse des rapports ; est jugée selon le résultat	La délinquant est amené à comprendre les répercussions de son acte sur l'ordre total
La nature interpersonnelle et conflictuelle de la criminalité est embrouillée, réprimée. Le conflit est vu comme un individu vs l'État	Le crime est reconnu comme conflit interpersonnel. La valeur du conflit est reconnue	Il est tenu compte du contexte holistique de l'infraction, y compris de considérations sociales, économiques, politiques et religieuses
Un préjudice social est remplacé par un autre	Accent mis sur la réparation des préjudices sociaux	

406. *In Quand l'espoir devient parole*, Service Correctionnel du Canada, multigraph., 2001, pp. 8-9, d'après R.A.Cawsey, « Task force on the Criminal Justice System and its impact on the Indian and Metis People of Alberta », *In Sanctioning and healing : restorative justice in canadian aboriginal communities*, 1996.

La collectivité est sur la touche, représentée abstraitement par l'État	La collectivité facilite le processus de réparation	Il est possible d'effacer les stigmates de l'infraction par la mise en conformité
On encourage la compétition et l'individualité	On encourage la réciprocité	
La responsabilité de l'infracteur est de se voir imposer une peine	La responsabilité de l'infracteur est de comprendre l'incidence de sa conduite et d'aider à décider comment s'amender	L'infracteur est amené à comprendre les répercussions de son acte sur l'ordre total
L'État intervient : la victime est ignorée et l'infracteur est passif	Les rôles de la victime et de l'infracteur sont reconnus dans le problème et dans sa solution : les droits et les besoins de la victime sont reconnus ; l'infracteur est encouragé à agir de manière responsable	
L'infraction est définie exclusivement en termes légaux, sans tenir compte du contexte moral, social, économique et politique	L'infraction est comprise dans un contexte global : moral, social, économique et politique	Il est tenu compte du contexte holistique de l'infraction, y compris des considérations sociales, économiques, politiques et religieuses
« Dette » envers l'État et la société, dans l'abstraction	« Dette » envers la victime est reconnue	
L'intervention est fondée sur la conduite passée de l'infracteur	Les stigmates de la criminalité peuvent disparaître grâce à des mesures réparatrices	Il est possible d'effacer les stigmates de l'infraction par la mise en conformité
On n'encourage ni le repentir ni le pardon	Possibilités de repentance et de pardon	Le remords, le repentir et le pardon sont des facteurs importants
On dépend de mandataires	Les parties s'expriment et décident elles mêmes	

Annexe n° 4

Justice actuelle et justice restaurative : opposition ou complémentarité ? [407]

Justice actuelle	*Justice restaurative*
Le crime est une atteinte à l'Etat.	Le crime est une atteinte aux droits d'une personne par une autre personne, à leurs relations interpersonnelles ou intra-communautaires.
L'infraction est définie exclusivement en termes légaux, sans tenir compte du contexte moral, social, économique et politique.	L'infraction est comprise dans un contexte global : moral, social, culturel, économique, politique et spirituel.
Le conflit est réduit à l'acte, au crime matériellement posé. Il est étalonné selon la gravité intrinsèque des dommages causés par l'infracteur à la victime directe.	Le conflit est reconnu, au-delà de l'acte posé, dans sa dynamique relationnelle propre. Il est apprécié selon l'ampleur des préjudices et des souffrances subis par tous (victime, témoins, proches, membres de la collectivité et infracteur).
L'accent est mis sur le blâme, la culpabilité, … sur le passé de la faute : qu'a-t-il/elle fait ? Avait-il/elle l'intention de le faire ? Responsabilité abstraite.	L'accent est mis sur les besoins, obligations, …sur le présent et l'avenir : que devrait-on faire ? Comment réparer tous les torts ? Responsabilité(s) concrète(s). Responsabilisation de tous

407. V. not. sur ces schématisations, H. Zehr, H. Mika, The fundamentals principles of restorative justice, *In The contemporary Justice Review*, 1998-1, pp. 47-55 ; S. Demet, C. Jacqmain, E. Parello, Réflexions sur les concepts de « justice réparatrice » et de « justice restaurative » : quels enjeux pour une politique pénitentiaire ?, *In Journal du droit des jeunes* (éd. belge), 1999-185, pp. 21-24, repris *In* G . Kellens, *Punir. Pénologie et droit des sanctions pénales*, 2000, Liège, Ed. juridiques de l'Université de Liège, pp. 51-52 ; *Quand l'espoir devient parole*, Service Correctionnel du Canada, multigraph., 2001, pp. 8-9, d'après R.A.Cawsey, « Task force on the Criminal Justice System and its impact on the Indian and Metis People of Alberta », *In Sanctioning and healing : restorative justice in canadian aboriginal communities*, 1996.

L'État intervient, impérativement, par le biais de ses mandataires judiciaires officiels, qui « représentent » abstraitement la collectivité et la société. L'infracteur est passif. La victime est souvent ignorée.	Les rôles des parties, volontaires, sont centraux (*empowerment*), elles s'expriment et décident elles-mêmes. La communauté est directement impliquée, dans le respect des principes et droits fondamentaux de Justice et de procès équitable, sur un même pied d'égalité.
La procédure d'opposition est la norme. On encourage la compétition, l'individualité, l'exacerbation des différences, afin de prouver, techniquement, ce qui peut l'être.	Le processus de négociation est la norme. On encourage la réciprocité, le partage des émotions, la re-co-naissance de l'humanité de chacun, à des fins de compréhension et de régulation du conflit intersubjectif.
Imposition d'une peine pour punir l'infracteur et dissuader/ « prévenir » la récidive. Autorité de la chose judiciairement jugée. Réponse « individualisée ».	Responsabilisation de tous par le prononcé d'une sanction (peine et/ou mesure restaurative) pour : resocialiser l'infracteur, réparer la victime, rétablir la paix sociale. Support communautaire des accords négociés. Réponse « globalisée », holistique.
Un préjudice social est remplacé par un autre, *in abstracto*, dans le cadre d'un jugement autoritaire, souvent de neutralisation, voire d'exclusion.	Il importe de réparer tous les préjudices sociaux, *in concreto*, à partir d'un accord, consensuel et équitable visant la (ré)intégration de tous.
On n'encourage ni le repentir ni le pardon considérés comme « accessoires ». « Honte humiliante » (Blâme)	Le repentir, le remords et le pardon sont rendus disponibles aux parties par l'échange. « Honte réintégrative » (Support)
La justice est ainsi définie selon l'intention et le procédé : les bonnes règles, indépendamment des résultats. Stricte application de la Loi pénale.	La justice est plutôt définie par la justesse des rapports et tout autant que l'obtention de résultats, le processus est, en lui –même, essentiel. Recherche de l'Harmonie sociale.

Les stigmates de l'infraction disparaissent par l'infliction de la peine pénale. La sentence « résout » la transgression.	Les stigmates du conflit disparaissent par la mise en œuvre complémentaire (ou à titre principal) de mesures restauratives. L'accord « régule » le conflit.
Promesses de/du DROIT	Promesses d'ÉQUITÉ
Droit + Equité = Œuvre de justice	

Annexe n° 5

Recommandation n° R(85)11 adoptée le 28 juin 1985 par le Comité des Ministres sur La position de la victime dans le cadre du droit pénal et de la procédure pénale [408]

Le Comité des Ministres, en vertu de l'article 15.b du Statut du Conseil de l'Europe,
Considérant que les objectifs du système de justice pénale sont exprimés traditionnellement et avant tout en termes de rapports entre l'Etat et le délinquant ;
Considérant qu'en conséquence le fonctionnement de ce système a parfois tendance à accroître au lieu de diminuer les problèmes de la victime ;
Considérant qu'une fonction fondamentale de la justice pénale devrait être de répondre aux besoins de la victime et de sauvegarder ses intérêts ;
Considérant qu'il importe aussi d'accroître la confiance de la victime dans la justice pénale et d'encourager sa coopération notamment en qualité de témoin ;
Considérant qu'à ces fins il est nécessaire de tenir davantage compte, dans le système de justice pénale, des préjudices physiques, psychologiques, matériels et sociaux subis par la victime et d'examiner les démarches qui sont souhaitables pour satisfaire ses besoins dans ces domaines ;
Considérant que les mesures à cette fin ne sont pas nécessairement en conflit avec d'autres objectifs du droit pénal et de la procédure pénale, tels que le renforcement des règles sociales et la réinsertion du délinquant, mais peuvent en fait aider à les atteindre et faciliter la réconciliation éventuelle entre la victime et le délinquant ;
Considérant que les besoins et intérêts de la victime devraient être pris davantage en considération à toutes les phases du processus de la justice pénale ;
Vu la Convention européenne sur le dédommagement des victimes d'infractions violentes,

I – Recommande aux gouvernements des Etats membres de revoir leur législation et leur pratique en respectant les lignes directrices suivantes :

A – Au niveau de la Police

1. Les fonctionnaires de la police devraient être formés pour traiter les victimes de façon compréhensible, constructive et rassurante.

2. La police devrait informer la victime sur les possibilités d'obtenir de l'assistance, des conseils pratiques et juridiques, la réparation de son préjudice par le délinquant et le dédommagement par l'Etat.

3. La victime devrait pouvoir obtenir des informations sur le sort de l'enquête policière.

4. Dans tout rapport soumis aux organes de poursuite, la police devrait faire un constat aussi clair et complet que possible des blessures et des dommages subis par la victime.

---

408. Pub. Conseil de l'Europe, 1985, multigraph., 25 p.

B – Au niveau des poursuites

5. Une décision discrétionnaire relative aux poursuites ne devrait pas être prise sans considération adéquate de la question de la réparation du dommage subi par la victime, y compris tout effort sérieux déployé à cette fin par le délinquant.

6. La victime devrait être informée de la décision définitive concernant les poursuites, sauf si elle indique qu'elle ne souhaite pas celle information.

7. La victime devrait disposer d'un droit de demander la révision par l'autorité compétente d'une décision de classement ou du droit de procéder par citation directe.

C – Interrogatoire de la victime

8. Dans toutes les phases de la procédure, l'interrogatoire de la victime devrait se faire dans le respect de sa situation personnelle, de ses droits et dignité. Dans la mesure du possible et dans les cas appropriés, les enfants et les malades ou handicapés mentaux devraient être interrogés en présence de leurs parents ou de leur tuteur ou de toute autre personne qualifiée pour les assister.

D – Audiences

9. La victime devrait être informée :
- de la date et du lieu des audiences relatives aux infractions dont elle a eu à souffrir ;
- de ses possibilités d'obtenir la restitution et la réparation dans le cadre de la procédure pénale, de bénéficier d'une assistance ou des conseils judiciaires ;
- des conditions dans lesquelles elle pourra prendre connaissance des décisions rendues.

10. Le tribunal pénal devrait pouvoir ordonner la réparation de la part du délinquant au bénéfice de la victime. A cet effet, les limitations actuelles de juridiction, les autres restrictions et les empêchements d'ordre technique, qui font obstacle à cette possibilité de se réaliser de façon générale, devraient être supprimés.

11. La réparation devrait pouvoir, dans la législation, soit constituer une peine, soit se substituer à une peine, soit être prononcée en même temps qu'une peine.

12. Toutes informations utiles sur les blessures et dommages subis par la victime devraient être soumises à la juridiction pour qu'elle puisse, lors de la fixation de la nature et du quantum de la sanction, prendre en considération :
- le besoin de réparation du préjudice subi par la victime ;
- tout acte de réparation ou de restitution accompli par le délinquant ou tout effort sincère dans ce sens.

13. Lorsque la juridiction peut, entre autres modalités, ajouter des conditions d'ordre pécuniaire au prononcé d'un ajournement, d'une suspension de peine, d'une décision de probation, ou de toute autre mesure, une grande importance - parmi ces conditions - devrait être accordée à la réparation par le délinquant du préjudice subi par la victime.

E – Au stade de l'exécution

14. Si la réparation est accordée à titre de sanction pénale, elle devrait être recouvrée suivant les mêmes modalités que les amendes et avoir priorité sur toute autre sanction pécuniaire imposée au délinquant. Dans les autres cas, la victime devrait être aidée autant que possible dans cette opération de recouvrement.

F – Protection de la vie privée

15. Les politiques d'information et de relations avec le public dans le cadre de l'instruction et du jugement des infractions devraient tenir dûment compte de la nécessité de protéger la victime de toute publicité qui porterait atteinte à sa vie privée ou à sa dignité. Si le type d'infraction, le statut particulier, la situation ou la sécurité personnelle de la victime requièrent une protection spéciale, soit le procès pénal avant le jugement devrait avoir lieu à huis clos, soit la divulgation des données personnelles de la victime devrait faire l'objet de restrictions adéquates.

G – Protection spéciale de la victime

16. Quand cela paraît nécessaire, notamment dans les cas de délinquance organisée, la victime et sa famille devraient être efficacement protégées contre les menaces et le risque de vengeance du délinquant.

II - Recommande aux gouvernements des Etats membres :

1. d'examiner les avantages que peuvent présenter les systèmes de médiation et de conciliation ;
2. de promouvoir et d'encourager les recherches sur l'efficacité des dispositions concernant les victimes.

Annexe n° 6

Recommandation n° R(99)19 adoptée le 15 septembre 1999 par le Comité des Ministres sur La médiation en matière pénale [409]

Le Comité des Ministres, en vertu de l'article 15.b du Statut du Conseil de l'Europe,
Notant que les Etats membres tendent de plus en plus à recourir à la médiation en matière pénale, une option souple, axée sur le règlement du problème et l'implication des parties, en complément ou en tant qu'alternative à la procédure pénale traditionnelle ;
Considérant la nécessité de permettre une participation personnelle active à la procédure pénale de la victime, du délinquant et de tous ceux qui sont concernés en tant que parties, ainsi que d'y impliquer la communauté ;
Reconnaissant l'intérêt légitime des victimes à faire entendre davantage leur voix s'agissant des conséquences de leur victimisation, à communiquer avec le délinquant et à obtenir des excuses et une réparation ;
Considérant qu'il importe de renforcer chez les délinquants le sens de leurs responsabilités et leur offrir des occasions concrètes de s'amender, ce qui facilitera réinsertion et réhabilitation ;
Reconnaissant que la médiation peut faire prendre conscience du rôle important de l'individu et de la communauté dans l'origine et le traitement des délits et la solution des conflits qui y sont associés, et contribuer ainsi à ce que la justice pénale ait des résultats plus constructifs et moins répressifs ;
Reconnaissant que la médiation exige des qualifications particulières et demande des codes de pratique et une formation agréée ;
Considérant l'importante contribution potentielle des organismes non gouvernementaux et des communautés locales à la médiation en matière pénale, et la nécessité de conjuguer les efforts des initiatives publiques et privées ;
Eu égard aux exigences de la Convention de sauvegarde des Droits de l'Homme et des Libertés fondamentales ;
Ayant à l'esprit la Convention européenne sur l'exercice des droits des enfants ainsi que les Recommandations n° R(85)11 sur la position de la victime dans le cadre du droit pénal et de la procédure pénale, n° R(87)18 concernant la simplification de la justice pénale, n° R(87) 21 sur l'assistance aux victimes et à la prévention de la victimisation, n° R(87)20 sur les réactions sociales à la délinquance juvénile, n° R(88)6 sur les réactions sociales au comportement délinquant des jeunes issus de familles migrantes, n° R(92)16 relative aux règles européennes sur les sanctions et mesures appliquées dans la communauté, n° R(95)12 sur la gestion de la justice pénale et n° R(98)1 sur la médiation familiale,
Recommande aux gouvernements des Etats membres de prendre en considération les principes énoncés dans l'annexe à la présente recommandation, lorsqu'ils développent la médiation en matière pénale, et de donner à ce texte la plus large diffusion possible.
Annexe à la Recommandation n° R (99)19

409. Pub. Conseil de l'Europe, 1999, multigraph., 36 p.

I – Définition
Les présentes lignes directrices s'appliquent à tout processus permettant à la victime et au délinquant de participer activement, s'ils y consentent librement, à la solution des difficultés résultant du délit, avec l'aide d'un tiers indépendant (médiateur).

II – Principes généraux
1. La médiation en matière pénale ne devrait intervenir que si les parties y consentent librement. Ces dernières devraient, en outre, être en mesure de revenir sur ce consentement à tout moment au cours de la médiation.

2. Les discussions relevant de la médiation sont confidentielles et ne peuvent être utilisées ultérieurement, sauf avec l'accord des parties.

3. La médiation en matière pénale devrait être un service généralement disponible.

4. La médiation en matière pénale devrait être possible à toutes les phases de la procédure de justice pénale.

5. Les services de médiation devraient bénéficier d'une autonomie suffisante dans le cadre du système de justice pénale.

III – Fondement juridique
6. La législation devrait faciliter la médiation en matière pénale.

7. Il y aurait lieu d'établir des lignes directrices définissant le recours à la médiation en matière pénale. Elles devraient porter notamment sur les conditions du renvoi d'affaires aux services de médiation et sur le traitement des affaires après la médiation.

8. La procédure de médiation devrait être assortie de garanties fondamentales : en particulier, les parties devraient avoir le droit à l'aide judiciaire et, le cas échéant, à un service de traduction/interprétation. Les mineurs devraient, de plus, avoir le droit à l'assistance parentale.

IV – Le fonctionnement de la justice pénale en liaison avec la médiation
9. La décision de renvoyer une affaire pénale aux services de médiation, ainsi que l'évaluation de l'issue d'une procédure de médiation, devraient être du ressort exclusif des autorités judiciaires.

10. Avant d'accepter la médiation, les parties devraient être pleinement informées de leurs droits, de la nature du processus de médiation et des conséquences possibles de leur décision.

11. Ni la victime ni le délinquant ne devraient être incités par des moyens indus à accepter la médiation.

12. La réglementation spéciale et les garanties juridiques régissant la participation des mineurs à la procédure pénale devraient également concerner leur participation à la médiation en matière pénale.

13. La médiation ne devrait pas être poursuivie si une des parties principales n'est pas capable de comprendre le sens de la procédure.

14. Le point de départ de la médiation devrait être en principe la reconnaissance par les deux parties des faits principaux de l'affaire. La participation à la médiation ne doit pas être utilisée comme preuve d'admission de culpabilité dans des procédures judiciaires ultérieures.

15. Les disparités évidentes concernant certains facteurs comme l'âge, la maturité ou la capacité intellectuelle des parties devraient être prises en considération avant de décider de recourir à la médiation.

16. La décision de traiter une affaire pénale dans le cadre d'une procédure de médiation devrait être assortie d'un délai raisonnable pendant lequel les autorités judiciaires seraient informées de l'état de la procédure de médiation.

17. Les décharges données en fonction des accords de médiation devraient avoir le même statut que les décisions judiciaires et devraient interdire les poursuites pour les mêmes faits *(ne bis in idem).*

18. Lorsqu'une affaire est renvoyée aux autorités judiciaires sans qu'un accord soit intervenu entre les parties ou si l'on n'est pas parvenu à mettre en œuvre l'accord, la décision sur la démarche à adopter ensuite devrait être prise sans délai.

V – Le fonctionnement des services de médiation

V.1. Normes

19. Les services de médiation devraient être régis par des normes reconnues.

20. Les services de médiation devraient bénéficier d'une autonomie suffisante pour remplir leurs fonctions. Des normes de compétence et des règles éthiques ainsi que des procédures de sélection et de formation et d'appréciation des médiateurs devraient être développées.

21. Les services de médiation devraient être placés sous la surveillance d'un organe compétent.

V.2. Qualification et formation des médiateurs

22. Les médiateurs devraient être recrutés dans toutes les catégories de la société et posséder en général une bonne compréhension des cultures et communautés locales.

23. Les médiateurs devraient être capables de faire preuve d'un jugement sain et des qualités relationnelles nécessaires à l'exercice de leurs fonctions.

24. Les médiateurs devraient recevoir une formation initiale avant de prendre leurs fonctions puis une formation en cours d'emploi. Leur formation devrait tendre à leur assurer un niveau de compétence élevé, tenant compte des aptitudes à régler les conflits, des exigences spécifiques qu'implique le travail avec les victimes et les délinquants et des connaissances de base du système judiciaire.

V.3. Traitement des affaires individuelles

25. Avant de commencer à s'occuper d'une affaire, le médiateur devrait être informé de tous les faits pertinents et recevoir des autorités judiciaires compétentes tous les documents nécessaires.

26. La médiation devrait se dérouler de manière impartiale, d'après les faits de la cause et en fonction des besoins et des souhaits des parties. Le médiateur devrait toujours respecter la dignité des parties et veiller à ce que les parties agissent avec respect l'une envers l'autre.

27. Le médiateur a la charge d'assurer un environnement sûr et confortable pour la médiation. Le médiateur devrait être sensible à la vulnérabilité des parties.

28. La médiation devrait être menée aussi efficacement, mais à un rythme gérable pour les parties.

29. La médiation devrait se faire à huis clos.

30. Nonobstant le principe de confidentialité, le médiateur devrait signaler aux autorités appropriées ou aux personnes concernées toute information concernant l'imminence d'une infraction grave, dont il pourrait avoir connaissance au cours de la médiation.

V.4. Résultat de la médiation

31. Des accords devraient être conclus volontairement par les parties. Ils ne devraient contenir que des obligations raisonnables et proportionnées.

32. Le médiateur devrait faire rapport aux autorités judiciaires sur les mesures prises et sur le résultat de la médiation. Le rapport du médiateur ne devrait pas révéler la teneur des séances de médiation, ni exprimer de jugement sur le comportement des parties à cette occasion.

VI. Evolution de la médiation

33. Des consultations régulières devraient se tenir entre les autorités judiciaires et les services de médiation pour développer la compréhension mutuelle.

34. Les gouvernements des Etats membres devraient promouvoir la recherche sur la médiation en matière pénale et l'évaluation de cette dernière.

Annexe n° 7

Décision-cadre du Conseil du 15 mars 2001 relative au Statut des victimes dans le cadre de procédures pénales

(actes adoptés en application du titre VI du Traité sur l'Union européenne ; 2001 /220/JAI)

Le Conseil de l'Union européenne,
vu le Traité sur l'Union européenne, et notamment son article 31 et son article 34, paragraphe 2, point b),
vu l'initiative de la République portugaise [410],
vu l'avis du Parlement européen [411],
considérant ce qui suit :
(1) Conformément au plan d'action du Conseil et de la Commission concernant les modalités optimales d'application des dispositions du traité d'Amsterdam relatives à l'établissement d'un espace de liberté, de sécurité et de justice, et notamment son point 19 et son point 51 c), dans les cinq ans suivant l'entrée en vigueur du traité, la question de l'aide aux victimes devrait être abordée en effectuant une analyse comparative des régimes d'indemnisation des victimes et en évaluant la possibilité d'arrêter des mesures au sein de l'Union européenne.
(2) La Commission a soumis au Parlement européen, au Conseil et au Comité économique et social, le 14 juillet 1999, une communication intitulée " Les victimes de la criminalité dans l'Union européenne : réflexion sur les normes et mesures à prendre ". Le Parlement européen a approuvé le 15 juin 2000 une résolution relative à la communication de la Commission.
(3) Dans les conclusions du Conseil européen de Tampere des 15 et 16 octobre 1999, et notamment le point 32, il est prévu qu'il faudrait établir des normes minimales pour la protection des victimes de la criminalité, notamment en ce qui concerne l'accès à la justice de ces victimes et leur droit à réparation, y compris le remboursement des frais de justice. En outre, des programmes nationaux devraient être mis sur pied pour financer des mesures, tant publiques que non gouvernementales, d'assistance et de protection en faveur des victimes.
(4) Il convient que les États membres rapprochent leurs dispositions législatives et réglementaires dans la mesure nécessaire à la réalisation de l'objectif consistant à offrir aux victimes de crimes un niveau élevé de protection, indépendamment de l'État membre dans lequel elles se trouvent.
(5) Il importe de considérer les besoins des victimes et d'y répondre de manière globale et coordonnée, en évitant les solutions parcellaires ou incohérentes qui risquent d'entraîner pour la victime des préjudices secondaires.
(6) Pour cette raison, les dispositions de la présente décision-cadre ne se limitent pas à traiter la question de la sauvegarde des intérêts de la victime dans le cadre de la procédure pénale au sens strict. Elles englobent également certaines mesures d'assistance aux victimes, avant ou après la procédure pénale, qui sont susceptibles d'atténuer les effets de l'infraction.

---

410. V. JO CE 243 du 24.8.2000, p. 4.

411. Avis rendu le 12 décembre 2000.

(7) Les mesures d'aide aux victimes de crimes et, notamment, les dispositions en matière d'indemnisation ainsi que de médiation, ne concernent, toutefois, pas les solutions qui sont propres à la procédure civile.
(8) Il est nécessaire de rapprocher les règles et pratiques concernant le statut et les principaux droits des victimes, en veillant en particulier au respect de la dignité des victimes, à leur droit à informer et à être informées, à comprendre et à être comprises, à être protégées aux diverses étapes de la procédure et à voir prendre en compte le désavantage de résider dans un Etat membre autre que celui où le crime a été commis.
(9) Les dispositions de la présente décision-cadre n'imposent, toutefois, pas aux Etats membres de garantir aux victimes un traitement équivalent à celui des parties aux procès.
(10) L'intervention de services spécialisés et d'organismes d'aide aux victimes avant, pendant et après la procédure pénale est importante.
(11) Il est nécessaire qu'une formation appropriée et suffisante soit dispensée aux personnes appelées à être en contact avec les victimes, ce qui est fondamental tant pour les victimes que pour la réalisation des objectifs de la procédure.
(12) Il convient d'utiliser des mécanismes de coordination entre points de contact constitués en réseaux dans les Etats membres, soit au sein du système judiciaire, soit pour relier des organismes d'aide aux victimes,

A adopté la décision-cadre suivante :

Article premier

Définitions

Aux fins de la présente décision-cadre, on entend par :
a - “ victime ” : la personne physique qui a subi un préjudice, y compris une atteinte à son intégrité physique ou mentale, une souffrance morale ou une perte matérielle, directement causé par des actes ou des omissions qui enfreignent la législation pénale d'un Etat membre ;
b - “ organisme d'aide aux victimes ” : l'organisme non gouvernemental, établi légalement dans un Etat membre, dont les activités gratuites d'aide aux victimes d'infractions, menées dans des conditions appropriées, complètent l'activité de l'État dans ce domaine ;
c - “ procédure pénale ” : la procédure pénale conformément à la loi nationale applicable ;
d - “ procédure ” : la procédure au sens large, c'est-à-dire comprenant, outre la procédure pénale, tous les contacts que la victime établit, en sa qualité de victime, avec toute autorité, tout service public ou tout organisme d'aide aux victimes avant, pendant ou après le procès pénal ;
e - “ médiation dans les affaires pénales ” : la recherche, avant ou pendant la procédure pénale, d'une solution négociée entre la victime et l'auteur de l'infraction, par la médiation d'une personne compétente.

Article 2

Respect et reconnaissance

1. Chaque État membre assure aux victimes un rôle réel et approprié dans son système judiciaire pénal. Il continue à œuvrer pour garantir aux victimes un traitement dûment respectueux de leur dignité personnelle pendant la procédure et reconnaît les droits et intérêts légitimes des victimes, notamment dans le cadre de la procédure pénale.
2. Chaque État membre veille à ce que les victimes particulièrement vulnérables bénéficient d'un traitement spécifique répondant au mieux à leur situation.

Article 3
Audition et fourniture de preuves
Chaque État membre garantit la possibilité aux victimes d'être entendues au cours de la procédure ainsi que de fournir des éléments de preuve.
Chaque État membre prend les mesures appropriées pour que ses autorités n'interrogent les victimes que dans la mesure nécessaire à la procédure pénale.

Article 4
Droit de recevoir des informations
1. Chaque État membre garantit aux victimes, en particulier dès leur premier contact avec les services répressifs, par tous moyens qu'il juge appropriés et autant que possible dans des langues généralement comprises, l'accès aux informations pertinentes pour la protection de leurs intérêts. Ces informations sont au moins les suivantes :
a - les services ou les organismes auxquels la victime peut s'adresser pour obtenir une aide ;
b - le type d'aide qu'elle peut recevoir ;
c - auprès de qui et de quelle manière elle peut introduire une plainte ;
d - les étapes de la procédure qui suivent le dépôt de la plainte et le rôle de la victime dans le cadre de celles-ci ;
e - comment et dans quelles conditions la victime peut bénéficier d'une protection ;
f - dans quelle mesure et sous quelles conditions la victime a accès :
  i) à des conseils juridiques ou
  ii) à l'aide juridique ou
  iii) à toute autre forme de conseil
  si, dans les cas visés aux point i) et ii), la victime y a droit ;
g - les exigences qui régissent le droit à réparation de la victime ;
h - dans le cas où la victime réside dans un autre État, quels sont les mécanismes particuliers dont elle dispose pour assurer la défense de ses intérêts.

2. Chaque État membre garantit qu'une victime qui en a manifesté la volonté est informée :
a - de la suite réservée à sa plainte ;
b - des éléments pertinents lui permettant, en cas de poursuites, de connaître le déroulement de la procédure pénale relative à la personne poursuivie pour les faits la concernant, sauf dans des cas exceptionnels pouvant nuire au bon déroulement de l'affaire ;
c - de la décision prononcée par la juridiction.

3. Les États membres prennent les mesures nécessaires pour assurer, au moins dans les cas où il existe un danger pour la victime, que, au moment de la remise en liberté de la personne poursuivie ou condamnée pour l'infraction, l'information de la victime puisse, si elle s'avère nécessaire, être décidée.
4. Dans la mesure où un État membre transmet de sa propre initiative l'information visée aux paragraphes 2 et 3, il doit garantir à la victime le droit de choisir de ne pas la recevoir, à moins que sa transmission ne soit obligatoire aux termes de la procédure pénale applicable.

Article 5
Garanties de communication
Chaque État membre prend les mesures nécessaires pour atténuer, dans toute la mesure du possible, les difficultés de communication relatives à la compréhension ou à la participation de la victime ayant la qualité de témoin ou de partie à la procédure dans le cadre des étapes importantes de la procédure pénale concernée, d'une manière comparable aux mesures de ce type qu'il prend à l'égard des défendeurs.

Article 6
Assistance spécifique à la victime
Chaque État membre garantit que la victime ait accès, gratuitement lorsque cela est justifié, aux conseils visés à l'article 4, paragraphe 1, point f) iii) sur leur rôle au cours de la procédure et, le cas échéant, à l'aide juridique visée à l'article 4, paragraphe 1, point f) ii) lorsqu'elle peut avoir la qualité de partie à la procédure pénale.

Article 7
Frais exposés par la victime dans le cadre d'une procédure pénale
Chaque État membre, selon les dispositions nationales applicables, offre à la victime qui a la qualité de partie ou de témoin, la possibilité d'être remboursée des frais exposés en raison de sa participation légitime à la procédure pénale.

Article 8
Droit à une protection
1. Chaque État membre garantit un niveau approprié de protection aux victimes et, le cas échéant, à leur famille ou aux personnes assimilées à des membres de leur famille, notamment en matière de sécurité et de protection de leur vie privée, dès lors que les autorités compétentes estiment qu'il existe un risque grave d'actes de rétorsion ou de solides indices laissant présumer une perturbation grave et intentionnelle de leur vie privée.

2. À cette fin, et sans préjudice du paragraphe 4, chaque Etat membre garantit la possibilité que soient adoptées, si nécessaire, dans le cadre d'une procédure judiciaire, des mesures appropriées de protection de la vie privée et de l'image de la victime, de sa famille ou des personnes assimilées à des membres de sa famille.

3. Chaque État membre veille également à éviter que les victimes et les auteurs d'infractions ne se trouvent en contact dans les locaux judiciaires, à moins que la procédure pénale ne l'impose. Le cas échéant, chaque Etat membre prévoit, à cette fin, la création progressive, dans les locaux judiciaires, de zones d'attente séparées pour les victimes.

4. Chaque État membre garantit, lorsqu'il est nécessaire de protéger les victimes, notamment les plus vulnérables, contre les conséquences de leur déposition en audience publique, qu'elles puissent, par décision judiciaire, bénéficier de conditions de témoignage permettant d'atteindre cet objectif, par tout moyen approprié compatible avec les principes fondamentaux de son droit.

Article 9
Droit à réparation dans le cadre de la procédure pénale
1. Chaque Etat membre garantit qu'il existe, pour la victime d'une infraction pénale, le droit d'obtenir qu'il soit statué dans un délai raisonnable sur la réparation par l'auteur de l'infraction dans le cadre de la procédure pénale, sauf lorsque, pour certains cas, la loi nationale prévoit que l'indemnisation interviendra dans un autre cadre.

2. Chaque État membre prend les mesures nécessaires pour favoriser l'effort d'indemnisation appropriée de la victime par l'auteur de l'infraction.

3. Sauf nécessité absolue de la procédure pénale, les biens restituables qui appartiennent à la victime et qui ont été saisis au cours de la procédure lui sont rendus sans tarder.

Article 10

Médiation pénale dans le cadre de la procédure pénale

1. Chaque État membre veille à promouvoir la médiation dans les affaires pénales pour les infractions qu'il juge appropriées à cette forme de mesure.

2. Chaque État membre veille à ce que tout accord intervenu entre la victime et l'auteur de l'infraction lors de la médiation dans les affaires pénales puisse être pris en compte.

Article 11

Victimes résidant dans un autre État membre

1. Chaque État membre veille à ce que ses autorités compétentes soient en mesure de prendre les mesures appropriées pour atténuer les difficultés qui surgissent lorsque la victime réside dans un autre État que celui où l'infraction a été commise, en particulier en ce qui concerne le déroulement de la procédure. A cette fin, ces autorités doivent notamment être en mesure de :

- pouvoir décider de la possibilité, pour la victime, de faire une déposition immédiatement après que l'infraction a été commise,
- recourir le plus largement possible aux dispositions relatives à la vidéoconférence et à la téléconférence prévues aux articles 10 et 11 de la convention relative à l'entraide judiciaire en matière pénale entre les États membres de l'union européenne du 29 mai 2000 [412] pour l'audition des victimes résidant à l'étranger.

2. Chaque État membre veille à ce que la victime d'une infraction dans un Etat membre autre que celui dans lequel elle réside puisse porter plainte auprès des autorités compétentes de son État de résidence lorsqu'elle n'a pas été en mesure de le faire dans l'État de l'infraction ou, en cas d'infraction grave, lorsqu'elle n'a pas souhaité le faire.

L'autorité compétente auprès de laquelle la plainte a été déposée, dans la mesure où elle n'exerce pas elle-même sa compétence à cet égard, la transmet sans délai à l'autorité compétente sur le territoire de laquelle l'infraction a été commise. Cette plainte est traitée selon le droit national de l'État où l'infraction a été commise.

Article 12

Coopération entre États membres

Chaque État membre soutient, développe et améliore la coopération entre Etats membres, de manière à favoriser une protection plus efficace des intérêts des victimes dans le cadre des procédures pénales, qu'elle prenne la forme de réseaux directement liés au système judiciaire ou celle de liens entre les organismes d'aide aux victimes.

Article 13

Services spécialisés et organismes d'aide aux victimes

1. Chaque État membre soutient, dans le cadre de la procédure, l'intervention de services d'aide aux victimes chargés d'organiser l'accueil initial ainsi que le soutien et l'assistance ultérieurs des victimes, soit en mettant à la disposition de celles-ci, au sein de ses services publics, des personnes ayant reçu une formation spéciale, soit en reconnaissant et en finançant les organismes d'aide aux victimes.

2. Chaque État membre favorise l'intervention, dans le cadre de la procédure, de ces personnes ou des organismes d'aide aux victimes, notamment pour :

a - fournir des informations aux victimes ;

b - apporter une aide aux victimes en fonction de leurs besoins immédiats ;

c - accompagner les victimes, si cela est nécessaire et possible au cours de la procédure pénale ;

d - aider les victimes, à leur demande, après la clôture de la procédure pénale.

Article 14

---

412. V. JO C 197 du 12.7.2000, p. 1.

Formation professionnelle des personnes intervenant dans la procédure ou ayant des contacts avec les victimes
1. Chaque État membre favorise, par le biais de ses services publics ou par le financement d'organismes d'aide aux victimes, des initiatives permettant aux personnes intervenant dans la procédure ou ayant des contacts avec les victimes de recevoir une formation appropriée plus particulièrement axée sur les besoins des catégories les plus vulnérables.

2. Le paragraphe 1 s'applique notamment aux policiers et aux praticiens de la justice.

Article 15
Conditions pratiques concernant la situation de la victime dans le cadre de la procédure
1. Chaque État membre favorise la création progressive, dans le cadre de l'ensemble des procédures et, en particulier, dans les locaux des organes auprès desquels la procédure pénale peut être engagée, des conditions nécessaires pour tenter de prévenir des préjudices secondaires pour la victime ou lui éviter de subir des pressions inutiles. Il s'agit notamment de garantir aux victimes un premier accueil convenable et de mettre en place des conditions adaptées à leur situation dans les locaux concernés.

2. Aux fins du paragraphe 1, chaque État membre prend notamment en considération les moyens existant au sein des tribunaux, des services de police, des services publics et des organismes d'aide aux victimes.

Article 16
Champ d'application territorial
La présente décision-cadre s'applique à Gibraltar.

Article 17
Mise en œuvre
Chaque État membre met en vigueur les lois, règlements et dispositions administratives nécessaires au respect de la présente décision-cadre :
- en ce qui concerne l'article 10 : au plus tard le 22 mars 2006 ;
- en ce qui concerne les articles 5 et 6 : au plus tard le 22 mars 2004 ;
- en ce qui concerne les autres dispositions : au plus tard le 22 mars 2002.

Article 18
Évaluation
Aux dates visées à l'article 17, chaque État membre transmet au secrétariat général du Conseil et à la Commission, le texte des dispositions qui transposent, dans l'ordre juridique national, les obligations imposées par la présente décision-cadre. Le Conseil évalue, dans un délai d'un an consécutif à chacune de ces dates, les mesures prises par les Etats membres pour se conformer aux dispositions de la présente décision-cadre, sur la base d'un rapport élaboré par le secrétariat général à partir des informations communiquées par les Etats membres et d'un rapport écrit présenté par la Commission.

Article 19
Entrée en vigueur
La présente décision-cadre entre en vigueur le jour de sa publication au *Journal officiel des Communautés européennes.*

Fait à Bruxelles, le 15 mars 2001.

Annexe n° 8

Forum Européen des Services d'Aide aux Victimes. Les droits des victimes dans le cours du procès pénal (1996) [413]

Principes généraux

Les droits des victimes d'infractions doivent recevoir la même priorité que les droits des auteurs d'infractions.

Les procédures concernant les auteurs d'infractions ne doivent pas augmenter la détresse ou ajouter aux difficultés des victimes d'infractions.

Droits des victimes

Les victimes doivent avoir le droit de :
. être respectées et considérées à tous les stades de la procédure pénale ;
. recevoir des informations et des explications sur le déroulement de leur affaire ;
. être entendues par les autorités en charge des poursuites pénales ;
. bénéficier d'une assistance juridique sans considération de leurs revenus ;
. être protégées à la fois dans leur vie privée et dans leur intégrité physique ;
. être indemnisées à la fois par les auteurs d'infractions et l'Etat.

Le Forum Européen des Services d'Aide aux victimes

Une personne sur quatre est victime d'infractions pénales chaque année en Europe.
Le Forum Européen a été constitué pour :
- promouvoir le développement des services d'aide aux victimes en Europe ;
- favoriser l'indemnisation juste et équitable, sans condition de nationalité, des victimes d'infractions en Europe ;
- améliorer les droits des victimes en Europe dans le cours du procès pénal et auprès des autres institutions.

Formulant cette déclaration, le Forum Européen des services d'aide aux victimes reconnaît et apprécie la portée des déclarations internationales relatives aux droits fondamentaux de l'homme et aux droits des auteurs d'infractions. Il reconnaît l'importance de la déclaration des Nations Unies sur les principes fondamentaux de justice relatifs aux victimes de la criminalité et aux victimes d'abus de pouvoir d'une part et de la convention européenne relative à l'indemnisation des victimes d'infractions violentes d'autre part. Il se félicite des rapports et recommandations du Conseil de l'Europe sur la position de la victime dans le cadre des lois pénales et de la procédure, ainsi que sur l'assistance aux victimes et la prévention de la victimation. Il reconnaît enfin l'importance de l'action de ceux qui œuvrent pour la prévention de la délinquance et de ceux dont l'objectif est la réinsertion des délinquants.

Principes relatifs à la mise en œuvre des Droits des victimes

a - Les droits des victimes d'infractions doivent bénéficier de la même priorité que les droits de la défense.

---

413. European Forum for Victim Services, Cranmer House, 39 Brixton road, London SW9 6DZ, United Kingdom ; Traduction INAVEM, 1998 ; V. *La lettre de l'INAVEM*, 1998-40, pp. 3-6.

b - La prise en compte des intérêts des victimes, à tous les stades de la procédure pénale, doit garantir que les mesures de traitement des auteurs d'infractions ne viendront pas augmenter la détresse des victimes ou entraîner une " Victimation secondaire ".
c - L'expérience professionnelle des services d'aide aux victimes ainsi que certaines recherches récentes démontrent clairement les conséquences durables et préjudiciables que peut avoir un acte criminel pour les victimes et leurs familles, concernant non seulement leur bien-être physique, économique et psychologique, mais également du point de vue de leur attitude envers la société dans son ensemble, et les autorités judiciaires en particulier. L'absence d'informations ou un manque de considération dans le cours du procès pénal, le cas échéant du fait même des professionnels de la justice, aggrave certainement l'ensemble de ces conséquences. Au contraire, les victimes considérées et respectées sont susceptibles d'une meilleure réaction face à leur expérience personnelle de la délinquance, de la comprendre dans son contexte et d'être rassurées grâce à la solidarité exprimée à leur égard. La prévention de la victimation secondaire est de la sorte aussi importante que la prévention de la criminalité, en particulier parce que la possibilité de la prévenir est de la seule responsabilité de l'Etat.

d - La délinquance et la peur du crime affectent non seulement les individus directement concernés, mais aussi les nombreuses personnes qui s'en trouvent informées du fait de leurs relations personnelles ou par les médias. La victimation secondaire, induite le cas échéant par les autorités judiciaires, détruit la confiance en l'institution, et limite la coopération des victimes. Les procédures qui, de façon appropriée, accordent une place à la victime, dans le but d'éviter la victimation secondaire, doivent être par conséquent considérées comme essentielles, bien plus que nous le pensons habituellement, du point de vue de la solidarité sociale et dans l'intérêt de la justice. La mise en œuvre d'un véritable Droit des victimes d'infractions pénales paraît donc indispensable au bien-être de la société dans son ensemble.

e - Partout en Europe, l'Etat assume la responsabilité de poursuivre les auteurs d'infractions, retirant à la victime la charge d'une action intentée par elle-même, dans le respect de la personne de l'auteur Cette responsabilité de l'Etat devrait être reconnue comme un droit essentiel des victimes et aucune mesure qui rendrait les victimes responsables du déclenchement des investigations ne devrait être autorisée.

f - Il doit être cependant reconnu que la suppression de toute possibilité d'action de la victime peut également avoir des conséquences préjudiciables. Les victimes peuvent se voir refuser le droit de se protéger contre leur agresseur, d'exiger une juste réparation ou d'être complètement informées des procédures qui s'appliquent à leur cas, y compris la loi pénale ou les divers éléments pris en compte au moment de la décision. Des progrès doivent être accomplis afin de garantir la protection des victimes, en s'assurant que la justice soit rendue pour l'ensemble des parties qui disposent d'un intérêt légitime dans une affaire.

g – L'Etat est responsable de la mise en œuvre de mesures appropriées, même si de nombreuses solutions peuvent s'appliquer, associant par exemple des organismes de services, les autorités pénales, les tribunaux, ou les auteurs d'infractions.

Les droits des victimes

1 - Respect et considération

a - Les victimes ont le droit d'être reconnues et considérées comme ayant des intérêts légitimes qui doivent être pris en compte à tous les stades de la procédure pénale.
b - Les auditions des victimes et des témoins, à tous les stades de l'enquête et devant le tribunal, doivent être conduites dans le respect de la dignité des personnes. Une

attention particulière doit être accordée aux enfants et aux personnes handicapées mentales qui doivent être toujours entendus en présence d'un parent, d'un tuteur ou de tout autre représentant légal.

2 - Recevoir une information

a - Toutes les victimes, lorsqu'elles déposent plainte, devraient être tenues informées des développements de leur affaire - ex. arrestation de l'auteur, décision de poursuite, date des auditions, mise en liberté sous caution, sanction pénale, remise de peine et libération. Les victimes devraient pouvoir se prononcer en connaissance de cause sur leur souhait d'être tenues informées ou non aux différents stades du traitement de leur affaire.

b - Les victimes faisant le choix d'être renseignées doivent recevoir en temps opportun une information sur les décisions prises, les constats qui les fondent et le cas échéant les problèmes légaux qui ont pu apparaître. Les victimes doivent être autorisées à prendre connaissance du dossier de leur affaire sur simple demande. Autant que possible, les victimes devraient être renseignées par les autorités directement responsables des décisions, donc à même d'en expliquer précisément les motivations. Lorsque la victime peut éprouver une détresse particulière - ex. un classement sans suite ou une réduction des charges dans les cas d'homicides, d'agressions sexuelles ou de violences domestiques...

Un entretien personnalisé doit être proposé pour permettre à la victime de comprendre en totalité la décision.

3 - Donner un témoignage

Les victimes considèrent fréquemment qu'elles disposent d'informations qui sont ignorées des autorités, parce qu'elles ne constituent pas directement des preuves utiles pour établir la vérité sur leur affaire. Ce problème se posera certainement avec une moins grande acuité dans le cas d'un système de justice inquisitoriale. Dans toute affaire, les victimes devraient pouvoir apporter leur témoignage, en usant de leurs propres termes et directement auprès des services de police et de ceux en charge des poursuites. Ce témoignage pourrait aussi bien concerner les préjudices économiques, physiques et moraux consécutifs de l'infraction, que les contacts intervenus avec l'auteur avant ou après l'infraction, et les craintes de la victime pour sa sécurité personnelle ou face à une tentative d'intimidation de l'auteur. Les victimes doivent être libres de donner toute l'information qu'elles souhaitent, tout en sachant que cette information sera communiquée à l'auteur et sera éventuellement discutée.

La finalité du témoignage des victimes devrait être de :

. garantir à la victime le droit d'être entendue ;

. fournir les informations nécessaires à toute demande d'indemnisation ;

. prévenir les autorités contre les risques encourus en cas de libération de l'auteur en détention préventive, permettre aux professionnels la prise en compte des intérêts de la victime à tous les stades de la procédure où l'intérêt public est concerné par les décisions à prendre, informer le procureur de l'ensemble du contexte de l'affaire pour prévenir les risques de victimation secondaire pendant les phases d'instruction et de jugement de l'affaire ;

. fournir au procureur tout renseignement pouvant permettre de réfuter les arguments erronés de la défense ;

. permettre au procureur d'apporter devant le tribunal toute information pertinente, par exemple en amont du prononcé des sanctions.

4 - Assistance juridique
Les victimes doivent pouvoir bénéficier d'une assistance juridique quelles que soient leurs ressources. Dans les pays où les victimes et leurs familles sont autorisées à jouer un rôle actif dans l'engagement des poursuites, une assistance juridique et la représentation en justice des victimes devraient être assurées dans le cours du procès pénal.

5 - Protection
a - Suivant les règles de justice, l'intimité des victimes et des autres témoins doit être protégée. Les noms des victimes ne doivent pas être diffusés dans la presse et les autres médias, ainsi que toute information qui permettrait leur identification. Les adresses des victimes et des autres témoins ne devraient pas être portées à la connaissance de la défense ou citées en audience publique, sauf à considérer qu'elles revêtent un intérêt spécifique pour l'accusation.

b - Les enfants et les autres victimes ou témoins vulnérables doivent être autorisés à témoigner hors la présence de la défense ou du public - ex. témoignage par vidéo et écran interposés ou témoignage enregistré. Les décisions relatives aux modalités du recueil de ces témoignages devraient intervenir préalablement aux auditions suivant l'avis d'experts.

c - Quand il apparaît que la victime ou un autre témoin pourrait être l'objet de nouvelles menaces, violences ou pressions, tous moyens devront être mis en œuvre pour la protéger et la rassurer. L'usage de certaines technologies devrait pouvoir être autorisé dans cette optique - ex. des alarmes reliées aux services de police avec la consigne d'une réponse prioritaire.

d - Les modalités de contrôle des contacts des auteurs ou présumés auteurs d'infractions avec les victimes et témoins doivent être si possible inclues aux dispositions conditionnant leur mise en liberté sous caution, le recours à des sanctions alternatives à l'incarcération ou leur libération conditionnelle. Les victimes devraient être en toutes circonstances informées du détail de ces dispositions et des suites à donner dans le cas de leur non respect.

e - Dans le cours de leur enquête, les services de police devraient assurer prioritairement la protection des victimes. Ils devraient recourir à des méthodes d'intervention ne permettant pas aux auteurs d'infractions d'identifier les victimes ou témoins, par exemple à l'occasion des visites organisées à leur domicile ou lors des confrontations.

6 - Indemnisation
a - Dans le cas d'affaires qui sont traitées devant un tribunal pénal, les victimes devraient être autorisées en toutes circonstances à solliciter par avance une indemnisation des auteurs d'infractions. Lorsque leurs demandes n'ont pas été exposées, leur opinion devrait être toujours recueillie avant la condamnation de l'auteur des faits au versement de dommages et intérêts.

b - Lorsque le versement de dommages et intérêts peut être réduit ou refusé en fonction des ressources de l'auteur d'une infraction, les ressources de la victime doivent être également prises en compte.

c - Lorsque l'auteur d'une infraction dispose d'un délai pour le règlement des dommages et intérêts, un fonds public devrait indemniser la victime par avance. La dette de l'auteur d'infraction deviendrait ainsi propriété de l'Etat assistant la victime pour le recouvrement de son indemnisation.

d - En cas de dommages corporels graves, un fonds public doit indemniser les victimes, suivant leurs blessures, leur souffrance morale, leurs pertes de salaires ou de revenus, aussitôt que possible après la survenance des faits, que l'auteur de l'infraction ait été identifié ou non.
Lorsque la victime est décédée, les frais d'obsèques ainsi que le préjudice économique et moral de ses parents proches doivent être indemnisés.

Conditions générales
a - Cette déclaration sur les droits des victimes dans le cours du procès pénal devrait être diffusée partout en Europe.

b - Des procédures de dépôt de plainte claires et connues des victimes doivent être mises en œuvre afin de faciliter leur demande de réparation.

c - Toutes les victimes d'infractions doivent bénéficier des mêmes droits ainsi que le cas échéant leurs proches parents, sans aucune discrimination concernant l'âge, le sexe et la sexualité, la race, les handicaps, la profession, les croyances religieuses ou les opinions politiques des personnes concernées.

d - Les personnes en relation avec des victimes doivent toutes recevoir une formation afin de connaître précisément les conséquences d'infractions et celles liées à la victimation secondaire. Leur formation doit s'attacher en particulier à souligner la nécessité d'un discours accessible et l'intérêt d'une explication des termes juridiques et des procédures.

e - Les organisations publiques et privées qui interviennent auprès des victimes doivent disposer de ressources suffisantes pour l'exercice de leurs missions.

f - Les victimes étrangères voyageant ou résidant en Europe doivent bénéficier partout des mêmes droits que les ressortissants des pays concernés, indépendamment de l'existence ou non d'accords de réciprocité avec leurs pays d'origine.

Annexe n° 9

Forum Européen des Services d'Aide aux Victimes. Recommandations sociales en faveur des victimes d'infractions pénales (1998) [414]

Les principes généraux

- Les sociétés démocratiques ont l'obligation de réduire les conséquences de la criminalité, notamment l'impact de la victimation sur la vie quotidienne
- Les victimes sont en droit d'attendre la protection de leur vie privée, de leur sécurité physique et de leur santé mentale
- Les victimes doivent être aidées suivant une évaluation et un traitement global de leurs difficultés

Les droits des victimes

Les victimes doivent pouvoir solliciter :

- la reconnaissance sociale de leurs préjudices ;
- une information sur leurs droits et les services à leur disposition ;
- un accès aux services de santé et de soins ;
- une compensation financière de leurs pertes de revenus ;
- une protection appropriée de leur domicile ;
- un soutien et une protection sur leur lieu de travail ;
- un soutien et une protection dans les établissements scolaires ;
- une indemnisation de leurs préjudices ;
- un libre accès aux services d'aide aux victimes ;
- la protection de leur vie privée ;

Le Forum Européen a été créé pour :

- soutenir la création de services d'aide aux victimes en Europe ;
- favoriser l'indemnisation des victimes, sans condition de nationalité ;
- améliorer les droits des victimes dans le cours du procès pénal.

Dans le prolongement de sa *Déclaration sur les droits des victimes dans le cours du procès pénal* en 1996, le Forum européen a voulu donner une nouvelle orientation à ses travaux pour considérer plus précisément les droits sociaux des victimes d'infractions pénales. Le Forum européen a donc énoncé les recommandations suivantes, montrant d'une part que la victimation secondaire n'est pas seulement associée aux interventions de la justice pénale et, d'autre part, comment les victimes peuvent être affectées dans tous les domaines de leur vie personnelle. Le principe d'une réponse appropriée des organismes concernés semble être ainsi une condition essentielle cconcernant la faculté qu'auront les victimes de faire face aux diverses conséquences d'infractions pénales.

Exposé des motifs

a - Tout individu demande que sa vie privée, sa sécurité physique et sa santé mentale soient protégées. La reconnaissance de ces droits fondamentaux est essentielle, a fortiori dans le cas des victimes d'infractions pénales, confrontées à une situation qu'elle n'ont pas voulue mais qui leur est imposée.

---

414. European Forum for Victim Services, Cranmer House, 39 Brixton road, London SW9 6DZ, United Kingdom ; Traduction INAVEM, 1998, multigraph., 12 p.

b - Les sociétés démocratiques doivent assurer la protection de leurs citoyens. Elles doivent non seulement mettre en œuvre les mesures nécessaires à la prévention de la délinquance, mais considérant que les activités criminelles ne peuvent être totalement maîtrisées, elles doivent reconnaître par ailleurs leur responsabilité dans la prévention des effets de la criminalité. La prise en compte et l'amélioration du sort des victimes d'infractions pénales est bien plus que l'expression d'une solidarité familiale, communautaire et/ou nationale, une obligation de la nature d'un “ contrat social ”.

c – De nombreuses recherches et l'expérience des professionnels démontrent l'importance de la victimation secondaire, liée à l'incompréhension que ressentent les victimes, aussi bien du fait des institutions que des individus. Elles éprouvent un sentiment d'isolement et d'insécurité, perdent confiance dans leurs recours à l'assistance de leurs proches et des professionnels. La victimation secondaire aggrave les conséquences immédiates de l'infraction, du fait d'attitudes et de comportements, d'actes et d'omissions qui à titre individuel ou collectif, maintiennent ou intensifient les traumatismes des victimes, au risque en définitive d'une aliénation.

d - Les services d'aide aux victimes constatent que les sanctions à l'encontre des délinquants et l'indemnisation des préjudices subis, le cas échéant par l'intermédiaire de l'État ou d'un Fonds de garantie, n'assurent qu'une réparation partielle des victimes. L'inter-vention auprès des victimes doit être immédiate et appréhender la globalité de leurs difficultés, en associant les personnes qui leur sont proches.

e - La société doit démontrer sa responsabilité envers les victimes. La douleur et souffrance des victimes en sont sinon prolongées. L'absence de prise en charge des victimes augmente à long terme le coût social de la victimation. Les victimes non aidées peuvent pour se protéger, recourir à l'autodéfense et à la vengeance.

f - Les victimes d'infractions pénales, leurs familles et leurs proches, demandent avant toute chose la reconnaissance de leurs préjudices. Cette reconnaissance ne peut être limitée à la seule intervention de la justice pénale. A l'instar des délinquants et criminels, les victimes devraient bénéficier dans certains cas de véritables programmes de réinsertion sociale.

g - Parallèlement aux propositions faites pour améliorer la position des victimes dans le cours du procès pénal, des recommandations sociales en faveur des victimes d'infractions pénales doivent être également diffusées. Ces recommandations sont essentielles pour favoriser la réparation des victimes, en assurant la restauration de leur dignité et la protection de leur vie privée.

En faveur des victimes

1 - La reconnaissance sociale

a - Pour une véritable reconnaissance sociale, les mots et la “ parole ” de la victime doivent être entendus en premier lieu. Les attentes et les besoins des victimes doivent être considérés à partir de leur représentation personnelle des torts subis et de leurs conséquences. La victime perçoit souvent les violences endurées comme la négation de son statut de personne. L'assistance proposée doit en conséquence lui permettre d'être reconnue en tant qu'individu sujet et citoyen.

b - Les victimes et leurs familles ne doivent subir aucune discrimination relative à leur âge, leur sexe ou leur sexualité, leurs handicaps, leur culture ou leur race, leurs croyances religieuses, leurs activités personnelles ou professionnelles, leurs opinions politiques ou la nature de leurs dommages.

c - Toute victime doit être reçue aussitôt que possible après la commission d'une infraction, et entendue avec attention, respect et humanité.

d - Les institutions et services qui reçoivent des victimes ou se déplacent auprès d'elles pour leur venir en aide devraient faciliter leur contact avec toute personne qu'elles estiment utile d'informer de leur situation. Ils devraient s'assurer de plus qu'une première aide d'urgence est disponible, aussi bien sur un plan psychologique que matériel.

2 - L'information

a - Les administrations et les autres organismes en relation avec les victimes doivent être en mesure de leur fournir toute information sur leurs droits ainsi que sur les moyens de les faire valoir. Leurs personnels doivent s'attacher à reconnaître et remédier aux difficultés matérielles et aux souffrances psychologiques des victimes et de leurs familles. Une formation spécifique doit leur être ainsi dispensée, en liaison avec les services d'aide aux victimes.

b - La famille, les enfants et les proches de victimes doivent recevoir une information appropriée concernant les difficultés habituelles et les réactions sur une longue période des victimes d'infractions. Cette information doit leur permettre d'adopter un comportement en relation avec les traumatismes des victimes, et les aider le cas échéant à prévenir les risques supplémentaires de tensions familiales.

c - Afin de promouvoir pour les victimes, l'assistance et le soutien nécessaires dans les meilleurs délais, des lignes téléphoniques nationales animées par les services d'aide aux victimes doivent être disponibles, à l'instar des dispositifs déjà expérimentés dans les cas de l'enfance maltraitée et des violences faites aux femmes.

d - Les victimes étrangères et les immigrants se trouvent souvent séparés de leurs proches et sans soutien immédiatement disponible. Des interprètes comprenant les conséquences culturelles de leur victimation devraient être requis pour les assister. Les documents d'information remis aux victimes devraient être toujours disponibles en plusieurs langues.

e - Les enfants rencontrent parfois des difficultés dans leur recherche d'un soutien aussi bien auprès de leurs familles que des professionnels. Des services spécialisés doivent leur être directement accessibles et des professionnels désignés pour leur suivi individuel.

3 - L'accès aux services de soins

a - Les victimes d'actes criminels graves devraient bénéficier d'un accès gratuit aux soins médicaux, sans avoir à avancer les frais de leur prise en charge.

b - Les personnels de santé doivent recevoir une formation appropriée à l'identification et au traitement des conséquences d'actes criminels.

c - Les relations doivent être développés entre les hôpitaux, notamment les services d'urgence, les professions de santé, les services sociaux et les services d'aide aux victimes.

d - Sous réserve de leur information, les victimes doivent :
. être assistées par un intervenant hospitalier (psychiatre, psychologue, travailleur social...) ou par un service d'aide aux victimes pendant le temps de leur hospitalisation ;

. être examinées par des personnels formés à la prise en charge des victimes ;
. être renseignées sur les conditions et le déroulement de leur examen général, médico-légal ou psychiatrique, ainsi que sur les conséquences légales d'un examen médical ;
. être autorisées à refuser un examen, après avoir pris connaissance des conséquences de leur refus ;
. être autorisées à choisir d'être examinées par un homme ou une femme sans avoir à justifier leur demande ;
. être autorisées à solliciter l'assistance d'une personne de confiance, et à refuser la présence de toute autre personne que le médecin responsable de leur examen ;
. être destinataires des documents nécessaires pour une procédure légale ;
. être informées de manière appropriée et suivant leur demande de leur état de santé physique et mental ainsi que des traitements proposés.

4 - Les moyens d'existence

a - Les difficultés financières des victimes suite à une infraction pénale sont une forme de victimation secondaire et doivent être considérées comme un obstacle à leur réinsertion sociale.

b - Les victimes doivent bénéficier d'une compensation financière dans tous les cas d'infractions pénales entraînant une perte partielle ou totale de revenus.

c - Les victimes de violences domestiques qui ne disposent pas de ressources personnelles doivent bénéficier d'allocations se substituant au revenu familial.

5 - La sécurité du domicile

a - La sécurité du domicile est essentielle pour la santé physique et mentale des individus. Elle est un préalable à la réinsertion des victimes d'infractions pénales.

b - En relation avec la nature de leurs dommages :
. les victimes de violences physiques, souffrant d'une incapacité temporaire ou permanente, doivent bénéficier d'aménagements pour réintégrer leur domicile après une hospitalisation (soins à domicile, aide ménagère, garde d'enfants...) ;
. à la suite d'un cambriolage ou d'une agression à leur domicile, les victimes doivent bénéficier en urgence d'une protection visant à prévenir la récidive (remplacement des serrures ou vitres en cas d'effraction, installation de systèmes de sécurité) ;
. en cas de violences domestiques, les victimes doivent conserver l'usage du domicile familial. Leur relogement devrait être au minimum envisagé, comme solution temporaire ou le cas échéant définitive ;
. après une expérience de victimation particulièrement traumatisante (meurtre, incendie criminel...), les victimes doivent bénéficier de facilités pour assurer la sécurité de leur domicile, et Si nécessaire doivent disposer d'un hébergement d'urgence ou d'un relogement définitif ;
. les victimes du commerce et de l'exploitation sexuelle ainsi que de la prostitution forcée doivent bénéficier d'un hébergement approprié à leur protection et à leur réinsertion. Certaines de ces victimes peuvent se trouver en situation irrégulière. Dans ce cas, elles doivent être traitées avec humanité, suivant les lois du pays concerné et conformément aux droits de l'homme.

6 - L'environnement professionnel

a - Le fait d'avoir été victime peut avoir des répercussions sur la situation professionnelle. Tout employeur doit ainsi prendre en compte son personnel victime, que l'acte criminel soit en relation avec l'activité professionnelle ou non. Un accident ou une agression sur le lieu de travail fait du soutien de l'employeur aux victimes une obligation.

b - Dans tous les cas de victimation, les employeurs concernés doivent procéder à l'évaluation rapide des besoins des victimes, apprécier l'opportunité d'un congé exceptionnel et faciliter le contact de leur personnel avec les services d'aide aux victimes.
Des équipes d'intervention indépendantes et spécialisées dans la gestion des crises doivent être disponibles, pour apporter aux victimes une première information, un soutien moral et une aide psychologique dans l'urgence.
Les employeurs doivent être précisément informés des effets de la criminalité. Ils doivent favoriser la prise en compte des difficultés des victimes, notamment par une sensibilisation de leurs personnels d'encadrement.

c - Le personnel et/ou les clients de nombreux secteurs d'activité sont en particulier exposés au risque d'une victimation, notamment dans l'industrie, la banque, les transports et le commerce. Les entreprises concernées doivent prévenir leur personnel des risques encourus et des moyens de les appréhender. Elles doivent organiser la surveillance des accès à leurs bâtiments, sans néanmoins alerter outre mesure leurs clients ou atteindre au respect de leur vie privée.

d - Dans le cas d'une victimation invalidante au plan physique ou psychologique, l'employeur devrait être enfin tenu d'organiser le reclassement de son personnel victime à l'intérieur de l'entreprise autant que possible.

7 - Le milieu scolaire
a – L'école est l'un des principaux lieux de socialisation des enfants. Elle devrait donc inspirer confiance et sécurité, et représenter un lieu d'écoute privilégié, notamment au regard des problèmes de violences.

b - Les professionnels de l'éducation doivent recevoir une formation pour d'une part savoir reconnaître les violences, et d'autre part assurer le signalement des victimes aux services spécialisés compétents.

c - Les enfants victimes doivent bénéficier d'un accueil et d'un soutien au sein même de l'établissement scolaire, en particulier lorsque des violences se produisent dans l'enceinte ou sur le trajet de l'école.

d - Les écoles doivent constituer des dispositifs spécifiques de prévention avec les autorités policières et judiciaires, contre les rackets et autres extorsions, menaces et intimidations.

e - Les écoles devraient remettre aux enfants et adolescents une information appropriée permettant de prévenir aussi bien les violences que leurs conséquences, en relation si nécessaire avec les services d'aide aux victimes.

8 - L'indemnisation
a – L'indemnisation est fondée sur le principe d'une compensation financière des dommages temporaires ou définitifs des victimes. Son calcul ne prend pas toujours en compte la complexité des besoins des victimes.
Les systèmes d'indemnisation devraient insister davantage sur les intentions des victimes concernant leur réinsertion. Ils devraient soutenir les victimes dans la construction d'un projet de vie intégrant leur expérience de victimation, pour adapter leurs activités antérieures à leur nouvelle situation.

b – L'indemnisation représente souvent l'essentiel de la réparation des victimes, mais cette compensation financière n'apporte que rarement une réponse globale aux difficultés consécutives d'infractions. L'indemnisation devrait donc prendre en compte les besoins des victimes et de leurs familles, en favorisant leur accompagnement social et psychologique dans les démarches administratives et juridiques auxquelles elles sont confrontées.

c - Le versement d'une indemnisation en cas de dommages corporels ne doit pas tenir compte du bénéfice ou non d'un régime de sécurité sociale.
Des aides d'urgence doivent être accordées aux victimes dont les revenus dépendent principalement de prestations sociales, afin de leur permettre de remplacer leurs biens ménagers volés, endommagés ou détruits à la suite d'une infraction pénale.
Une indemnisation ne doit pas être réduite ou refusée parce que la victime a été dans le passé reconnue coupable d'avoir commis une infraction pénale.
Des accords entre Etats doivent être signés pour favoriser l'indemnisation des personnes victimes lors d'un séjour à l'étranger

d - Les politiques de protection des victimes devrait toujours considérer l'aide aux victimes dans le même temps que leur indemnisation. L'aide aux victimes témoigne des préoccupations de la société en faveur des victimes, elle favorise la restauration des liens sociaux à la suite de violences.

9 - Les services d'aide aux victimes
a - La création de services d'aide aux victimes, composés de bénévoles et de professionnels, insérés dans les dispositifs institutionnels et d'accès gratuit pour le public, doit être considérée comme un droit fondamental des victimes d'infractions pénales, et soutenue à ce titre par les gouvernements des États européens.

b - Les services d'aide aux victimes doivent être en mesure de :
. entendre les difficultés des victimes (sentiment d'isolement, souffrance psychologique, méconnaissance du droit)... ;
. informer les victimes sur leurs droits (fonctionnement de la justice, procédures et indemnisation)... ;
. accompagner les victimes dans leurs démarches (aide psychologique, préparation aux expertises et aux audiences) ;
. orienter si nécessaire les victimes vers des services spécialisés (avocats, services sociaux et médico-psychologiques, assurances...).

10 - La protection de la vie privée
a - La victime, sa famille et ses proches doivent être protégés contre toute intrusion à leur vie privée, en particulier dans les suites immédiates d'une agression lorsque tous se trouvent encore en état de choc.
Les informations diffusées en relation avec la commission d'un crime peuvent lorsqu'elles s'avèrent inexactes, imprécises ou indiscrètes, aggraver la situation des victimes concernant aussi bien leur détresse morale que leur sécurité physique.
Certaines victimes peuvent rechercher l'attention des médias pour obtenir la reconnaissance publique de leurs difficultés. Elles doivent cependant être informées du risque d'une atteinte à leur intimité et à leur anonymat. Les victimes dont l'identité a été révélée peuvent faire l'objet de représailles. Le danger existe d'une information schématisée déterminant une typologie des victimes, ou favorisant par imitation de nouvelles actions criminelles.

b - Les victimes, leurs familles et leurs proches doivent être protégés des pressions physiques et/ou psychologiques auxquelles elles peuvent être confrontées en vue de l'obtention d'informations ou de photographies.
Les médias ne devraient jamais diffuser l'identité d'une victime, notamment lorsque cette victime est décédée ou gravement blessée, avant que sa famille et ses proches aient été personnellement informés par un représentant de la police ou d'autres autorités. Hormis les victimes ou leurs parents qui souhaitent s'exprimer au travers des médias, leurs noms ne doivent pas être publiés de même que toute information qui permettrait de les identifier.
Les journalistes ne devraient pas rapporter les violences subies par des victimes, dans le cas même où ces faits ont été l'objet de débats publics, sans les avoir par eux-mêmes vérifiés, tout au moins devraient-ils toujours citer l'origine de leurs informations.
Les médias dans leur compte rendu de procès doivent assurer une représentation équilibrée et impartiale des débats, en veillant à ne pas accorder une importance disproportionnée aux arguments de l'une ou l'autre des parties.
Dans les cas de relation erronée des faits relatifs à la commission d'une infraction pénale ou à ses conséquences, les victimes doivent disposer d'un droit de correction dès lors que les informations diffusées les concernent personnellement.
Les magazines et programmes de télévision qui souhaitent couvrir des affaires criminelles, y compris dans le cas de faits anciens, doivent solliciter l'accord des victimes ou de leurs familles.

c - Les institutions publiques et privées qui reçoivent des victimes doivent assurer en toutes circonstances, la confidentialité de l'accueil et du témoignage des victimes.
Les responsables de bâtiments publics - ex. commissariats et hôpitaux - doivent garantir les victimes contre toute atteinte à leur vie privée, notamment au regard de leurs relations avec les médias et s'assurer que les accès et sorties de leurs établissements sont dûment protégées.
L'accès des journalistes et des photographes aux espaces non-publics des hôpitaux doit être soumis à l'accord des autorités médicales et des victimes concernées.
Les autorités policières, médicales et judiciaires devraient désigner en leur sein des correspondants exclusifs, spécialisés dans la communication avec les médias.

d - Le traitement dans les médias d'informations concernant les victimes devrait être encadré par une charte déontologique, élaborée entre les médias, les pouvoirs publics et les services d'aide aux victimes.
Les médias ont un rôle important à jouer dans l'éducation du public, ils devraient être encouragés à utiliser cette faculté pour contribuer à la prévention de la victimation secondaire.
Les organes de presse et les services d'aide aux victimes doivent entretenir des relations de nature à favoriser une meilleure prise en compte des victimes. Des programmes de sensibilisation des journalistes aux problèmes des victimes devraient être mis en œuvre.
Les services d'aide aux victimes devraient se rapprocher des commissions et juridictions chargées de l'examen des plaintes déposées à l'encontre des médias et, solliciter, en cas de besoin, les aménagements législatifs et/ou réglementaires nécessaires à la protection de l'anonymat et de l'intimité des victimes.

Annexe n° 10

Recommandation R(00)20 adoptée le 6 octobre 2000 par le Comité des Ministres sur Le rôle de l'intervention psychosociale précoce dans la prévention des comportements criminels [415]

Le Comité des Ministres, en vertu de l'article *15.b* du Statut du Conseil de l'Europe,
Conscient de l'inquiétude croissante suscitée par l'augmentation, dans toute l'Europe, d'une délinquance juvénile aux formes nouvelles, devenant de plus en plus persistante et violente ;
Ayant à l'esprit que la délinquance précoce est la plus susceptible de conduire à des comportements criminels graves et persistants et qu'il semble que les jeunes entrent dans la délinquance de plus en plus tôt ;
Considérant que toute société a le devoir d'assurer le bien-être des enfants et de veiller à ce que leurs intérêts et leurs droits soient respectés par tous ceux qui ont des responsabilités à leur égard ;
Conscient de l'importance primordiale de la famille, des parents et de toutes les autres personnes responsables de la socialisation et de l'éducation des enfants ;
Considérant que les enfants n'ont pas encore achevé leur développement et que les déficits de leur socialisation peuvent les entraîner vers la délinquance ;
Convaincu que toute action de prévention des comportements criminels exige une mobilisation de l'ensemble de la société, prenant en compte les conditions socio-économiques défavorables des enfants, les insuffisances de leur socialisation, leur personnalité et leurs besoins spécifiques ;
Considérant que des interventions spéciales devraient être réalisées, chaque fois qu'un enfant risque de s'engager dans un comportement criminel persistant, afin d'assurer la prévention efficace d'un tel comportement, notamment par la promotion des facteurs de protection et la réduction des facteurs de risque ;
Considérant que ces interventions supposent un partenariat entre l'Etat, la communauté locale et les acteurs locaux ;
Conscient des différences régionales et nationales dans l'organisation, les structures et les circonstances socio-économiques entre les Etats membres ;
Etant donné que la prévention des comportements criminels est un axe essentiel de toute stratégie efficace de lutte contre le crime en général, de même que les politiques touchant au bien-être des enfants ;
Rappelant ses recommandations dans le domaine de la prévention et de la lutte contre la délinquance et, notamment, la Recommandation n° R(87)19 sur l'organisation de la prévention de la criminalité, la Recommandation n° R(87)20 sur les réactions sociales à la délinquance juvénile, et faisant référence aux conclusions et recommandations de la 19e Conférence de recherches criminologiques (1990) sur le thème " Nouvelles stratégies sociales et système de justice pénale " ;
Rappelant également ses recommandations dans le domaine du droit social et de la famille et, notamment, la Recommandation n° R(90)2 sur les mesures sociales concernant la violence au sein de la famille, la Recommandation n° R(93) 2 sur les

415. Pub. Conseil de l'Europe, 2001, multigraph., 57 p.

aspects médico-sociaux des mauvais traitements infligés aux enfants et la Recommandation n° R(94)14 concernant les politiques familiales cohérentes et intégrées ;
Ayant à l'esprit la Convention pour la protection des personnes à l'égard du traitement automatisé des données à caractère personnel et les recommandations sectorielles dans ce domaine ;
Ayant à l'esprit la Convention européenne des Droits de l'Homme, la Charte sociale européenne et la Convention européenne sur l'exercice des droits des enfants ;
Ayant également à l'esprit la Convention des Nations Unies sur les droits de l'enfant et les Principes directeurs des Nations Unies pour la prévention de la délinquance juvénile (Principes directeurs de Riyad adoptés dans la Résolution 45/112 de l'Assemblée générale),

Recommande aux gouvernements des Etats membres :
- d'introduire des stratégies nationales d'intervention psychosociale précoce aux fins de prévenir les comportements criminels ou d'en encourager la mise en œuvre lorsqu'elles existent ;
- de s'inspirer, au moment d'élaborer ces stratégies, des principes et mesures énoncés en annexe à la présente recommandation ; et
- de porter cette recommandation et son exposé des motifs à l'attention de toutes les instances compétentes, en les invitant à prendre ces textes en considération dans la définition de stratégies visant à combattre le crime en général.

Annexe à la Recommandation Rec(2000)20

I – *Définitions*

Aux fins de la présente recommandation :
- la “ prévention des comportements criminels ” désigne l'ensemble des mesures et des activités destinées à réduire la probabilité de s'engager dans des comportements criminels persistants futurs, au contraire de la prévention du crime qui concerne la réduction du nombre et de la gravité des infractions commises ;

- les “ facteurs de risque ” désignent les caractéristiques individuelles et les conditions socio-économiques, culturelles, démographiques ou autres qui augmentent la probabilité de s'engager dans des comportements criminels persistants futurs ;

- les “ enfants à risque ” désignent les personnes de moins de 18 ans exposées à de multiples facteurs de risque ;

- l'“ intervention psychosociale précoce ” désigne toutes les mesures ou activités destinées à permettre de reconnaître les enfants à risque et de réduire la probabilité qu'ils s'engagent dans des comportements criminels persistants futurs ;

- les “ facteurs de protection ” désignent certains facteurs socio-économiques et culturels ou les caractéristiques individuelles de nature à protéger un enfant contre la probabilité qu'il s'engage dans des comportements criminels persistants futurs ;

- les “ responsabilités parentales ” désignent l'ensemble des devoirs et des pouvoirs destinés à assurer le bien-être affectif, moral et matériel de l'enfant, notamment en prenant soin de la personne de l'enfant, en maintenant des relations personnelles avec lui, en assurant son éducation, son entretien, sa représentation légale et l'administration de ses biens ;

- les “ détenteurs des responsabilités parentales ” désignent les parents et les autres personnes ou organes habilités à exercer tout ou partie des responsabilités parentales.

II – *Les programmes d'intervention psychosociale précoce dans la prévention des comportements criminels*

1. Des programmes d'intervention psychosociale destinés à prévenir les comportements criminels devraient être élaborés de manière à répondre au mieux aux intérêts des enfants, des familles et de la société, et en conformité avec la législation existante. Ils devraient en particulier veiller au respect de la vie privée et de l'intégrité des enfants et de leurs familles, et tenir dûment compte des principes de proportionnalité, de non-stigmatisation et de non-discrimination.

2. Ces programmes devraient inclure un ensemble de mesures visant le plus grand nombre possible de facteurs de risque dans les domaines essentiels de la vie de l'enfant - la famille, l'école (y compris la crèche), le groupe de pairs et l'environnement local - tout en s'attachant à promouvoir les facteurs de protection. Ils devraient inclure des mesures ayant pour objet d'aider et de renforcer la famille, de favoriser l'intégration scolaire, d'encourager des comportements responsables et ouverts sur la société, et de développer un cadre de vie caractérisé par une plus grande sécurité et une plus grande cohésion.

3. Les mesures visant les facteurs de risque devraient faire l'objet d'une attention particulière quant aux facteurs suivants :
- les difficultés d'acquisition de connaissances et l'hyperactivité/l'impulsivité ;
- la violence subie, la négligence, la rupture parentale et le placement en institution résidentielle de soins ou d'assistance ;
- la brutalité, les absences répétées à l'école, les renvois, l'échec scolaire et un environnement scolaire défavorable ;
- la discrimination raciale, le chômage des parents et les privations de longue durée ;
- la fréquentation de pairs s'écartant de la norme sociale ou de sectes, l'abus de substances (y compris par les parents), la prostitution juvénile, la mendicité et le vagabondage.

4. Les mesures visant à promouvoir les facteurs de protection devraient notamment encourager les facteurs suivants :
- les compétences sociales et cognitives, les valeurs et attitudes favorables à la société et l'aptitude à affronter celle-ci ;
- l'attachement profond aux parents et aux frères et sœurs, une vie de famille réglée par des principes et des sanctions clairs, cohérents et dépourvus d'autoritarisme ;
- un environnement scolaire intégrateur et attentionné donnant à tous les enfants la chance de réussir ;
- un attachement profond à des pairs et à des adultes sociables hors du milieu familial ;
- l'attachement à la communauté locale.

5. Toutes les interventions devraient, autant que possible, s'appuyer sur des mesures dont l'efficacité a été scientifiquement démontrée, tout en laissant une certaine place à l'innovation.

6. Il faudrait veiller à ce que l'intervention précoce visant à prévenir les comportements criminels bénéficie de ressources suffisantes.

III – *Les enfants à risque*

7. Pour reconnaître les enfants à risque, les organismes nationaux, régionaux et locaux devraient développer des structures et des méthodes appropriées, y compris pour recueillir et communiquer les informations pertinentes, en s'assurant du respect des

règles et principes juridiques applicables en matière de protection des données à caractère personnel.

8. Tous les moyens visant à reconnaître et à prendre en charge les enfants à risque devraient être mis en œuvre au mieux de leurs intérêts et dans le respect des droits des détenteurs de la responsabilité parentale.

9. Les moyens en question doivent respecter les droits fondamentaux de l'enfant tels que son intégrité physique et psychologique ou son droit à l'intimité. Les dérogations à ce principe ne sont admissibles que si elles bénéficient directement à l'enfant et sont autorisées par la loi.

10. Les parents et/ou les détenteurs de responsabilités parentales d'enfants à risque devraient être informés dans les meilleurs délais, à moins que cela ne soit manifestement incompatible avec l'intérêt de l'enfant.

IV – *Mise en œuvre*

11. Il conviendrait de prendre des mesures législatives ou autres prévoyant un large éventail de programmes d'intervention précoce pour prévenir les comportements criminels.

12. Un groupe interministériel ou une autre instance officielle/publique interdisciplinaire devrait être chargé d'activer et de superviser le développement d'une stratégie d'intervention précoce. Ce groupe, cette instance ou cet organisme devrait inclure des représentants des secteurs associatifs et privés, ainsi que des représentants des ministères compétents et des partenariats locaux. Il appartiendrait également à ce groupe/cette instance/cet organisme de fixer des normes, ainsi que de définir et de diffuser les bonnes pratiques.

13. Dans la mise en œuvre des interventions psychosociales, il conviendrait de suivre les principes suivants :
- efficacité : les interventions atteignent les buts recherchés, notamment en agissant au bon moment et en adaptant le niveau des ressources engagées à la gravité des risques visés ;
- intervention minimale : les interventions sont appropriées et les moins contraignantes possible ;
- proportionnalité : les interventions sont à la mesure du risque ;
- non-stigmatisation : les interventions ne doivent ni jeter l'opprobre sur les enfants, les familles ou les communautés, ni les culpabiliser ;
- non-discrimination : les interventions se font sans distinction fondée sur le sexe, la race, la couleur, la langue, la religion, les opinions politiques ou toutes autres opinions, l'origine nationale ou sociale, l'appartenance à une minorité nationale, la fortune, la naissance ou toute autre situation.

14. Les programmes devraient être planifiés, coordonnés et appliqués dans le cadre de partenariats locaux, en indiquant clairement qui est responsable. Ils doivent impliquer les responsables de la protection sociale, de la santé et de l'éducation des enfants. Lorsque cela semble approprié, ces intervenants travailleront en étroite collaboration avec d'autres instances compétentes telles que les organismes de protection de la jeunesse, la police ou encore les secteurs associatif et privé.

15. Les partenariats devraient fournir des structures et des méthodes appropriées permettant de garantir une prise de décision efficace, l'allocation de moyens,

l'établissement de priorités et la mise en œuvre des programmes. Sur ce dernier point, on s'attachera :
- à consulter et à sensibiliser les membres des communautés locales, les enfants et leur famille sur la nature du problème et les solutions potentielles ;
- à utiliser les services existants, y compris par la réaffectation des ressources existantes et à dégager de nouveaux moyens lorsqu'on constate des lacunes dans l'offre de ressources ;
- à élaborer un plan d'action fondé, autant que possible, sur une connaissance scientifique des approches dont l'efficacité a été démontrée ;
- à fixer des objectifs réalistes ;
- à suivre l'évolution et à faire le point sur les progrès réalisés ; et
- à évaluer les résultats sur la base de critères ou de repères appropriés, et à évaluer le rapport coût-efficacité.

16. Les stratégies d'intervention précoce devraient inclure des mesures axées spécifiquement sur la formation initiale et continue de ceux qui participent à la coordination, à la mise en œuvre et à l'évaluation des programmes.

17. La participation des familles aux programmes devrait être organisée sur une base volontaire ou contractuelle. La participation obligatoire ne devrait être exigée que lorsque les détenteurs des responsabilités parentales refusent de s'acquitter de leurs responsabilités et à la condition que cela soit en conformité avec les dispositions légales en vigueur, à l'exclusion des dispositions de droit pénal.

V – *Priorités en matière de recherche*

18. Pour élargir la base des connaissances actuelles sur la nature des comportements criminels et leur prévention, des ressources financières devraient être affectées à des projets de recherche spécifiques portant sur :
- la nature et l'ampleur des comportements criminels ;
- les facteurs de risque et de protection liés à l'émergence des comportements criminels ;
- et l'évaluation scientifique du rapport coût-efficacité des interventions visant à prévenir les comportements criminels, y compris les processus de mise en œuvre et la coordination des interventions entre les institutions concernées, à intervalles réguliers.

19. Afin de promouvoir l'échange d'informations et de connaissances sur les causes favorisant ou empêchant le développement des comportements criminels et d'en faire bénéficier les décideurs, des méthodes pour améliorer la coopération nationale et internationale devraient être développées tant au sein de la communauté scientifique qu'entre cette dernière et les responsables de la conception et de la mise en œuvre des programmes de prévention.

Annexe n° 11

Propositions du groupe de travail du CNAV

Mesure de justice restaurative	Cadre juridique	Fondement textuel
	Poursuites	
Réparation pénale	Alternative aux poursuites	12-1 Ord. 2 fév. 1945
Médiation pénale	Alternative aux poursuites	41-1-5° CPP
Conférence du Groupe Familial ou Conférence restaurative	Alternative aux poursuites (Mineurs et majeurs)	41-1-5° CPP, *à compléter* 12-1 Ord. 1945, *à compléter*
Groupe(s) de parole	Entre victimes / entre infracteurs	Mission de services spécialisés
	Information	
Réparation pénale (mineurs)	Mesure autonome	12-1 Ord. 2 fév. 1945
Médiation pénale	Mesure autonome ou condition du contrôle judiciaire socio-éducatif	*Disposition nouvelle* 138 CPP, *à compléter*
Conférence restaurative	Mesure autonome (Mineurs et majeurs)	*Disposition nouvelle*
Groupe(s) de parole	Entre victimes / entre infracteurs	Mission de services spécialisés
	Instance pénale	
Réparation pénale	Mesure autonome ou dans le cadre d'un ajournement du prononcé de la mesure ou de la peine (mineurs)	20-7 Ord. 1945 12-1 Ord. 1945
Médiation pénale	Dans le cadre d'un ajournement du prononcé de la peine	132-60 CPP, *à compléter*
Conférence restaurative (mineurs et majeurs)	Dans le cadre d'un ajournement du prononcé de la peine	132-60 CPP, *à compléter* 20-7 Ord. 1945, *à compléter*
Groupe(s) de parole	Entre victimes / entre infracteurs	Mission de services spécialisés
	Après le procès et durant la phase d'exécution des peines	
Rendez-vous restauratif	Mesure autonome	*Disposition nouvelle*
Rencontre(s) restaurative Condamnés et Victimes	Mesure autonome, milieu ouvert ou fermé (rencontre en face à face ou en groupes)	*Disposition nouvelle*
Groupe(s) de parole	Entre victimes / entre infracteurs	Mission de services spécialisés

Bibliographie

Abiker D., *Le mur des lamentations : tous victimes et fiers de l'être*, Ed. Michalon, 2006, 281 p.

Achille M., Can Restorative justice live up to its promise to victims ?, *In* H. Zehr, B. Toews (Eds), *Critical issues in restorative justice*, Criminal justice press / Willan publishing, 2004, pp. 65-73.

Actes du 5ème Colloque de Plaidoyer-Victimes, *Au cœur des droits*, Montréal, 2009, aqpv.ca.

Aertsen I., Peters T., Mediation for reparation : the victim's perspective, *In European Journal of Crime, Criminal law and Criminal Justice*, 1998-6/2, pp. 106-124.

Aertsen I. et al., *Renouer les liens sociaux. Médiation et justice réparatrice en Europe*, Pub. Conseil de l'Europe, 2004, 141 p.

Aertsen I., Victim-offender mediation with serious offences, *In Crime policy in Europe. Good practices and promising sample*, Ed. Conseil de l'Europe, 2005, pp. 75-86.

Aertsen I., Daems T., Robert L. (Eds.), *Institutionalizing Restorative justice*, Willan Publishing, 2006, 336 p.

Aertsen I., Peters T., Recherche-action et justice restaurative, *In Les cahiers de la Justice, revue semestrielle de l'ENM*, 2006-1, pp. 27-43.

Albrecht H.J., L'économie du droit pénal et de l'exécution des peines. Evolution et tendances de l'aspect économique du droit pénal, *In R.I.C.P.T.*, 1997-1, pp. 17-37.

Allaix M., Robin M., La genèse de la mesure de réparation pénale à l'égard des mineurs, *In* M. Vaillant (Dir.), *De la dette au don. La réparation pénale à l'égard des mineurs*, E.S.F. Ed., 1994, pp. 29-41.

Allaix M., La réparation : une nouvelle philosophie judiciaire psycho-éducative, *In Délinquance et précocité*, Actes 29è Congrès A.F.C., Multigraph., 1995, Vol. 2, pp. 589-596.

Allard P., La justice réparatrice, *In Petit manuel de justice réparatrice*, Pub. Sécurité publique Canada, 2008, 62 p., justequipping.org.

Allinne J.P., Les victimes : des oubliées de l'histoire du droit ?, *In* R. Cario, D. Salas (Dir.), *Œuvre de justice et victimes*, Ed. L'Harmattan, 2001, pp. 34-58.

Allinne J.P., *Gouverner le crime. Les politiques criminelles de la Révolution au XXIè siècle. 1. L'ordre des notables : 1789-1920*, Ed. L'Harmattan, Coll. Traité de sciences criminelles, 2003, Vol. 7-1, 301 p.

Allinne J.P., *Gouverner le crime. Les politiques criminelles de la Révolution au XXIè siècle. 2. Le temps des doutes : 1920-2004*, Ed. L'Harmattan, Coll. Traité de sciences criminelles, 2004, Vol. 7-2, 304 p.

Ambroise-Casterot C., Dissociation de l'action civile et recevabilité de l'action vindicative de la victime, *In Rev. Pénit.*, 2007-2, pp. 379-382.

Ancel M., *La défense sociale nouvelle*, Ed. Cujas, 3è éd. 1980, 381 p.

Après le crime : survivre, *In Criminologie*, 1990, XXIII-2, pp. 3-105.

Archibald B., La justice restaurative : conditions et fondements d'une transformation démocratique en droit pénal, *In* M. Jaccoud (Dir.), *Justice réparatrice et médiation pénale*, Ed. L'Harmattan, 2003, pp. 119-157.

Ashworth A., Responsabilities, rights and Restorative justice, *In* G. Johstone (Ed), *A restorative justice reader : texts, sources, context*, Willan pub, 2003, pp. 426-437.

Ashworth A., Sentencing, *In* M. Maguire, R. Morgan, R. Reiner, *The Oxford Handbook of Criminology*, Oxford Univ. Press, 4th ed., 2007, pp. 990-1023.

Avocats sans frontières, *Monitoring des juridictions Gacaca. Phase de jugement*, Rapport analytique n° 3, 2007, 126 p., asf.be.

Badinter R., Ne pas confondre justice et thérapie, *In Le Monde* 9-10 sept. 2007, p. 13.

Bailleau F., *Les jeunes face à la justice pénale. Analyse critique de l'application de l'Ordonnance de 1945*, Ed. Syros, coll. Alternatives, 1996, 237 p.

Bailly L., Les traumatismes psychiques chez l'enfant, *In* R. CARIO (Dir.), *Victimes : du traumatisme à la réparation*, Ed. L'Harmattan, Coll. Sciences criminelles, pp. 57-70.

Baker C., *Pourquoi faudrait-il punir ? Sur l'abolition du système pénal*, Ed. Tahin party, 2004, 184 p.

Baril M., *L'envers du crime* (1984), Ed. L'Harmattan, Coll. Traité de Sciences criminelles, Vol. 6, 2002, 288 p.

Barillon J., Bensussan P., *Le désir criminel*, Ed. O. Jacob, 2004, 228 p.

Bastien P., *L'exécution publique à Paris au XVIIIè siècle : une histoire des rituels judiciaires*, Ed. Champ Vallon, 2006, 272 p.

Baudry P., Blaya C., Choquet M., Debarbieux E., Pommereau X., *Souffrances et violences à l'adolescence*, Ed. E.S.F., 2000, 161 p.

Bauer A., Soullez C., Concessions sécuritaires et vidéoprotection, *In Hermès*, 2009-53, pp. 91-98.

Bazemore G., Walgrave L., In Search of Fundamentals and an Outline for Systemic Reform, *In* G. Bazemore, L. Walgrave (eds.), *Exploring Restorative Justice for Juveniles*, 1998, Monsey (New York), Criminal Justice Press, pp. 45-74.

Bazemore G., Schiff M. (Eds.), *Restorative Community Justice. Repairing Harm and Transforming Communities*, Cincinnati, Anderson pub., 2001, 375 p.

Bazemore G., Walgrave L., A comparison of four restorative conferencing models, *In* G. Johnstone (Ed.), *A restorative justice reader : texts, sources, context*, Willan pub, 2003, pp. 225-243.

Beaulac M., Rousseau-Comtois G., *Rapport d'évaluation portant sur le programme Rencontres détenus victimes du Centre de services de justice réparatrice, année 2005-2006*, Montréal, multigraph., 2006, 34 p.

Beaulac M., Les rencontres détenus-victimes : des participants comblés, *In Les cahiers de l'AQPV*, 2007-3, pp. 41-43.

Bébin X., *Pourquoi punir ? L'approche utilitariste de la sanction pénale*, Ed. L'Harmattan, Coll. Logiques politiques, 2006, 235 p.

Beccaria C., *Des délits et des peines* (1764), Ed. Flammarion, coll. Champs, 1979, 202 p.

Becker H.S., *Outsiders. Etude de sociologie de la violence*, PUF, 1985, 247 p.

Bell A., Trevetham S., Justice réparatrice et services correctionnels, *In Forum*, 2003-15-1, pp. 32-35.

Belmokhtar Z., Les victimes face à la justice : le sentiment de satisfaction sur la réponse judiciaire, *In Infostat Justice*, déc. 2007-98, 4 p.

Benaouda A., Kensey A., La récidive des condamnés à la perpétuité, *In Cahiers d'études pénitentiaires et criminologiques*, 2008-24, multigraph., pub. Administration pénitentiaire, 8 p.

Benasayag M., Charlton E., *Cette douce certitude du pire. Pour une théorie critique de l'engagement*, Ed. La Découverte, Coll. Essais, 1991, 199 p.

Bentham J., *Théorie des peines et des récompenses*, Tome Premier, Londres, 1811, De Vogel et Schulze Imp., 413 p.

Beristain A., *Nueva criminologia desde el derecho penal y la victimologia*, Tirant lo blanch libros, 1994, 404 p.

Beristain A., *Victimologia. Nueve palabras clave*, Ed. Tirant lo Blanch, 2000, 622 p.

Beristain A., *Protagonismo de las victimas de hoy y manana. Evolucion en el campo juridico penal, prisional y ético*, Ed. Tirant lo Blanch, 2004, 398 p.

Beristain A., *Victimas del terrorismo. Nueva justicia, sancion y ética*, Tirant lo blanch ed. 2007, monografias 513, 319 p.

Bernard A., Cario, R. (Dir.), *Les politiques publiques interministérielles d'aide aux victimes*, Ed. L'Harmattan, 2001, Coll. Sciences criminelles, 286 p.

Best practice guidance for restorative practitioners. Conclusions and recommendations of the training and accreditation police group, 2004, Home Office, multigraph., 48 p., homeoffice.gov.uk.

Bianchi H., *Justice as sanctuary. Toward a new system of crime control*, Indiana Univ. Press, 1994, 199 p.

Bichot J., Le coût du crime et de la délinquance, *In Etudes et analyses*, 2010-8, 77 p., institutpourlajustice.com

Bidart R., De la médiation pour les majeurs à la réparation pour les mineurs, *In* R. Cario (Dir.), *La médiation pénale : entre répression et réparation*, Ed. L'Harmattan, Coll. Sciences criminelles, 1997, pp. 83-89.

Bidina J.G., *La palabre. Une juridiction de la parole*, Ed. Michalon, 1997, 127 p.

Blagg H., A just measure of shame ? Aboriginal youth and conferencing in Australia, *In British Journal of Criminology*, 1997-37-4, pp. 481-501.

Blanc A., La question des victimes vue par un président d'Assises, *In AJpénal*, 2004-12, pp. 432-434.

Blanc G., La médiation pénale (commentaire de l'article 6 de la Loi 93-2 du 4 janvier 1993 portant réforme de la procédure pénale), *In Sem. Jurid.*, I, 3 760, pp. 211-215.

Blatier C., *La délinquance des mineurs. L'enfant, le psychologue, le droit*, P.U. Grenoble, Coll. Vies sociales, 2è éd. 2002, 290 p.

Bloomfield D., Barnes T., Huyse L. (Dir.), *La réconciliation après un conflit violent. Un manuel*, Pub. IDEA, 2003, 177 p.; www.idea.int.

Boles A.B., Patterson J.C., *Improving community response to crime victims. An eight-step model for developing protocol*, Sage Publications, 1997, 156 p.

Bonafé-Schmitt J.P., *La médiation : l'autre justice*, Ed. Syros, 1992, 280 p.

Bonafé-Schmitt J.P. et al., *Les médiations, la médiation*, Ed. Erès, Trajets, 1999, 302 p.

Bonafé-Schmitt J.P., Justice réparatrice et médiation pénale : vers de nouveaux modes de régulation sociale, *In* M. Jaccoud (Dir.), *Justice réparatrice et médiation pénale. Convergence ou divergence ?*, Ed. L'Harmattan, Coll. Sciences criminelles, 2003, p. 41 et s.

Bonafé-Schmitt J.P., *La médiation pénale en France et aux États-Unis*, LGDJ Lextenso- Editions, coll. Classics, 2è éd. 2010, 199 p.

Bonelli L., Tolérance zéro pour les « encombrants », *In Justice,* 2001-167, pp. 13-17.

Bonfils P., Gouttenoire A., *Droit des mineurs*, Ed. Dalloz, Précis, 2008, 1121 p.

Bonnet F., De l'analyse économique du crime aux nouvelles criminologies anglosaxonnes ? Les origines théoriques des politiques pénales contemporaines, *In Dév. Soc.*, 2006-30-2, pp. 137-154.

Bouloc B., *Pénologie*, Ed. Dalloz, Précis, 3è éd. 2005, 508 p.

Bouloc B., *Droit pénal général*, Ed. Dalloz, 21è éd., 2009, 722 p.

Bouzigues S., Le juge délégué aux victimes : outil de communication ou amélioration du soutien des victimes ?, *In AJpénal*, 2008-9, pp. 361-362.

Braithwaite J. and Pettit Ph., *Not Just Desert. A Republican Theory of Criminal Justice*, 1990, Oxford, Oxford University Press, 240 p.

Braithwaite J., Mugford S., Conditions of successful reintegration ceremonies, *In British Journ. of Criminology*, 1994-32-4, pp. 139-171.

Braithwaite J., *Crime, shame and reintegration* (1989), Cambridge Univ. Press, 1999, 226 p.

Braithwaite J., Roche D., Responsibility and Restorative Justice, *In* G. Bazemore and M. Schiff (eds.), *Restorative Community Justice. Repairing Harm and Transforming Communities*, 2001, Cincinnati, Anderson, pp. 63-84.

Braithwaite J., Principles of Restorative justice, *In* A. Von Hirsh, J.V. Roberts, A. Bottoms, K. Roach, M. Schiff (Eds), *Restorative justice and criminal justice. Competing or reconcilable paradigm?*, Hart publishing, 2003, pp. 1-20.

Brégi J.F., *Introduction historique au droit*, Ed. Ellipses, 2005, 368 p.

Brienen M., Hoegen E., *Victims of crime in 22 Europeans criminal justice systems*, Wolf Legal Prod., 2000, 256 p.

Brillon P., *Comment aider les victimes souffrant de stress post-traumatique ?*, Les éd. Quebecor, 2003, 447 p.

Brodeur J.P., Braithwaite J., De l'humiliation à la honte « positive », *In Le monde des débats*, juin 2000, pp. 20-21.

Bruckner P., *La tentation de l'innocence*, Ed. Grasset, 1995, Livre de Poche, 13927, 283 p.

Bruel A., Aller vite peut-être, mais savoir où aller !, *In Adolescents menaçants ou mineurs irresponsables ?*, Pub. Ecole Nat. Magistrature, C.N.F.E./P.J.J., Multigraph., 1994, pp. 127-156.

Bruel A., Les dérives d'un parquet omniscient, *In J.D.J.*, 1997/166, pp. 13-14.

Buber M., *Je et tu* (1935), Ed. Aubier Montaigne, Coll. Bibliothèque philosophique, 1992, 172 p.

Buonatesta A., La médiation entre auteurs et victimes dans le cadre de l'exécution de la peine, *In R.D.P.C.*, 2004-2, pp. 242-257.

Bushie B., Réflexions sur le processus holistique de réconciliation de Hollow Water, *In Les quatre cercles de Hollow Water*, Pub. Sécurité publique et protection civile Canada, CA 15 APC (1997), Collection sur les autochtones, p. 141 et s.

Bushie J., Réflexions sur le processus holistique de réconciliation de Hollow Water, *In Les quatre cercles de Hollow Water*, Pub. Sécurité publique et protection civile Canada, CA 15 APC (1997), Collection sur les autochtones, p. 159 et s.

Cachot J., Renaudin H., Vigneau J.-H., *La peine et le pardon. Le cri des détenus*, Les Ed. de l'Atelier, 2001, 102 p.

Caillé A., *Anthropologie du don. Le tiers paradigme* (2000), Ed. La Découverte, 2007, 276 p.

Carbasse J.M., *Introduction historique au droit pénal*, PUF, Coll. Droit fondamental, 1990, 360 p.

Carbasse J.M., *Histoire du droit pénal et de la justice criminelle*, PUF, Coll. Droit fondamental, 2000, 445 p.

Carbonneau R., Prévention développementale du crime, *In* G. Lopez, S. Tzitzis (Dir.), *Dictionnaire des sciences criminelles*, Ed. Dalloz, 2004, pp. 739-745.

Carbonnier J., *Droit et passion du droit sous la Vè République*, Ed. Fammarion, 1997, 276 p.

Cardet C., *Le contrôle judiciaire socio-éducatif : substitut à la détention provisoire entre surveillance et réinsertion*, Ed. L'Harmattan, Coll. Sciences criminelles, 2000, 400 p.

Cario R., Le rétablissement de la peine de mort. Considérations d'ordre pénologique et criminologique, *In La peine de mort au seuil du troisième millénaire*, Ed. Erès, 1992, pp. 123-141.

Cario R. et al. (Dir.), *Profession criminologue : spécialisation ou professionnalisation*, Ed. Erès, 1994, 227 p.

Cario R. (Dir.), *La médiation pénale : entre répression et réparation*, Ed. L'Harmattan, Coll. Sciences criminelles, 1997, 239 p.

Cario R., *Jeunes délinquants. A la recherche de la socialisation perdue*, Ed. L'Harmattan, Coll. Transdisciplines, 2ème éd. 1999, 416 p.

Cario R., Salas D. (Dir.), *Œuvre de justice et victimes. Vol. 1*, Ed. L'Harmattan, Coll. Sciences criminelles, 2001, 256 p.

Cario R., *Victimologie. Les textes essentiels*, Ed. L'Harmattan, Coll. Traité de sciences criminelles, Vol. 2-2, 2è éd. 2002, 208 p.

Cario R. (Dir.), *Victimes : du traumatisme à la restauration*, Ed. L'Harmattan, Coll. Sciences criminelles, 2002, 346 p.

Cario R., Gaudreault A. (Dir.), *L'aide aux victimes : 20 ans après*, Ed. L'Harmattan, Coll. Sciences criminelles, 2003, 128 p.

Cario R., Mbanzoulou P. (Dir.), *La victime est-elle coupable ?*, Ed. L'Harmattan, Coll. Controverses, 2004, 122 p.

Cario R., Médias et insécurité : entre droit d'informer et illusions sécuritaires, *In Rec. Dalloz*, Chron., 2004, pp. 75-80.

Cario R., Qui a peur des victimes ?, *In AJpénal*, 2004-12, pp. 434-437.

Cario R., *La prévention précoce des comportements criminels. Stigmatisation ou bientraitance sociale ?*, Ed. L'Harmattan , Coll. Controverses, 2004, 108 p.

Cario R., *Victimologie. De l'effraction du lien intersubjectif à la restauration sociale*, Ed. L'Harmattan, Coll. Traité de sciences criminelles, Vol. 2-1, 3è éd. 2006, 335 p.

Cario R., 'Changing lenses. Autour de l'œuvre de Howard Zehr', *In Les cahiers de la justice Revue semestrielle de l'ENM*, 2006-1, pp. 45-58.

Cario R., La prescription de l'action publique, *In Rec. Dalloz*, 2007, Etudes et commentaires, pp. 1798-1799.

Cario R., Les droits des victimes devant la Cour pénale internationale, *In AJpénal*, 2007-6, pp. 261-266.

Cario R. (Dir.), Les droits des victimes d'infraction, *In Problèmes politiques et sociaux*, 2007-943, 120 p.

Cario R., *Introduction aux sciences criminelles. Pour une approche globale et intégrée du phénomène criminel*, Ed. L'Harmattan, Coll. Traité de sciences criminelles, Vol. 4, 6è éd. 2008, p. 177 et s.

Cario R., De la victime oubliée… à la victime sacralisée ?, *In AJpénal*, 2009-12, pp. 491-494.

Cartuyvels Y., Comment articuler "médiation" et "justice réparatrice » ?, *In* M. Jaccoud (Dir.), *Justice réparatrice et médiation pénale*, Ed. L'Harmattan, 2003, p. 62 et s.

Cartuyvels Y., Les paradigmes du droit pénal moderne en « période postmoderne » : évolutions et transformations, *In* Massé M., Jean J.P., Giudicelli A. (Dir.), *Un droit pénal postmoderne ? Mise en perspective des évolutions et ruptures* contemporaines, PUF, Coll. Droit et justice, 2009, pp. 94-95.

Casadamont G., Poncela P., *Il n'y a pas de peine juste*, Ed. O. Jacob, 2004, 279 p.

Casorla F., La victime et le juge pénal, *In Rev. Pénitentiaire et de droit pénal*, 2003-4, pp. 639-648.

Cassagnabère B., Le mineur en prison, *In Rev. pénitentiaire*, 1996-2, p. 163 et s.

Cauchie J.F., Chantraine G., De l'usage du risque dans le gouvernement du crime. Nouveau prudentialisme et nouvelle pénologie, *In Champ pénal*, 2005-2, en ligne www.champpenal.revues.org ;

Cavadino M., Dignan J., *The penal system : an introduction*, Sage pub., 4th ed. 2007, 488 p.

Chabot J.L, Gal S., Tournu C. (Dir.), *Figures de la médiation et lien social*, Ed. L'Harmattan, Coll. La librairie des humanités, 2006, 224 p.

Chamberland C., *Violence parentale et violence conjugale. Des réalités plurielles, multidimensionnelles et interreliées*, Presses de l'Université du Québec, Coll. Problèmes sociaux et interventions sociales, 2003, 396 p.

Changing victim policy : The U.N. victim declaration and recents developments in Europe, Pub. HEUNI, Helsinki, 1989-16, 218 p.

Charbonneau S., Un exemple de justice réparatrice au Québec : la médiation et les organismes de justice alternative, *In Criminologie*, 1999-32-1, pp. 57-77.

Charbonneau S., Justice réparatrice et justice des mineurs : considérations sur l'objet et enjeux pour la pratique, *In* Cario R (Dir.), *Victimes : du traumatisme à la restauration*, Ed. L'Harmattan, Coll. Sciences criminelles, 2002, pp. 257-274.

Charpenel Y., *Les rendez-vous de la politique pénale. Concilier devoir de justice et exigence de sécurité*, Ed. A. Colin, 2006, 320 p.

Charrette-Duchesneau S.E., *L'expérience des victimes et du médiateur impliqués dans un processus de médiation pour des crimes « graves » au Québec*, Mémoire, Ecole de criminologie, Montréal, multigraph., 2009, 212 p.

Chatterjee J., Rapport sur l'évaluation de l'initiative de justice réparatrice de la GRC : degré de satisfaction des participants aux forums de justice communautaire, multigraph., 1999, 75 p.

Chaumont J.M., *La concurrence des victimes. Génocide, identité, reconnaissance*, Ed. La Découverte, 1997, 381 p.

Chauvenet A., Rostaing C., Orlic F., *La violence carcérale en question*, PUF, Coll. Le lien social, 2008, 347 p.

Cherki-Nicklès C., Dubec M., *Crimes et sentiments*, Ed. Le Seuil, 1992, 280 p.

Chesnelong B., Victimes et justice des crimes de guerre et contre l'humanité, *In* D. Salas (Dir.), *Victimes de guerre en quête de justice. Faire entendre leur voix et les pérenniser dans l'histoire*, Ed. L'Harmattan, coll. Sciences criminelles, 2004, pp. 31-54.

Chevallier J.Y., La victime et la peine : le point de vue du juriste, *In R.P.D.P.*, 2004-4, pp. 815-820.

Chollet M., Reconnaissance ou sacralisation? Arrière-pensées des discours sur la « victimisation », *In Le Monde diplomatique*, 2007-9, pp. 24-25.

Christie N., Conflicts as property, *In The British Journal of Criminology*, 1977-17, pp. 1-15 ; rééd. *In* T. Newburn (E.), *Key readings in criminology*, Willan publishing, 2009, pp. 712-719.

Christie N., *Crime control as industry. Towards gulags, Western style ?*, Routledge Pub., 1993, 208 p.; trad. 2003, *L'industrie de la punition*, Ed. Autrement frontières, 221 p.

Cohen S., The punitive city : note on the dispersal of the social control, *In Contemporary crisis*, 1979-3, pp. 339-363.

Coignard J., Une sacralisation des victimes qui embarrasse les juges, *In Libération*, 29 nov. 2004, p. 16.

Coiteux J. et al. (Dir.), *Question d'équité. L'aide aux victimes d'actes criminels*, Pub. Assoc. Québecoise Plaidoyer-victime, 1996, 389 p.

Collard J., *Victimes : les oubliés de la justice*, Ed. Stock, 1997, 239 p.

Collectif « octobre 2001 », *Comment sanctionner le crime ?*, Ed. Erès, Coll. Trajet, 2002, 150 p.

Collectif « Pas de zéro de conduite », *Enfants turbulents : l'enfer est-il pavé de bonnes préventions ?*, Ed. Erès, 2006, 300 p.

Commaille J., Kaluszynski M. (Dir.), *La fonction politique de la justice*, Ed. La Découverte, 2007, 327 p.

Commission du droit du Canada, *De la justice réparatrice à la justice transformatrice*, multigraph., 1999, 58 p.

Commission du droit du Canada, *La transformation des rapports humains par la justice participative*, 2003, 272 p.

Concertation des familles. Modèle de la Nouvelle Zélande, *In Outre l'incarcération*, Actes du Symposium International sur les meilleures pratiques en matière de justice pénale, Kingston, 1998, multigraph., 29 p.

Conrod D., Brocard V., L'État ambulance, *In Télérama*, 2004-2859, pp. 28-33.

Consedine J., The Maori restorative tradition, *In* G. Johnstone (Ed.), *A restorative justice reader : texts, sources, context*, Willan pub, 2003, pp. 152-157.

Conseil d'Etat, *Rapport public 1991*, La Doc. Française, 1992-43, Coll. Etudes et documents, 416 p.

Conseil Economique et Social, Commission pour la prévention du Crime et la Justice pénale, Rapport sur la 11è session, 16-25 avril 2002, E/CN./2002/14, un.org/french/ecosoc.

Contrôleur général des lieux de privation de liberté, *Rapport d'activité 2008*, Ed. Dalloz/Sirey, 2009, 253 p.

Contrôleur général des lieux de privation de liberté, *Rapport d'activité 2009*, Ed. Dalloz/Sirey, 2010, 327 p.

Cooley D., *De la justice réparatrice à la justice transformatrice*, Pub. Commission du Droit du Canada, 1999, 59 p.

Cooper C., Chatterjee J., *Punir le crime au tournant du siècle : le point de vue de la Gendarmerie Royale du Canada*, multigraph., 18 p.

Costa-Lascoux J., La régulation des petits désordres sociaux, *In Cahiers de l'I.H.E.S.I.*, 1994-18, p. 144 et s.

Courtois G. (Dir.), *La vengeance dans la pensée continentale*, Ed. Cujas, 1984, 253 p..

Couture J.E., Les aînés et les guérisseurs : une collaboration fructueuse, *In Forum*, 2000-12-1, pp. 38-39.

Coye S., Conditions de détention indignes. La justice accepte d'indemniser un détenu, *In Dedans dehors*, 2008-65, pp. 12-14

Crime policy in Europe. Good practices and promising examples, Pub. Conseil de l'Europe, 2004, 208 p.

Criminal Victimization 2008, (by M.R. Rand), Pub. Bureau of Justice Statistics, U.S. Dept of Justice, 2009, 8 p.

Criminal Victimization in the United States, 1994, Pub. Bureau of Justice Statistics, U.S. Dept of Justice, 1997, 150 p.

Crocq L., *Les traumatismes psychiques de guerre*, Ed. O. Jacob, 1999, 422 p.

Crocq L., Dépassement et assomption du trauma, *In* R. Cario (Dir.), *Victimes : du traumatisme à la réparation*, Ed. L'Harmattan, Coll. Sciences criminelles, 2003, pp. 21-55.

Cruyplants J., Gonda M., Wagemans M., *Droit et pratique de la médiation*, Ed. Bruylant, 2008, 405 p.

Cuche P., *Traité de science et de législation pénitentiaires*, L.G.D.J., 1905, 499 p.

Cusson M., *Délinquants pourquoi ?*, Ed. A. Colin, 1981, 275 p.

Cusson M., *Croissance et décroissance du crime*, P.U.F., Coll. Sociologies, 1990, 170 p.

Cusson M., *Criminologie actuelle*, P.U.F, Coll. Sociologies, 1998, 254 p.

Cusson M., *La délinquance, une vie choisie. Entre plaisir et crime*, Ed. Hurtubise, Coll. Droit et criminologie, 2005, 226 p.

Cusson M., *La Criminologie*, Ed. Hachette, Coll. Les fondamentaux, 4è éd. 2007, 160 p.

Cusson M., De la pensée stratégique en criminologie, *In* Mélanges offerts à Raymond Gassin, Presses univ. Aix-Marseille, 2007, pp. 373-385.

Cusson, M., La télésurveillance, *In* M. Cusson, Dupont B., Lemieux F. (Dir.), *Traité de sécurité intérieure*, Presses polytechniques et universitaires romandes, 2008, pp. 452-460.

Cusson M., Dupont B., Lemieux F. (Dir.), *Traité de sécurité intérieure*, Presses polytechniques et universitaires romandes, 2008, 705 p.

Cusson M., *Prévenir la délinquance. Les méthodes efficaces*, P.U.F., Coll. Criminalité internationale, 2è éd. 2009, 240 p.

Cyrulnik B., *Les nourritures affectives*, Ed. O. Jacob, 1993, 244 p.

Cyrulnik B., *Un merveilleux malheur*, Ed. O. Jacob, 1999, 239 p.

Cyrulnik B., *Les vilains petits canards*, Ed. O. Jacob, 2001, 279 p.

Cyrulnik B., *Autobiographie d'un épouvantail*, Ed. O. Jacob, 2008, 279 p.

Dabi F., Cann Y.M., *Les français et la Justice*, ifop.com.

Dagnaud M., Médias et violence. L'état du débat, *In Problèmes politiques et sociaux*, 2003-886, pp. 1-123.

Daligand L., La réparation : accès au symbolique, *In* M. Vaillant (Dir.), *De la dette au don. La réparation pénale à l'égard des mineurs*, E.S.F. Ed., 1994, pp. 153-155.

Daligand L., *L'enfant et le diable. Accueillir et soigner les victimes de violences*, Ed. L'Archipel, 2004, 382 p.

Daly K, Hayes H., Restorative justice and conferencing, *In* G. Graycar, P. Grabowsky (eds.), The Cambridge handbook of australian criminology, Cambridge Univ. Press, 2002, pp. 294-312.

Daly K., Restorative justice and sexual assaults, *In British Journ. Crim.*, 2005-46, pp. 334-350.

Damiani C., *Les victimes. Violences publiques et crimes privés*, Bayard Ed., 1997, 278 p.

Damiani C., Vaillant C., *Être victimes : aides et recours*, Ed. Vuibert, Coll. Guid'utile, 2003, 182 p.

Danet J., *Défendre. Pour une défense pénale critique*, Dalloz, Coll. États de droits, 2è éd. 2004, 270 p.

Danet J., *Justice pénale, le tournant*, Gallimard Folio / Le Monde, 2006, 393 p.

Danet J., La spéculation pénale enfle, crevons la bulle !, *In Hommes et libertés*, 2007-139, pp. 12-15..

Danet J., Cinq ans de frénésie pénale, *In* L. Mucchielli, (Dir.), *La frénésie sécuritaire. Retour à l'ordre et au nouveau contrôle social*, Ed. La Découverte, 2008, pp. 19-29.

Danet J., La justice et le temps, *In Hommes et libertés*, 2010-149, pp. 48-50.

De la justice réparatrice à la justice transformatrice, Commission du droit du Canada, multigraph., 1999, 59 p.

De Villette T., Dans un pénitencier du Québec : face à face victimes/agresseurs…, *In Rev. Porte ouverte*, 2000-XII-1, p. 15 et s.

De Villette T., Un pas vers la libération pour les victimes d'actes criminels, *In Actualités Justice Report*, 2005-20-3, pp. 34-36.

De Villette T., *Faire justice autrement. Le défi des rencontres entre détenus et victims*, Ed. Médiaspaul, 2009, 247 p.

Debarbieux E. (Dir.), *L'oppression quotidienne. Recherches sur une délinquance juvénile*, La Doc. Française, 2003, 249 p.

Debuyst C., *Modèle éthologique et criminologie*, Ed. Mardaga, 1986, 183 p.

Debuyst C., Digneffe F., Labadie J.M., Pires A., *Histoire des savoirs sur le crime et la peine*, Vol. 1, Des savoirs diffus à la notion de criminel-né, Ed. De Boeck, P.U. Montréal et Ottawa, 1995, 366 p.

Debuyst C., Digneffe F., Pires A., *Histoire des savoirs sur le crime et la peine*, Vol. 2, La rationalité scientifique et la naissance de la criminologie, 1998, 518 p.

Debuyst C., Digneffe F., Pires A., *Histoire des savoirs sur le crime et la peine*, Vol. 3, Expliquer et comprendre la délinquance (1920-1960), Ed. De Boeck /Larcier, 2008, 493 p.

Delamotte D., Un jour au Service pénitentiaire d'insertion et de probation des Yvelines, *In* acp.org, 2009-167.

Delannoy-Brabant L., Quelles évolutions des politiques de traitement du crime à l'ère de la « nouvelle pénologie ». Une perspective internationale, *In La note de veille*, Centre d'analyse stratégique, 2008-106, strategie.gouv.fr.

Delarue J.M., *Rapport d'activité 2008*, cglpl.fr.

Delberghe M., Services publics. Des usagers satisfaits, *In Le Monde*, 21 juin 2008, p. 22.

Delmas-Marty M., Pour des principes directeurs de législation pénale, *In Rev. Sc. Crim.*, 1985-2, p. 225 et s.

Delmas-Marty M., *Pour un droit commun,* Ed. du Seuil, 1994, 305 p.

Demet S., Jacqmain C., Parello E., Réflexions sur les concepts de « justice réparatrice » et de « justice restaurative » : quels enjeux pour une politique pénitentiaire ?, *In Journal du droit des jeunes* (éd. belge), 1999-185, pp. 21-24.

Derrida J., *Sur parole. Instantanés philosophiques*, Ed. de l'Aube, 1999, 144 p.

Desnoyers E., Justice réparatrice au sein du Service correctionnel du Canada, *In Cahiers de l'AQPV*, 2007-3, pp. 39-40.

Desportes F., Lazerges-Cousquer L., *Traité de procédure pénale*, Ed. Economica, 2009, 2166 p.

Desprez F. *Rituel judiciaire et procès pénal*, L.G.D.J. / Lextenso Ed., Bibliothèque des sciences criminelles, 2009-46, 573 p.

Deukmedjian J.E., The rise and fall of RCMP Community justice forums : Restorative justice and public safety interoperability in Canada, *In Rev. can. de criminologie et de justice pénale*, 2008-50-2, pp. 117-151.

Dignan J., Restorative justice and crime reduction : are policy-makers barking up the wrong tree ?, *In* E.A Fattah, S. Parmentier (Eds.), *Victim policies and criminal justice system on the road of restorative justice. Essays in honor of Tony Peters*, SCS, Press Univ. Leuven, 2001, pp. 329-351.

Dignan J., *Understanding victims and restorative justice*, Open University Press, 2005, 238 p.

Digneffe F., L'Ecole positiviste italienne et le mouvement de la défense sociale, *In* C. Debuyst, F. Digneffe, A. Pires, *Histoire des savoirs sur le crime et la peine*, Vol. 2, La rationalité scientifique et la naissance de la criminologie, 1998, pp. 233-299.

Digneffe F., Durkheim et les débats sur le crime et la peine, C. Debuyst, F. Digneffe, A. Pires, *Histoire des savoirs sur le crime et la peine*, Vol. 2, La rationalité scientifique et la naissance de la criminologie, Ed. De Boeck, P.U. Montréal et Ottawa, 1998, pp 357-398.

Digneffe F., Fierens J. (Dir.), *Justice et Gacaca. L'expérience rwandaise et le génocide*, Presses univ. Namur, 2003, 148 p.

Division de la Justice réparatrice et règlement des différends, Service Correctionnel du Canada, *In Quand l'espoir devient parole. Semaine de la justice réparatrice 2001*, multigraph., SCC, 2001, 90 p.

Dray D., *Victimes en souffrance. Une ethnographie de l'agression à Aulnay-sous-Bois*, L.G.D.G., 1999, 318 p.

Du châtiment à la justice réparatrice : une évolution ?, *In Rev. canadienne de criminologie*, 2000-42-3, pp. 249-420.

Dubois P., La France défigurée, *In LDH Info*, 2007-169, p. 1.

Dumont H., Le pardon, une valeur de justice et d'espoir, un plaidoyer pour la tolérance et contre l'oubli, *In Rev. Canadienne de criminologie*, 2000-42-3, pp. 299-322.

Dumouchel P. (Dir.), *Violences, victimes et vengeances*, P.U. Laval /L'Harmattan, Coll. Comprendre pour agir, 2000, 232 p.

Dünkel F., Grzywa J., Horsfield P., Pruin I. (Eds.), *Juvenile systems in Europe. Current situation and reform developments*, Forum Verlag Godesberg, 2010-36, 4 Vol., 1880 p.

Dupont-Bouchat M.S., Le crime pardonné. La justice réparatrice sous l'Ancien Régime (XVI-XVIIIè siècles), *In Criminologie*, 1999-32-1, pp. 31-56.

Durkheim E., *De la division du travail social* (1893), PUF, Coll. Quadrige, 3è éd., 1994, 416 p.

Durkheim E., *Les règles de la méthode sociologique* (1895), PUF, Coll. Quadrige, 20è éd., 1981, 149 p.

Durkheim E., *Le suicide. Etude de sociologie* (1897), PUF, 5è éd., 1976, 463 p.

Duterte P., *Terres inhumaines. Un médecin face à la torture*, Ed. JC Lattès, 2007, 262 p.

Dutton D.G., *La violence dans le couple*, Bayard Editions, Coll. Psychologie, 1996, 233 p.

Ehrenberg A., *La fatigue d'être soi. Dépression et société*, Ed. O. Jacob, 1998, 318 p.

Elliott E., Gordon R.M. (Eds.), *New directions in Restorative justice. Issues, practice, evaluation*, Willan Publishing, 2005, 310 p.

Elster J., *Closing the books. Transitional justice in historitical perspective,* Cambridge Univ. press, 287 p.

Engel F., *Le stress post-traumatique et les victimes d'actes criminels*, multigraph., Montréal, 1993, 159 p.

Erner G., *La société des victimes*, La Découverte, 2006, 224 p.

Etats généraux de la condition pénitentiaire, *In Dedans dehors*, 2007-57-58, 79 p.

European Forum for Victim Services, Les droits des victimes à des services de qualité, 1999, *In La lettre de l'INAVEM*, 2000-47, pp. 3-6.

European Forum for Victim Services, *Recommandations sociales en faveur des victimes d'infractions pénales*, 1998, 12 p.

European Forum for Victim Services, *Statements of victim's rights in the process of criminal justice*, 1996, 10 p.

Faget J., *Justice et travail social. Le rhizome pénal*, Ed. Erès, 1992, 208 p.

Faget J., La double vie de la médiation, *In Droit et société,* 1995/ 30-31, pp. 32-38.

Faget J., *La médiation. Essai de politique pénale*, Ed. Erès, Coll. Trajets, 1997, 210 p.

Faget J., Le cadre juridique et éthique de la médiation pénale, *In* R. Cario (Dir.), *La médiation pénale : entre répression et réparation*, Ed. L'Harmattan, Coll. Sciences criminelles, 1997, pp. 36-59.

Faget J., Médiation et violences conjugales, *In* champpenal.revues.org, [on line], Vol. 1, 2004.

Faget J. (Dir.), *Médiation et action publique. La dynamique du fluide*, Presses univ. de Bordeaux, Coll. Le territoire du politique, 2005, 272 p.

Faget J., Reintegrative shaming. A propos de la théorie de John Braithwaite, *In Les cahiers de la Justice, revue semestrielle de de l'ENM*, Dalloz, 2006-1, pp. 59-70.

Faget J., *Sociologie de la délinquance et de la justice pénale*, Ed. Erès, Coll. Trajets, 2è éd. 2007, 156 p.

Fassin D., Rechtman R., *L'empire du traumatisme. Enquête sur la condition de victime*, Ed. Flammarion, 2007, 452 p.

Fattah E.A., Restorative and retributive models. A comparison, *In* H.H. Kühne (Ed.), *Festschrift für Koichi Miyazawa*, Ed. Nomos, 1995, pp. 305-315.

Fattah E.A., Peters T. (Eds), *Support for crime victims in a comparative perspective*, Essays dedicated to Prof. F. McClintock, Samenleving Criminaliteit & Strafrechtspleging, 1998-13, 256 p.

Fattah E., Parmentier S. (Eds), *Victim policies and criminal justice system on the road of restorative justice. Essays in honor of Tony Peters*, SCS, Press Univ. Leuven, 2001, 460 p.

Felson M., *Crime and everyday life*, 4th ed., 2008, Brain Store Inc., 464 p.

Ferri E., *La sociologie criminelle*, F. Alcan éditeur, 1905, 640 p.

Fiat E., De la dignité du vieillard : réflexion éthique, *In* J.J. Amyot et M. Billé (Dir.), *Vieillesses interdites*, Ed. L'Harmattan, Coll. La gérontologie en actes, 2004, pp. 123-143.

Fischer G.N. (Dir.), *Psychologie des violences sociales*, Ed. Dunod, 2003, 272 p.

Fitzgerald J., Does circle sentencing reduce Aboriginal offending ?, *In Crime and justice bulletin*, 2008-115, 11 p., restorativejustice.org.

Floch J., *Situation dans les prisons françaises*, 2000-2521, assemblee-nationale.fr.

Foucault M., *Surveiller et punir*, Ed. NRF/Gallimard, 1976, 319 p.

Frize N., *Le sens de la peine. Etat de l'idéologie carcérale*, Ed. L. Scheer, Coll. Lignes, 2004, 95 p.

Gaillard J., *« Des psychologues sont sur place… »*, Ed. Mille et une nuits, 2002, 175 p.

Galaway B., Hudson J. (Eds.), *Criminal justice, restitution and reconciliation*, Criminal Justice Press, Willow Tree pub., 1990, 236 p.

Galaway B., Hudson J. (Eds.), *Restorative justice : international perspectives*, Criminal Justice Press, Willow tree pub., 1996, 516 p.

Garapon A., *Le rituel judiciaire. Etude de sociologie juridique sur les formes symboliques du droit*, Thèse, Paris II, 1986, multigraph., 386 p.

Garapon A., *Le gardien des promesses : le juge et la démocratie*, Ed. O. Jacob, 1996, 281 p.

Garapon A., Salas D., *La République pénalisée*, Ed. Hachette, 1997, 144 p.

Garapon A., Gros F., Pech T., *Et ce sera justice. Punir en démocratie*, Ed. O. Jacob, 2001, 332 p.

Garapon A., La justice reconstructrice, *In* Garapon A., Gros F., Pech T., *Et ce sera justice. Punir en démocratie*, Ed. O. Jacob, 2001, pp. 245-324.

Garapon A., *Des crimes qu'on ne peut ni punir, ni pardonner. Pour une justice internationale*, Ed. O. Jacob, 2002, 348 p.

Garapon A., Verdier R., Postface. Nouvelles justices, nouvelles sanctions, *In* R. Verdier (Dir.), *Vengeance. Le face-à-face victime / agresseur*, Ed. Autrement, Coll. Mutations, 2004, pp. 223-227.

Garapon A., Salas D., *Les nouvelles sorcières de Salem. Leçons d'Outreau*, Ed. du Seuil, 2007, p. 153.

Garland D., *The culture of control. Crime and social order in contemporary society*, Oxford Univ. press, 2001, 307 p.

Garnot B. (Dir.), *L'Infrajudiciaire du Moyen Age à l'époque contemporaine*, Presses Univ. Dijon, 1996, vol. LXXXI, 471 p.

Garnot B. (Dir.), *Les vicitmes : des oubliées de l'histoire ?*, Presses Univ. de Rennes, 2000, 535 p.

Garnot B., *Histoire de la justice. France, XVIè-XXè siècle*, Ed. Gallimard, Coll. Folio histoire, 2009, 789 p.

Garraud (*Traité théorique et pratique de droit pénal français*, 1888)

Gassin R., *Criminologie*, 6è éd. Dalloz, Coll Précis, 2007, 823 p.

Gaudreault A., *Le parcours des victimes dans le système correctionnel canadien*, Ministère du Solliciteur général du Canada, 2003, multigraph., 36p.

Gaudreault A., Les limites de la justice restaurative, *In Les cahiers de la Justice, Revue semestrielle de l'ENM*, 2006-1, pp. 71-82.

Gazeau J.F., Peyre V., *La justice réparatrice et les jeunes*, Actes des XI è Journées Internationales de criminologie juvénile de Vaucresson, Pub. C.R.I.V., 1994, 265 p.

Gendarmerie Royale du Canada, *Forum de justice communautaire. Guide de ressources*, multigraph., 1998, 39 p.

Giacopelli M., Victimes et application des peines, *In Rev. Pénit.*, 2007-4, pp. 789-801.

Gilligan G., Pratt J. (Eds), *Crime, truth and justice. Official inquiry, discourse, knowledge*, Willan pub., 2003, 285 p.

Girard R., *La violence et le sacré*, Ed. Grasset, 1972, Coll. Pluriel, 534 p.

Girard R., *Des choses cachées depuis la fondation du monde*, Ed. Grasset, 1978, Coll. Livre de poche, 4001, 637 p.

Girard R., *Le bouc émissaire*, Ed. Grasset, 1982, Coll. Pluriel, 315 p.

Giudicelli A., Premières applications jurisprudentielles de l'article préliminaire du code de procédure pénale, *In Rev. Sc. Crim.*, 2003, p. 122 et s.

Giudicelli A., Le Judevi ou l'oubli de la symbolique de l'impartialité (Cass. 20 juin 2008, Avis 00800005P), *In R.S.C.*, 2008-3, pp. 633-635.

Goujon P., Gauthier C., Rapport d'information sur les mesures de sûreté concernant les personnes dangereuses, 2006-420, senat.fr.

Grammatica F., *Principes de défense sociale* (1961) ; Ed. Cujas, 1964, 312 p..

Gramsci A., *Lettres de prison* (1947), Ed. Gallimard, Coll. Témoins, 1971, 621 p.

Guide des droits des victimes, Ed. Gallimard / Min. de la Justice, 1982, 307 p.

Guillarme B., *Penser la peine*, Puf, Coll. Questions d'éthique, 2003, 187 p.

Guillaume-Hofnung M., *La médiation*, PUF, Que sais-je ?, 2930, 4è éd. 2007, 121 p.

Gustafson D.L., Is Restorative justice taking too few or too many risks ?, *In* H. Zehr, B. Toews (Eds), *Critical issues in restorative justice*, Criminal justice press / Willan publishing, 2004, pp. 303-313.

Gustafson D.L., In search of healing justice : a healing circle case study, *In Cahiers de l'AQPV*, 2007-3, pp. 35-38.

Hakiaha M., What is the State's role in Indigenous justice processes ?, *In* H. Zehr, B. Toews (Eds.), *Critical issues in restorative justice*, Criminal justice press / Willan publishing, 2004, pp. 355-363.

Harris N., Walgrave L., Braithwaite J., Emotional dynamics in restorative conferences, *In Theoritical criminology*, 2004-8-2, pp. 191-210.

Harris N., Family group conferencing in Autralia. 15 years on, *In Child abuse prevention issues*, 2008-27, 19 p., aifs.gov.au.

Hazan P., *Juger la guerre, juger l'histoire*, PUF, 2007, 251 p.

Heilmann E., La vidéosurveillance, un mirage technologique et politique, *In* L. Mucchielli (Dir.), *La frénésie sécuritaire. Retour à l'ordre et nouveau contrôle social*, Ed. La Découverte, 2008, pp.113-124.

Hénaff M., La dette de sang et l'exigence de justice, *In* P. Dumouchel (Dir.), *Violences, victimes et vengeances*, L'Harmattan / Presses univ. Laval, 2000, pp. 31-64.

Herman J.D., *Trauma and recovery. The aftermath of violence – from domestic abuse to political terror*, BasicBooks, 2nd ed., 1997, 290 p.

Herzog-Evans M., *Droit de l'application des peines*, Ed. Dalloz Référence, 2002, 530 p.

Hopkins Burke R., *An introduction to criminological theory*, 3rd ed., Willan publishing, 2009, 411 p.

Horowitz M.J., *Stress response syndromes. Personality styles and interventions*, 4th ed. 2001, Jason Aronson Inc., 463 p.

Hoyle C., Zedner L., Victims, victimization and criminal justice, *In* M. Maguire, R. Morgan, R. Reiner (Eds),*The Oxford handbook of criminology*, Clarendon Press, Oxford, 4th ed., 2007, pp. 461-495.

Hulsman L., Bernat de Celis J., *Peines perdues. Le système pénal en question*, Ed. Le Centurion, 1982, 182 p.

Hyest J.J., Cabanel G.P., *Prisons : une humiliation pour la République*, Les Rapports du Sénat, 1999/2000-449, 2 vol., 224 et 551 p. (Annexes), senat.fr.

Jaccoud M., Restoring Justice in Native Communities in Canada, *In* L. Walgrave (ed.), *Restorative Justice for Juveniles. Potentialities, Risks and Problems for Research*, 1998, Leuven University Press, 285-299.

Jaccoud M., Les cercles de guérison et les cercles de sentence autochtones au Canada, *In Criminologie*, 1999-32-1, pp. 79-105.

Jaccoud M., Justice réparatrice et violence, *In* P. Dumouchel (Dir.), *Comprendre pour agir : violences, victimes et vengeances*, P.U. Laval/L'Harmattan, 2000, pp. 183-206.

Jaccoud M. (Dir.), Justice réparatrice et médiation pénale : convergences ou divergences ?, *Ed. L'Harmattan, Coll. Sciences criminelles, 2003, 272 p.*

Jaccoud M., Les mesures réparatrices, *In* M. Le Blanc, M. Ouimet, D. Szabo (Dir.), *Traité de criminologie empirique*, 3è éd. 2003, Les Presses de l'Univ. Montréal, pp. 739-758.

Jaccoud M., Les cercles de sentence au Canada, *In Les cahiers de la Justice, revue semestrielle de l'ENM*, Dalloz, 2006-1, pp. 83-94.

Jaccoud M., Innovations pénales et justice réparatrice, *In Rev. Champ pénal*, 2007-4, champpenal.revues.org.

Jaccoud M., Réflexions sur la justice réparatrice, *In Cahiers de l'AQPV*, 2007-3, pp. 3-4.

Janoff-Bulman R., *Shattered assumptions : towards a new psychology of trauma*, Free press. Ed., 1992, 256 p.

Jean J.P., *Le système pénal*, Editions La Découverte, Coll. Repères, 2008, 122 p.

Jean J.P., Jeremy Bentham et l'utilitarisme en droit pénal, *In* M. Massé et al. (Dir.), *Un droit pénal postmoderne ? Mise en perspective des évolutions et ruptures contemporaines*, PUF, Coll. Droit et justice, 2009, pp. 281-290.

Jean J.P., Le système de justice pénale évalué à l'aune de ses résultats, *In* M. Massé et al. (Dir.), *Un droit pénal postmoderne ? Mise en perspective des évolutions et ruptures contemporaines*, PUF, Coll. Droit et justice, 2009, pp. 247-280.

Jean T., (Dir.), *Faut-il juger et punir les maladies mentaux criminels?*, Ed. Erès, 2009, 176 p.

Jeangène Vilmer J.B., *Réparer l'irréparable. Les réparations aux vicitmes devant la Cour pénale internationale*, PUF, 2009, 201 p.

Johannès F., L'accablant rapport du contrôleur général des prisons, *In Le Monde*, 11 mars 2010 (Rapport 2009).

Johnstone G., *Restorative justice : ideas, values, debates*, Willan pub., 2002, 190 p.

Johnstone G. (Ed.), *A restorative justice reader : texts, sources, context*, Willan pub, 2003, 400 p.

Johnstone G., Critical perspectives on restorative justice, *In* G. Johstone, D. Van Ness (Eds), *Handbook of restorative* jusice, Willan publishing, 2007, pp. 598-614.

Johnstone G., Van Ness D. (Eds.), *Handbook of Restorative justice*, Willan Publishing, 2007, 650 p.

Jousse D., *Nouveau commentaire sur l'Ordonnance du mois d'août 1670 sur la justice criminelle* (1753), Ed. Debure, nouvelle éd. 1771, 2 vol., 704 p.

Jousse D., *Traité de justice criminelle de France*, Ed. Debure, 1771, 4 tomes, 837, 848, 843 et 792 p.

Justice restaurative et victimes, *In Les cahiers de la Justice, Revue semestrielle de l'ENM*, Ed. Dalloz, 2006-1, pp. 16-229.

Kant I., *Fondements de la métaphysique des mœurs* (1785) et *Critique de la raison pratique* (1788), Librairie philosophique de Ladrange, 1848, 400 p. ; spé. *Métaphysique des mœurs* (1796), Vol. 1, Doctrine du droit, Librairie philosophique Vrin, 1979, pp. 213-200.

Karmen A., *Crime victims. An introduction to victimology*, Brooks/Cole publishing Comp., 1984, 269 p.

Kayser G., Kury H., Albrecht H.J. (Eds.), *Victims and criminal justice*, Pub. Max-Planck-Institute, Criminological research reports, 1991-50, (762 p.), 51 (778 p.), 52-1 (673 p.) et 52-2 (278 p.).

Kellens G., *Punir. Pénologie et droit des sanctions pénales*, 2000, Liège, Ed. juridiques de l'Université de Liège, 485 p.

Kensey A., *Prison et récidive. Des peines de plus en plus longues : la société est-elle vraiment mieux protégée ?*, Ed. A. Colin, Coll. Sociétales, 2007, 250 p.

Klajnberg M., La réparation comme support de réinsertion du mineur délinquant, *In* C. Seron (Dir.), Don, pardon et réparation, *?????*, pp. 161-178.

Kone V., *Rapport d'évaluation portant sur le programme Rencontres détenus-victimes du Centre de services de justice réparatrice, année 2007-2008*, Montréal, multigraph., 2008, 61 p.

Kroovand Hipple N., McGarrel E.F., Comparing police- and civilian-run family group conferences, *In Policing. An international journal of police strategies and management*, 2008-31-4, pp. 553-577.

Kurki L., Evaluating Restorative justice practices, *In* A. Von Hirsch and al. (Eds), *Restorative justice and criminal justice*, Hart publishing, 2003, pp. 293-314.

La justice est-elle thérapeutique ?, *In Justice*, 2006-188, pp. 30-33.

La justice réparatrice, *In Criminologie*, 1999, 32-1, pp. 1-159.

La Justice restaurative, Pub. Min. Justice, multigraph., 2007, 61 p. ; criminologie.univ-pau.fr

La justice restaurative, Rapport du groupe de travail, Conseil national de l'aide aux victimes (CNAV), multigraph., 2007, pp. 7-8, criminologie.univ-pau.fr.

La pratique de la médiation pénale, Guide déontologique publié par le C.L.C.J., multigraph., 1994.

La prison source de troubles mentaux et lieux de vie pour malades, 2006, prison.eu.org.

La victimologie : quelques enjeux, *In Criminologie*, 2000-33, pp. 5-223.

Laborit H., *L'inhibition de l'action*, Ed. Masson, 1979, 4ème tirage, 214 p.

Laborit H., *La colombe assassinée*, Ed. Grasset, 1983, p.

Lacan J., *Ecrits*, Introduction théorique aux fonctions de la psychanalyse en criminologie, Le Seuil, 1966, pp. 125-149.

Laingui A., Lebigre A., *Histoire du droit pénal. 1) Le droit pénal*, Ed. Cujas, Coll. Synthèse, 1979, 232 p. ; *2) La procédure criminelle*, 1980, 160 p.

Lameyre X., Salas D. (Dir.), Prisons. Permanence d'un débat, *In Problèmes politiques et sociaux*, 2004-902, pp. 5-117.

Landenne P., La justice répratrice et les droits de la personne et lien entre le système classique et la justice réparatrice, *In Petit manuel de justice réparatrice*, Pub. Sécurité publique Canada, 2008, pp. 45-60.

Landreville P., Va-t-on vers une américanisation des politiques de sécurité en Europe ?, *In* L. Mucchielli, P. Robert (Dir.), *Crime et sécurité. L'état des savoirs*, Ed. La Découverte, 2002, pp. 424-433.

Larson Sawin J., Zehr H., The ideas of engagement and empowerment, *In* G. Johnstone, D.W. Van Ness (Eds), *Handbook of Restorative justice*, Willan publishing, 2007, pp. 41-58.

Lascoux J.-L. *Pratique de la médiation. Une méthode alternative à la résolution des conflits*, ESF éd., 2001, 217 p.

Latimer J., Dowden C., Muise D., *L'efficacité des pratiques de la justice réparatrice. Méta-analyse*, Direction de la Recherche et de la Statistique, Min. Justice Canada, Ottawa, multigraph., 2001.

Lauwaert K., Le cadre légal de la médiation victime-auteur en Europe occidentale, *In JIDV*, 2003-4, jidv.com.

Lavielle B., Lameyre X., *Le guide des peines. Personnes physiques et morales. Prononcé, exécution. Application, extinction*, Ed. Dalloz, Coll. Guide, 4è éd. 2008, 1022 p.

Lazerges C., Essai de classification des procédures de médiation, *In Archives Pol. Crim.*, 1992-14, p. 17 et s.

Lazerges C., *Introduction à la politique criminelle,* Ed. L'Harmattan, Coll. Traité de Sciences criminelles, Vol. 1, 2000, 144 p.

Lazerges C., De l'écriture à l'usage de l'article préliminaire du code de procédure pénale, *In Mélanges en l'honneur du professseur Reynald Ottenhof. Le champ pénal*, Dalloz, 2006, pp. 71-87.

Lebigot F., Le traumatisme psychique, *In* R. Cario (Dir.), *Victimes : du traumatisme à la réparation*, Ed. L'Harmattan , Coll. Sciences criminelles, 2003, pp. 13-20.

Le Blanc M., Dionne J., Proulx J., Grégoire J., Trudeau-Le Blanc P., *Intervenir autrement. Un modèle différentiel pour les enfants en difficulté*, P.U. Montréal, 1998, 318 p.

Le Blanc M., Ouimet M., Szabo D. (Dir.), *Traité de criminologie empirique*, 3è éd. 2003, Les Presses de l'Univ. Montréal, 779 p

Lebouc D., Les concertations restauratrices de groupe : le cheval de Troie dans l'édifice protectionnel belge, *In Les cahiers dynamiques*, 2008-40, pp. 14-17.

Le champ pénal. Mélanges en l'honneur du professseur Reynald Ottenhof, Dalloz, 2006, 469 p.

Leclerc H., La justice qui punit », *In Hommes et libertés*, 2010-149, pp. 34-36.

Lecomte J., La justice restauratrice, *In* Lecomte J. (Dir.), *Introduction à la psychologie positive*, Ed. Dunod, 2009, pp. 259-270.

Lecomte J. (Dir.), *Introduction à la psychologie positive*, Ed. Dunod, 2009, 310 p.

Lefranc S., *Politiques du pardon*, PUF, Coll. Fondements de la politique, 2002, 363 p.

Lefranc S., Le mouvement pour la justice restauratrice : « an idea whose time has come », *In Droit et société*, 2006/63-64, pp. 393-409.

Lefranc S., La justice dans l'après-violence politique, *In* J. Commaille, M. Kaluszynski (Dir.), *La fonction politique de la justice*, Ed. La Découverte, Coll. Recherches, 2007, pp. 273-291.

Le Goff J.P., *La France morcelée*, Ed. Gallimard, Coll. Folio actuel, 2008, 291 p.

Leman-Langlois S., *La sociocriminologie*, PUM, Coll. Paramètres, 2007, 229 p.

Leman-Langlois S., La vérité réparatrice dans le Commission vérité réconciliation d'Afrique du Sud, *In Les cahiers de la justice, Revue semestrielle de l'ENM*, 2006-1, pp. 209-218.

Leman-Langlois S., *Réconciliation et justice*, Athéna Ed., 2008, 194 p.

Lemonne A., A propos de la 5è Conférence internationale sur la justice restaurative. Accord ou contradiction au sein d'un mouvement en expansion ?, *In Rev. Droit pénal et crim.*, 2002, Chron. de criminologie, pp. 411-428.

Lemonne A., Vanfraechem I., Victim-offender mediation for juvenile in Belgium, *In* A. Mestitz, R. Gordon (Eds), *Victim-offender mediation with youth offenders in Europe*, Springer Ed., 2005, pp. 185-208.

Leroy E., *les Africains et l'Institution de la Justice. Entre mimétisme et métissage*, Ed. Dalloz, Coll. États de droits, 2004, 282 p.

Leroy J., *Procédure pénale*, LGDJ / Lextenso Ed., 2009, 568 p.

Les prisons françaises en pleine dérive (Rapport du CPT suite à sa visite en France en 2006, *In Dedans dehors*, 2008-64, p. 3 et s.

Les cercles de soutien et de responsabilité, *In Porte ouverte*, 2007-20-1, asrsq.ca.

Les quatre cercles de Hollow Water, Pub. Sécurité publique et protection civile Canada, CA 15 APC (1997), Collection sur les autochtones, 173 p., psepc-sppcc.gc.ca.

Lévy T., *Eloge de la barbarie judiciaire*, Ed. O. Jacob, 2004, 188 p.

Lienemann M.N., *Rapport pour une nouvelle politique publique d'aide aux victimes*, mars 1999, multigraph., 124 p.

Lignes directrices visant à améliorer la mise en œuvre de la Recommandation existante concernant la médiation en matière pénale, Commission européenne pour l'efficacité de la justice (CEPEJ), 2007-13, multigraph., 9 p.

Lilles H., *Circle sentencing. Part of the Restorative justice continuum*, iirp.org.

Llewellyn J.J., Howse R., *La justice réparatrice : cadre de réflexion*, lcc.gc.ca.

Lopez G., *Victimologie*, Dalloz, 1998, 264 p.

Lopez G., Tzitzis S., *Dictionnaire des sciences criminelles*, Ed. Dalloz, 2004, 1011 p.

Lopez G., Sabouraud-Seguin A., Jehel L. (Dir.), *Psychothérapie des victimes. Traitements, évaluations, accompagnement*, Ed. Dunod, 2è éd. 2006, 244 p.

Lopez G., Portelli S., Clément S., *Les droits des victimes. Droits, auditions, expertise clinique*, Ed. Dalloz, Coll. États de droit, 2è éd. 2007, 411 p.

Louzoun C., Salas D. (Dir.), *Justice et psychiatrie. Normes, responsabilité, éthique*, Ed. Erès, 1998, 312 p.

Luminet O., *Psychologie des émotions. Confrontation et évitement*, De Boeck Ed., nouvelle éd. 2008, 256 p.

Lurigio A.J., Skogan W.G., Davis R.C. (Eds.), *Victims of crime. Problems, policies and programs*, Sage Pub., London, 1990, 278 p.

Morgan E. et M., Hylton W.S., Bruner J., *Une passion américaine : prison et peine de mort*, Les empêcheurs de tourner en rond, 2004, 122 p.

Mabiala R.V., *La justice dans les pays en situation de post-conflit : justice transitionnelle*, Ed. L'Harmattan, 2009, 350 p.

Mabillon J., *Réflexions sur les prison des ordres religieux* (1724), Ed. Woinez, 1845, 53 p.

MacRae A., Zehr H., *The little book of family group conferences. New Zealand style: a hopeful approach when youth cause harm*, Good books Pub., 2004, 74 p.

Maguire M., Pointing J. (Eds.), *Victims of crime. A new deal ?*, Open Univ. Press, Great Britain, 1988, 224 p.

Maguire M., Morgan R., Reiner R. (Eds), *The Oxford Handbook of Criminology*, Oxford Univ. Press, 4th ed., 2007, 1185 p.

Maistre du Chambon P., Ultime complainte pour sauver l'action publique, *In Mélanges offerts à Raymond Gassin. Sciences pénales et criminologiques*, P.U. Aix-Marseille, 2007, pp. 283-291.

Manciaux M., *La résilience: résister et se construire*, Ed. Médecine et Hygiène, 2001, 253 p.

Manuel sur les programmes de justice restaurative, Coll. Série de manuels sur la réforme de la justice pénale, multigraph., 2008, 107 p. ; unodc.org.

Marshall J., *Restorative Justice. An overview*, Home Office Pub., Research Development and Statistics Directorate, multigraph., 1999, 36 p.; rééd. *In* T. Newburn (E.), *Key readings in criminology*, Willan publishing, 2009, pp. 719-725.

Martinez M.L., Victime et œuvre de justice : éclairages de l'anthropologie relationnelle, *In* R. CARIO (Dir.), *Victimes : du traumatisme à la réalité*, Ed. L'Harmattan, Coll. Sciences criminelles, 2002, pp. 305-344.

Mary P., Pénalité et gestion des risques : vers une justice actuarielle en Europe ?, *In Dév. et Soc.*, 2001-25-1, pp. 33-51.

Massé M., Jean J.P., Giudicelli A. (Dir.), *Un droit pénal postmoderne ? Mise en perspective des évolutions et ruptures* contemporaines, PUF, Coll. Droit et justice, 2009, 400 p.

Mates J., Restorative justice : the impact of righting the wrongs, 2003, mediate.com.

Maurel E., *Environnement et médiation pénale*, Ed. l'Harmattan, Coll. La Justice au quotidien, 2010, 113 p.

Mawby R., Walklate S., *Critical victimology. International perspectives*, Sage Pub., 1994, 224 p.

Maxwell G., Morris A., What is the place of shame in restorative justice ?, *In* H. Zehr, B. Toews (Eds.), *Critical issues in restorative justice*, Criminal justice press / Willan publishing, 2004, pp. 133-142.

Mbanzoulou P., *La médiation pénale*, Ed. L'Harmattan, Coll. La justice au quotidien, 2è éd. 2004, 85 p.

Mbanzoulou P., Tercq N., *La médiation familiale pénale*, Ed. L'Harmattan, Coll. Controverses, 2004, 112 p.

McCold P., Toward a Holistic Vision of Restorative Justice: a Reply to the Maximalist Model, *Contemporary Justice Review*, 2000-3, 4, 357-414.

McCold P., Restorative practices. The state of the field 1999, iirp.org.

McCold P., Watchel T., Restorative justice theory validation, *In* Weitekamp E.G., Kerner H.J. (Eds.), *Restorative justice. Theoritical foundations*, Willan Publishing, 2002, pp. 110-142.

McElrea F.W.M., The New Zealand Youth Court : a model for use with adults, *In* B. Galaway, J. Hudson (Eds), *Restorative Justice : international perspectives*, Criminal Justice Press/Kugler pub., 1996, pp. 69-83.

McMahon M., La répression comme entreprise : quelques tendances récentes en matière de privatisation et de justice criminelle, *In Déviance et Société*, 1996-20, pp. 103-118.

Mélanges offerts à Raymond Gassin. Sciences pénales et criminologiques, P.U. Aix-Marseille, 2007, 526 p.

Memorandum de T. Hammarberg, Commissaire aux droits de l'homme du Conseil de l'Europe, *commDH(2008)34*, wcd.coe.int.

Merle R., Vitu A., *Problèmes généraux de la science criminelle. Droit pénal général*, Tome 1, Ed. Cujas, 7è éd. 1997, 1068 p.

Mestitz A., Gordon R. (Eds), *Victim-offender mediation with youth offenders in Europe*, Springer Ed., 2005, p.

Meyer M., *Principia rhetorica. Une théorie générale de l'argumentation*, Ed. Fayard, Coll. Ouvertures, 2008, 324 p.

Meyer M., Nous sommes tous des rhétoriciens, *In Sciences humaines*, 2009-209, pp. 44-49.

Miers D. and al., *An explanatory evaluation of restorative justice schemes*, Crime reduction research serie, Pub. Home office, 2001-9, 194 p.

Miers D., *An international review of restorative justice*, Crime reduction research series, Pub. Home office, 2001-10, 105 p.

Miers D., Willemsens J., *Mapping Restorative justice. Developments in 25 European countries*, European Forum for Restorative Justice pub., 2004.

Milburn P., *La médiation : expériences et compétences*, Ed. La Découverte, Coll. Alternatives sociales, 2002, 171 p.

Milburn P., *La réparation pénale à l'égard des mineurs*, Pub. Mission de recherche Droit et Justice, Arrêt sur recherches, multigraph., 2002-1, 171 p.

Milburn P., La médiation pénale en France : quelle place pour les victimes ?, *In Les cahiers de la Justice, revue semestrielle de l'ENM*, 2006-1, pp. 113-126.

Milburn P., La mobilisation de la société civile dans les politiques pénales en France, *In* Shapland J. (Dir.), *Justice, communauté et société civile. Etudes comparatives sur un terrain disputé*, Ed. L'Harmattan, Coll. Déviance et société, 2008, pp. 55-69.

Milburn P., *Quelle justice pour les mineurs ? Entre enfance menacée et adolescence menaçante*, Ed. Erès, Coll. Trajets, 2009, p.

Milliez P. (Dir), *Rapport de la Commission d'étude et de proposition dans le domaine de l'aide aux victimes*, multigraph., Min. Justice, 1982, 126 p.

Molénat X., Pourquoi tant de victimes ?, *In Sciences humaines*, 2005-156, p. 9.

Monnot C., L'intense lobbying de l'Institut pour la justice en faveur de lois plus répressives, *In Le Monde*, 10 oct. 2009, p. 12.

Moore D.B., O'Connell T.A., Family conferencing in Waga Waga : a communitarian model of justice ?, réédité *In* G. Johnstone (Ed.), *A restorative justice reader : texts, sources, context*, Willan pub, 2003, pp. 212-224.

Morgan E. et M., Hylton W.S., Bruner J., *Une passion américaine : prison et peine de mort*, Les empêcheurs de tourner en rond, 2004, 122 p.

Morin E., Pardonner, c'est résister à la cruauté du monde, *In Le Monde des débats*, mars 2000, pp. 24-26.

Morineau J., Le Centre de médiation et de formation à la médiation, *In Arch. Pol. Crim.*, 1992-14, p. 71 et s.

Morineau J., *L'esprit de la médiation*, Ed. Erès, Coll. Trajets, 1998, 176 p.

Morris A., Maxwell G., Restorative in New Zealand : Family group conferences as a group study, 1998, *In Western Criminology Review*, wcr.sonoma.edu.

Morris A, Maxwell G., *Restorative justice for juveniles : conferencing, mediation and circles*, Hart Publishing Comp., 2001, 256 p.

Morris A., Critiquing the critics : a brief response to critics of restorative justice, *In British Journal of criminology*, 2002-42-3, pp. 596-615 ; rééd. *In* T. Newburn (E.), *Key readings in criminology*, Willan publishing, 2009, pp. 732-737.

Mucchielli L., *Violences et insécurité. Fantasmes et réalités dans le débat français*, Ed. La Découverte, 2001, 142 p.

Mucchielli L., Robert P. (Dir.), *Crime et sécurité. L'état des savoirs*, Ed. La Découverte, 2002, 439 p.

Mucchielli L., (Dir.), *La frénésie sécuritaire. Retour à l'ordre et au nouveau contrôle social*, Ed. La Découverte, 2008, 139 p.

Mucchielli L., Note statistique de (re)cadrage sur la délinquance des mineurs, *In champpenal.revues.org/7053*, 2009.

Muñoz Sastre M.T., Mullet E., Lecomte J., Le pardon : une porte ouverte sur l'avenir, *In* Lecomte J. (Dir.), *Introduction à la psychologie positive*, Ed. Dunod, 2009, pp. 181-195.

Murphy K., Harris N., A test for reintegrative shaming theory in the white-collar crime context, *In British Journal of Criminology*, 2007-47, pp. 900-917.

Muyart de Vouglans P.F., *Les lois criminelles de la France dans leur ordre naturel* (1780), Ed. Mérigot le jeune, 1780, 833 p.

New directions from the field : Victims's rights and Services for the 21st Century, U.S. Department of Justice, Office for victims of crime, 1998, 429 p.

Newburn T. (Ed.), *Key readings in criminology*, Willan publishing, 2009, 908 p.

Normandeau A., Bilan criminologique de quatre politiques pénales américaines contemporaines, *In R.S.C.*, 1996-2, pp. 333-346.

Note de la Fondation Copernic, *L'indigent et le délinquant. Pénalisation de la pauvreté et privatisation de l'action sociale*, Ed. Syllepse, 2008, p. 29 et s.

Nouveaux protocoles et orientations stratégiques touchant les processus de médiation entre la victime et le délinquant et de justice réparatrice, 2003, *In* S.E. Charrette-Duchesneau, *L'expérience des victimes et du médiateur impliqués dans un processus de médiation pour des crimes « graves » au Québec*, Mémoire, Ecole de criminologie, Montréal, multigraph., 2009, Annexes, p. 186 et s.

Nsanzuwera X., La Justice réparatrice et la victimisation des masses : la situation au Rwanda, *In* , *Revue semestrielle de l'ENM*, 2006-1, pp. 195-207.

Nugent W.R., Williams M., Umbreit M.S., Participation in Victim-offender mediation and the prevalence and severity of subsequent delinquent behavior : a meta-analysis, *In Utah Law Review*, 2003-137-1, pp. 137-166.

Osiel M., *Juger les crimes de masse. La mémoire collective et le droit* (1997), Ed. du Seuil, Coll. La couleur des idées, 2006, 456 p.

Pache R., Fort E., *Enquête de satisfaction auprès des usagers de la Justice*, multigraph., 2001, 24 p., gip-recherche-justice.fr.

Parmentier S., Global justice in the aftermath of mass violence. The role of the International criminal Court in dealing with political crimes, *In Ann. Int. crim.*, 2003-41 (1-2), pp. 203-224.

Parmentier S., La "Commission de vérité et reconciliation" en Afrique du Sud: possibilities et limites de la "justice restaurative" après conflits politiques majeurs, *In* D. Salas (Dir.), *Victimes de guerre en quête de justice. Faire entendre leur voix et les pérenniser dans l'histoire*, Ed. L'Harmattan, coll. Sciences criminelles, 2004, pp. 55-88.

Pavlich G., Ethics, universal principles and restorative justice, *In* Johnstone G., Van Ness D. (Eds.), *Handbook of Restorative justice*, Willan Publishing, 2007, pp. 615-630

Peachey D.E., The Kitchener experiment, *In* M. Wright, B. Galaway (Eds), *Mediation and criminal justice : victims, offenders and communit²y*, Sage pub., 1989, pp. 14-26 ; réédité *In* G. Johnstone (Ed.), *A restorative justice reader : texts, sources, context*, Willan pub, 2003, pp. 178-186.

Pelikan C., The impact of the Council of Europe Recommendation 99(19) on Mediation in penal matter, *In Crime policy in Europe. Good practices and promising samples*, Pub. Conseil de l'Europe, 2005, 208 p.

Perelman C., Olbrechts-Tyteca L., *Traité de l'argumentation. La nouvelle rhétorique*, 6è éd. 2008, Ed. de l'Univ. de Bruxelles, Coll. Fondamentaux, 740 p.

Peters T., Aertsen I., *Assistance policière aux victimes*, Ed. Politeia ASBL, 1996, 325 p.

Peters T., Aertsen I., Approche restaurative des crimes et des délits en Belgique, *In A.P.C.*, 1999-21, pp. 161-179.

Peters T., Aertsen I., Towards Restorative Justice : victimization, victim support and trends in Criminal Justice, *In Crime and Criminal Justice in Europe*, Council of Europe publishing, 2000, pp. 35-46.

Peters T., Victimisation, médiation et pratiques orientées vers la réparation, *In* Cario R., Salas D. (Dir.), *Œuvre de justice et victimes. Vol. 1*, Ed. L'Harmattan, Coll. Sciences criminelles, 2001, pp. 203-254.

Petit manuel de justice réparatrice, Pub. Sécurité publique Canada, 2008, 62 p., justequipping.org.

Peyrat D., *Éloge de la sécurité*, Ed. Gallimard / Le Monde, 2003, 238 p.

Pignoux N., *La réparation des victimes d'infractions pénales*, Ed. L'Harmattan, Coll. Sciences criminelles, 2008, 433 p.

Pin X., La privatisation du procès pénal, *In R.S.C.*, 2002, pp. 245-256.

Pin X., La victime : définitions et enjeux, *In A.P.C.*, 2006-28, pp. 49-72.

Pinatel J., *Traité élémentaire de science pénitentiaire et de défense sociale*, Lib. du Recueil Sirey, 1950, 567 p.

Pinatel J., Le mouvement des faits, des idées et de la réaction sociale en criminologie, *In Actas Oitavo congresso internacional de criminologia*, Lisboa, 1978, p. 13 et s.

Pinatel J., *Histoire des sciences de l'homme et de la criminologie*, Ed. L'Harmattan, Coll. Traité de sciences criminelles, Vol. 3, 2000, 128 p.

Pires A., Kant face à la justice criminelle, *In* C. Debuyst, F. Digneffe, A. Pires, *Histoire des savoirs sur le crime et la peine*, Vol. 2, La rationalité scientifique et la naissance de la criminologie, Ed. De Boeck, P.U. Montréal et Ottawa, 1998, pp. 145-205.

Pires A.P., Beccaria, l'utilitarisme et la rationalité pénale moderne, *In* C. Debuyst, F. Digneffe, A. Pires, *Histoire des savoirs sur le crime et la peine*, Vol. 2, La rationalité scientifique et la naissance de la criminologie, Ed. De Boeck, P.U. Montréal et Ottawa, 1998, pp. 83-143.

Poncela P., Eclipses et réapparitions de la rétribution en droit pénal, *In Rétribution et justice pénale*, Univ. Sc. sociales Paris, PUF, 1983, p. 11 et s.

Poncela P., *Droit de la peine*, PUF, Coll. Thémis, 2è éd. 2001, 479 p.

Portelli S., La pratique de l'article L 122-1 du nouveau Code pénal, *In* C. Louzoun, D. Salas (Dir.), *Justice et psychiatrie. Normes, responsabilité, éthique*, Ed. Erès, 1998, pp. 153-162.

Portelli S., *Traité de démagogie appliquée. Sarkozy, la récidive et nous*, Ed. Michalon, Coll. Régénération, 2006, 138 p.

Portelli S., *Récidivistes. Chroniques de l'humanité ordinaire*, Ed. Grasset, 2008, 262 p.

Poupart J. (Dir.), *Au-delà du système pénal. L'intégration sociale et professionnelle des groupes judiciarisés et marginalisés*, Presses Univ. Québec, 2004, 270 p.

Pradel J., Varinard A., *Les grands arrêts du droit criminel*, Ed. Sirey, 3è éd. 1992, 352 p.

Pradel J., Notre procédure pénale défend-elle l'intérêt général ?, *In Rev. Pénit. Dr.pén.*, 2005-3, p. 521 et s.

Pranis K., *The little book of Circle processes. A new/old approach to peacemaking*, Good books Ed., 2005, 76 p.

Pratt J., Dangerosité, risque et technologie du pouvoir, *In Criminologie*, 2001-34-1, pp. 101-121.

Price M., *The benefit of victim-offender mediation*, vorp.com.

Prieur C., L'affaire Marie L. révèle une société obsédée par ses victimes, *In Le Monde*, 22-23 août 2004, p. 5.

Prins A., *Science pénale et droit positif*, Ed. Bruylant, 1899, 589 p.

Prins A., *La défense sociale et les transformations du droit pénal*, Ed. Mish et Thron, 1910, 170 p.

Puechavy M., L'article 6 de la Convention Européenne des Droits de l'Homme et la médiation pénale, *In Arch. Pol. Crim.*, 1992-14, pp. 31-35.

Quand l'espoir devient parole. Semaine de la justice réparatrice 2001, Service Correctionnel du Canada, multigraph., 2001, 90 p.

Quelle place pour la victime ?, Dossier, *In Actualité Juridique Pénal*, 2004-12, pp. 425-442.

Rapport annuel 2009 d'Amnesty International, amnesty.org.

Rapport annuel 2009 de la Fédération Internationale des Droits de l'Homme, fidh.org.

Rapport de la Commission d'étude et de proposition dans le domaine de l'aide aux victimes, multigraph., Min. Justice, 1982, p. 31.

Rapport du Commissaire aux droits de l'homme A. Gil-Robles, sur le respect effectif des droits de l'homme en France, *commDH(2006)2*, eu-logosorg.

Rapport du CPT, *In Dedans dehors*, 2004-41, 2004-42, 2006-53.

Rapport mondial 2010 de Human Rights Watch, hrw.org.

Rapport sur la prévention de la délinquance, remis au Ministre de l'intérieur par J.A. Bénisti, 2004, multigraph., 60 p.

Rassat M.L., *Traité de procédure pénale*, PUF, Coll. Droit fondamental, 3è éd. 2001, 892 p.

Rassat M.L., *Le droit pénal*, Ed. Dalloz, Coll. Connaissance du droit, 2005, 154 p.

Rassat M.L., *Droit pénal général*, Ed. Ellipses, 2è éd. 2006, 635 p.

Raynal M., *Justice traditionnelle et justice moderne. Le devin, le juge, le sorcier*, Ed. L'Harmattan, Coll. Logiques juridiques, 1994, 338 p.

Recherches sur la victimisation, Etudes relatives à la recherche criminologique, 1985, Vol. XXIII.

Recommandation R(00)20 sur *Le rôle de l'intervention psychosociale précoce dans la prévention des comportements criminels.*

Recommandation R(83)7 sur *La participation du public à la politique criminelle.*

Recommandation R(85)11 sur *La position de la victime dans le cadre du droit pénal et de la procédure pénale.*

Recommandation R(87)18 concernant *La simplification de la justice pénale.*

Recommandation R(87)21 sur *L'assistance aux victimes et la prévention de la victimisation.*

Recommandation R(99)19 sur *La médiation en matière pénale.*

Recommandation R(2010)1 *relative à la probation.*

Redekop P., *Changing paradigms. Punishment and restorative discipline*, Herald press, 2008, 293 p.

Reeves H., The victim Support perspective, *In* M. Wright, B. Galaway (Eds), *Mediation and criminal justice : victims, offenders and community*, Sage Pub., 1989, p. 44 et s.

Regards sur la victime, *In Criminologie*, Montréal, 1980-XIII, pp. 3-106.

Renouer les liens sociaux. Médiation et justice réparatrice en Europe, Ed. du Conseil de l'Europe, 2004, 141 p.

Renucci J.F., *Droit pénal des mineurs*, Ed. Masson, 1994, 237 p.

Résolution 2002-12 adoptée le 24 juillet 2002 par le Conseil économique et social des Nations unies sur les *Principes de base concernant le recours à des programmes de justice réparatrice en matière pénale*, un.org.fr/ecosoc

Résolution n° 2 relative à *la mission sociale du système de justice pénale – justice réparatrice*, 26ème Conférence des ministres européens de la justice, Helsinki, 7-8 avril 2005, *In Soutien et aide aux victimes*, Ed. Conseil de l'Europe, 2è éd. 2006, pp. 203-205.

Revault d'Allonnes M., *L'homme compassionnel*, Ed. du Seuil, 2008, p. 54

Ricœur P., *Soi- même comme un autre*, Ed. Le Seuil, Coll. Points, 1990, 428 p.

Ricœur P., *Le juste*, Ed. Esprit, 1995, 223 p.

Ricœur P., Le Juste, la justice et son échec, *In Cahier de L'Herne*, 2004-81, pp. 287-306.

Ricœur P., *Parcours de la reconnaissance. Trois études*, Ed. Stock, Coll. Les essais, 2004, 387 p.

Rimé B., *Le partage social des émotions*, PUF, Coll. Psychologie sociale, 2005, 420 p.

Robert M., La justice pénale et le contentieux de masse, *In* Délinquances quotidiennes, *Les Cahiers de la sécurité intérieure*, 1996-23, pp. 68-85.

Robert P., Zauberman R., Pottier M.L., Lagrange H., Mesurer le crime, entre statistiques de police et enquêtes de victimisation (1985-1995), *In Rev. Française de Sociologie*, 1999, p. 259 et s.

Robert-Diaz P., Le plaignant souverain, *Le Monde des livres,* 3 déc. 2004-IV.

Roberts J.V., Roach K., Restorative justice in Canada : from sentencing circles to sentencing principles, *In* A. Von Hirsch and al. (Eds), *Restorative and criminal justice*, Hart publishing, 2003, pp. 237-256.

Roberts T., *Evaluation of the victim offender mediation project (Langley, B.C.). Final Report for Sollicitor general of Canada*, 1995, multigraph.

Robinson S., Dobbin S., Gatowski S., Litchfield M., Family conferencing : a success for our children, *Juvenile and family court journal*, 2002-53, pp. 43-48.

Roché S., *La délinquance des jeunes. Les 13-19 ans racontent leurs délits*, Ed. du Seuil, Coll. L'épreuve des faits, 2001, 303 p.

Rock P., *Helping victims of crime. The Home Office and the rise of victim support in England and Wales,* Clarendon Press, Oxford, 1990, 442 p.

Rock P., (Ed.), *Victimology*, Ed. Darmouth, 1994, 464 p.

Rodriguez Manzanera L., *Victimologia. Estudio de la Victima*, Ed. Porrua, Mexico, 3a ed. 1996, 464 p.

Roger P., Parlementaires au bord de la crise de nerf, *In Le Monde*, 27 janv. 2010, p. 16.

Rogers C., *Le développement de la personne* (1961), Ed. Dunod, 1998, 274 p.

Rohde J., « Trop de loi, tue la loi.... La jungle législative », *In Le Monde*, 24 janvier 2007, pp. 20-21

Rohmer S., La réparation pénale et le secteur public de la Protection Judiciaire de la Jeunesse, *In* Y. Strickler, *Médiation et réparations pénales en Alsace*, Presses univ. Strasbourg, 2004, pp. 101-106 .

Rosenczveig J.P., *Le dispositif français de protection protection de l'enfance*, Ed. Jeunesse et droit, éd. 2005, 1483 p.

Ross R., *Returning to the teachings : exploring aboriginal justice*, Penguin Books, 1996, 287 p.

Ross R., Pour une justice « relationnelle », *Les cahiers de la justice. Revue semestrielle de l'ENM*, Ed. Dalloz, 2006-1, pp. 127-142.

Rouillon F., Duburcq A., Fagnani F., Falissard B., *Etude épidémiologique sur la santé mentale des personnes détenues en prison*, psydoc-fr.broca.inserm.fr.

Rouland N., *Anthroplogie juridique*, PUF, 1988, 318 p.

Rudin J., Aboriginal justice and restorative justice, *In* E. Elliott, R.M. Gordon (Eds), *New directions in Restorative justice. Issues, practice, evaluation*, Willan publishing, 2005, pp. 89-114.

Rugge T., Bonta J., Wallace-Capretta S., *Évaluation du Projet de justice coopérative : un programme de justice réparatrice pour les cas de crimes graves*, Rapport pour spécialistes 2005-02, Ottawa, multigraph., publicsafetycanada.ca.

Rugge T., Cormier R., Restorative justice in case of serious crime : an evaluation, *In* E . Elliott, R.M. Gordon (Eds), *New directions in Restorative justice. Issues, practice, evaluation*, Willan publishing, 2005, pp. 266-277.

Rugge T., Scott T.L., *Incidence de la justice réparatrice sur la santé psychologique et physique des participants*, Recherche correctionnelle : rapport pour spécialistes, Sécurité publique du Canada, multigraph. ; 2009-03, 28 p., securitepublique.gc.ca.

Sainati G., Schalchli U., *La décadence sécuritaire*, La fabrique Ed., 2007, 105 p.

Saint Exupéry A. de, *Le petit prince* (1943), Ed. Gallimard/Folio, 1999, 99 p.

Salas D., Sisyphe devant ses juges, souci des victimes et recomposition de la justice, *In* D. Soulez Larivière, H. Dalle (Dir.), *Notre justice. Le livre vérité de la justice française*, Ed. R. Laffont, 2002, pp. 289-308.

Salas S., L'inquiétant avènement de la victime, *In Sciences humaines*, Hors-série « Violences », 2004-47, pp. 90-93.

Salas D. (dir.), *Victimes de guerre en quête de justice. Faire entendre leur voix et les pérenniser dans l'histoire*, Ed. L'Harmattan, coll. Sciences criminelles, 2004, 190 p.

Salas D., *La volonté de punir. Essai sur le populisme pénal*, Ed. Hachette, 2005, 287 p.

Salas D., Carstoiu A., *La Justice*, Le cavalier bleu éd., Coll. Idées reçues, 2008, 127 p.

Salas S., Le droit pénal à l'ère du libéralisme autoritaire, *In* M. Massé, J.P. Jean, A. Giudicelli (Dir.), *Un droit pénal postmoderne ? Mises en perspectives des évolutions et ruptures contemporaines*, PUF, Coll. Droit et justice, 2009, p. 114-115.

Saleilles R., L'individualisation de la peine cent ans après Saleilles, *In* R. Ottenhof (Dir.), *L'individualisation. De Saleilles à aujourd'hui*, Ed. Erès, 2001, pp. 275-282.

Salles A., Van Eeckhout L., Ainsi vivent les détenus dans les prisons françaises. Le premier rapport du contrôleur Delarue, *In Le Monde*, 9 avril 2009, p. 1, 3 et 10.

Sawatsky J., *The ethic of traditional communities and the spirit of healing justice : studies from Hollow water, the Iona community and Plum village*, J. Kingsley publishers, 2009, 288 p.

Sellin T., La peine de mort et le meurtre, *In Rev. sc. crim.*, 1957, pp. 739-766.

Sellin T., Esclavage et peine dans la Rome Antique, *In Mélanges Ancel*, 1975, p. 437.

Selosse J., la réparation dans le champ éducatif, *In* M. Vaillant (Dir.), *De la dette au don. La réparation pénale à l'égard des mineurs*, E.S.F. Ed., 1994, pp. 15-27.

Sémelin J., *Purifier et détruire. Usages politiques des massacres et génocides*, Ed. du Seuil, Coll. La couleur des idées, 2005, 484 p.

Senon J.L., Lopez G., Cario R. (Dir.), *Psychocriminologie. Clinique, prise en charge, expertise*, Ed. Dunod, 2008, 445 p.

Senon J.L., Troubles psychiques et réponses pénales, *In* champpenal.revues.org.

Senon J.L., Dangerosités psychiatriques et criminologiques : des peurs sociales au questionnement sur l'évaluation actuarielle et les mesures de sûreté, *In* Massé M., Jean J.P., Giudicelli A. (Dir.), *Un droit pénal postmoderne ? Mise en perspective des évolutions et ruptures* contemporaines, PUF, Coll. Droit et justice, 2009, pp. 173-189.

Seron C. (Dir.), *Don, pardon et réparation. Comment résilier un contrat avec la souffrance*, Ed. Fabert, Coll. Penser le monde de l'enfant, 2007, 222 p.

Shantz D., Traitement des délinquants et des victimes d'actes criminels, *In Petit manuel de justice réparatrice*, Pub. Sécurité publique Canada, 2008, pp. 23-34.

Shapland J. (Dir.), *Justice, communauté et société civile. Etudes comparatives sur un terrain disputé*, Ed. L'Harmattan, Coll. Déviance et société, 2008, 263 p.

Shapland J. and al., *Does restorative justice affect reconviction ?* The fourth report from the evaluation of three schemes, Min. of Justice, Research Series, 2008-10, pp. 10-42, nationalarchives.gov.uk.

Shapland J., Robinson G., Sorsby A., *Restorative justice in practice: evaluating what works for victims and offenders*, Willan Publishing, 2010, 256 p.

Shaw M., Jané F., *Restorative justice and policing in Canada. Bringing the community into focus*, multigraph., 1998, 77 p.

Sherman L.W. (Ed.), *Preventing crime : what works, what doesn't, what is promising ?*, U.S Department of Justice, 1997, multigraph., 502 p., ncjrs.org.

Sherman L.W., Strang H., *Restorative justice : the evidence*, Smith Institute pub., 2007, 95 p., smith-institute.org.uk.

Sibi B., Le principe de l'égalité des armes et la victime au procès pénal, *In Rev. pénit. dr. pén.*, 2005-2, pp. 547-567.

Sicot F., La maladie mentale : quel objet pour la sociologie ?, *In Dév. et société*, 2006/30-2, pp. 203-232.

Simonnot D., Notre système pénal est traversé par une idéologie victimaire, *In Libération*, 8-9 oct. 2005, pp. 46-47.

Sire-Marin E., Statistiques judiciaires ou présentation d'un vrai faux bilan ?, groupeclaris.wordpress.com

Sironi F., *Bourreaux et victimes. Psychologie de la torture*, Ed. O. Jacob, 1999, 281 p.

Skelton A., Frank C., How does Restorative justice address Human rights and due process issues ?, *In* H. Zehr, B. Toews (Eds), *Critical issues in restorative justice*, Criminal justice press / Willan publishing, 2004, pp. 203-213.

Skelton A., Sekhonyane M., Human rights and Restorative justice, *In* Johnstone G., Van Ness D. (Eds.), *Handbook of Restorative justice*, Willan Publishing, 2007, pp. 580-597.

Snacken S., Fateurs de criminalisation : une approche comparative européenne, *In R.D.P.C.*, 2008, pp. 1208-1228

Soulez Larivière D., Dalle H. (Dir.), *Notre justice. Le livre vérité de la justice française*, Ed. R. Laffont, 2002, 444 p.

Soutien et aide aux victimes, Ed. Conseil de l'Europe, 2è éd. 2006, 266 p.

Souza K.A., Dhami M.K., A study of volunteers in Community-based Restorative justice programs, *In Rev. can. de criminologie et de justice pénale*, 2008-50-1, pp. 31-57.

Staubi B., Application des principes de justice réparatrice au milieu correctionnel, *In Actualités Justice Report*, 2005-20-3, pp. 31-33.

Stéfani G., Levasseur G. et Jambu-Merlin R., *Criminologie et science pénitentiaire*, Ed. Dalloz, 5è éd. 1982, 890 p.

Strang H., Braithwaite J. (Eds.), *Restorative Justice. Philosophy to Practice*, 2000, Dartmouth, Ashgate, 220 p.

Strickler Y. (Dir.), *Médiation et réparation pénales en Alsace*, Presses univ. de Strasbourg, 2004, 160 p.

Strickler Y. (Dir.), *La place de la victime dans le procès pénal*, Ed. Bruylant, 2009, 320 p.

Strimelle V., La Justice restaurative : une innovation du pénal ?, *In* champpenal.revues.org, 2007-IV .

Stuart B., Circle sentencing : turning swords into ploughshares, *In* B. Galaway, J. Hudson (Eds.), *Restorative justice : international perspectives*, Criminal Justice Press, Willow tree pub., 1996, pp. 193-216.

Stuart B., Guiding principles for peacemaking circles, *In* G. Bazemore, M. Schiff (Eds), *Restorative community justice : repairing harms and transforming communities*, 2001, pp. 219-241.

Stutzman Amstutz L., What is the relationship between victim service organizations and Restorative justice ?, *In* Zehr H., Toews B. (Eds.), *Critical issues in restorative justice*, Willan publishing, 2004, pp. 85-93.

Tarde G., *La philosophie pénale* (1890), Ed. Cujas, 4è éd. 1972, 578 p.

Tarquinio C., Fischer G.N., Les conséquences psychologiques de la violence et la prise en charge thérapeutique, *In* G.N. Fischer (Dir.), *Psychologie des violences sociales*, Ed. Dunod, 2003, pp. 175-198.

Taylor I., Walton P., Young J., *The new criminology. For a social theory of deviance*, 6è éd./1973, Ed. Routledge and Kegan Paul, London, 325 p.

Teitel R., *Transitional Justice,* Oxford University Press, 2000, 292 p.

Teitgen F., *Cesare Beccaria ou l'utilité du bonheur. Essai sur le Traité des délits et des peines*, Ed. M. de Maule, 2008, 211 p.

The global appeal of Restorative justice. Regional review, *In* Johnstone G., Van Ness D. (Eds.), *Handbook of Restorative justice*, Willan Publishing, 2007, p. 445 et s.

Toews B., Katounas J., Have offender needs and perspectives been adequately incorporated into Restorative Justice ?, *In* H. Zehr, B. Toews (Eds.), *Critical issues in restorative justice*, Criminal justice press / Willan publishing, 2004, pp. 107-118.

Toews B., *The little book of Restorative justice for people in prison : rebuilding the web of relationships*, Good Books Ed., 2006, 96 p.

Tournier P., Kensey A., *In Questions pénales*, pub. CESDIP, 2002-XV-3, 2001-XIV-5.

Tournier P. (Dir.), *La Babel criminologique. Formation et recherche sur le phénomène criminel : sortir de l'exception française ?*, Ed. L'Harmattan, Coll. Criminologie, 2009, 296 p.

Tournyol du Clos L. et S., *La délinquance des jeunes*, Ed. L'Harmattan, Coll. Pour comprendre, 2007, 255 p.

Tremblay R., *Prévenir la violence dès la petite enfance*, Ed. O. Jacob, 2008, 269 p.

Truche P., Violente justice/justice non violente, *In La Justice. Cahiers français*, 1991-251, p. 111 et s.

Tubiana M., Le champ des réformes, *In Hommes et libertés*, 2010-149, pp. 37-38.

Tulkens F., L'individualisation de la peine cent ans après Saleilles, *In* R. Ottenhof (Dir.), *L'individualisation. De Saleilles à aujourd'hui*, Ed. Erès, 2001, pp. 275-282.

Tutu D., *Il n'y a pas d'avenir sans pardon. Comment se réconcilier après l'Apartheid ?*, Ed. A. Michel, 2000, 285 p.

Tzitzis S., *La personne. Criminel et victimes*, Les Presses univ. Laval, 2004, 176 p.

Umbreit M.S., Greenwood J., *Guidelines for victim-sensitive victim-offender mediation. Restorative justice through dialogue*, Pub. Office for victims of crime, 2000, 63 p., ojp.usdoj.gov/ovc.

Umbreit M.S., Greenwood J., *National survey of victim-offender mediation programs*, US Dpt of Justice, 2000, 25 p.

Umbreit M.S. and al., *The handbook of victim offender mediation : an essential guide to practice and research*, 2001, Jossey-Bass Inc., 425 p.

Vaillant M. (Dir.), *De la dette au don. La réparation pénale à l'égard des mineurs*, E.S.F. Ed., 1994, 238 p.

Vaillant M., Entre envie et sollicitude. Du besoin de compensation à la capacité de compassion, *In De la dette au don. La réparation pénale à l'égard des mineurs*, E.S.F. Ed., 1994, pp. 157-197.

Vaillant M., *La réparation. De la délinquance à la découverte de la responsabilité*, Ed. Gallimard, 1999, 148 p.

Vaillant M., Laouénan C., *Les violences du quotidien. Idées fausses et vraies questions*, Ed. de la Martinière, 2002, 232 p.

Van de Kerchove M., *Quand dire, c'est punir. Essai sur le jugement pénal*, Pub. des Fac. univ. Saint-Louis, 2005, 320 p.

Van Dijk J., Vankaam R., Wemmers J. (Eds), *Caring for crimes victims*, Criminal Justice Press, 1999, 326 p.

Van Ness D., Schiff M., Satisfaction guaranteed ? The meaning of satisfaction in Restorative Justice, *In* G. Bazemore, M. Schiff (eds.), *Restorative Community Justice. Repairing Harm and Transforming Communities*, 2001, Cincinnati, Anderson, pp. 47-62.

Van Ness D., Heetderks K, *Restoring justice*, Anderson Ed., 2nd ed. 2002, 228 p.

Van Ness D., Victim offender mediation programmes, *In Les cahiers de la Justice, revue semestrielle de l'ENM*, Dalloz, 2006-1, pp. 143-151.

Van Ness D.W., Prison and restorative justice, *In* G. Johnstone, D.W. Van Ness (Eds), *Handbook of Restorative justice*, Willan Publishing, 2007, pp. 312-323.

Vanfraechem I., Evaluating conferencing for serious juvenile offenders, *In* Elliott E., Gordon R.M. (Eds.), *New directions in Restorative justice. Issues, practice, evaluation*, Willan Publishing, 2005, pp. 278-295.

Vanfraechem I., Walgrave L., Les conférences de groupe familial, *In Les cahiers de la justice. Revue semestrielle de l'ENM*, 2006-1, pp. 153-174.

Vanistendael S. Lecomte J., *Le bonheur est toujours possible: construire la résilience*, Bayard Ed., 2000, 223 p.

Varinard A., Commission de proposition de réforme de l'Ordonnance du 2 février 1945 relative aux mineurs délinquants, multigraph., 2008, 238 p. ; gouvernement.fr.

Varona G., *Restorative justice : new social rites within the penal system ?*, I.I.S.L., Onati, 1996, 165 p.

Verdier R., Courtois G., Thomas Y., *La vengeance : étude d'ethnologie, d'histoire et de philosophie*, Ed. Cujas, 1980-84, 4 Vol., 225, 196, 160 et 256 p.

Verdier R., Le désir, le devoir et l'interdit : masques et visages de la vengeance, *In Déviance et* société, 1984-8/2, pp. 181-193.

Verdier R. (Dir.), *Vengeance. Le face-à-face victime/agresseur*, Ed. Autrement, Coll. Mutations, 2004, 237 p.

Verges E., L'effet normatif de l'article préliminaire du Code de procédure pénale, *In Mélanges offerts à Raymond Gassin. Sciences pénales et criminologiques*, P.U. Aix-Marseille, 2007, pp. 327-343.

Vérité, justice, réconciliation, les dilemmes de la justice transitionnelle, *In Revue Mouvement*, 2008-53, 187 p.

Victimes, *In Le passe murailles*, Pub. Génepi, multigraph. 2008-12, 32 p.

Victim-offender mediation in Europe. Making justice restorative work, SCS, Univ. Leuven Press, 2000-20, 379 p.

Villerbu L.M., Graziani C., *Les dangers du lien sectaire*, PUF, Coll. Médecine et société, 2000, 125 p.

Villerbu L.M. (Dir.), *Dangerosité et vulnérabilité en psychocriminologie*, Ed. L'Harmattan, Coll. Sciences criminelles, 2003, 302 p.

Violences par temps de paix, *In Rev. Esprit*, 1998-12, pp. 1-210.

Vitaro F., Gagnon C. (Dir.), *Prévention des problèmes d'adaptation chez les enfants et les adolescents*, Presses Univ. Québec, 2001, 2 Tomes, 535 et 616 p.

Volff J., La privatisation rampante de l'action publique, *In JCP*, Doctr., 2004,146, pp. 1217-1220.

Von Hirsh A., Roberts J.V., Bottoms A., Roach K., Schiff M. (Eds), *Restorative justice and criminal justice. Competing or reconcilable paradigm?*, Hart publishing, 2003, 348 p.

Wacquant L., *Les prisons de la misère*, Raison d'agir Editions, 1999, 191 p.

Wacquant L., *Punir les pauvres. Le nouveau gouvernement de l'insécurité sociale*, Ed. Agora, 2004, 364 p.

Walgrave L. (Ed.), *Restorative justice for juveniles. Potentialities, risk and problems*, Leuven Univ. Press, SCS, 1998-12, 407 p.

Walgrave L., La justice restaurative : à la recherche d'une théorie et d'un programme, *In Criminologie*, 1999-1, pp. 7-29.

Walgrave L., Restorative Justice and the Republican Theory of Criminal Justice. An Exercise in Normative Theorizing on Restorative Justice, *In* H. Strang and J. Braithwaite (eds.), *Restorative Justice. Philosophy to Practice*, 2000, Dartmouth, Ashgate, pp. 165-183.

Walgrave L., On Restoration and Punishment : Favourable Similarities and Fortunate Differences, *In* A. Morris and G. Maxwell (eds.), *Restorative Justice for Juveniles. Conferencing, Mediation and Circles*, 2001, Oxford, Hart, pp. 17-37.

Walgrave L. (Ed.), *Restorative justice and the law*, Willan Publishing, 2002, 256 p.

Walgrave L., La justice restaurative et la justice pénale : un duo ou un duel ?, *In* R. Cario (Dir.), *Victimes : du traumatisme à la restauration*, Ed. L'Harmattan, Coll. Sciences criminelles, 2002, pp. 275-303.

Walgrave L., Imposing restoration instead of inflicting pain, *In* A. Von Hirsch, J.V. Roberts, A. Bottoms, K. Roach, M. Schiff (Eds), *Restorative justice and criminal justice. Competing or reconcilable paradigm?*, Hart publishing, 2003, pp. 61-78.

Walgrave L., La Justice restaurative et la perspective des victimes concrètes, *In* Jaccoud M. (Dir.), *Justice réparatrice et médiation pénale : convergences ou divergences ?*, Ed. L'Harmattan, Coll. Sciences criminelles, 2003, pp. 161-183.

Walgrave L., La Justice restaurative et les victimes, *In* jidv.com, 2003-4.

Walgrave L. (Ed.), *Repositioning Restorative justice*, Willan Publishing, 2003, 372 p.

Walgrave L., Restoration in Youth Justice, *In Crime and justice*, 2004-31, pp. 543-597.

Walgrave L., Integrating criminal justice and restorative justice, *In* Johnstone G., Van Ness D. (Eds.), *Handbook of Restorative justice*, Willan Publishing, 2007, pp. 559-579.

Walgrave L., *Restorative justice, self-interest and responsible citizenship*, Willan publishing, 2008, 240 p.

Watthée-Delmotte M. (Dir.), *La violence : représentations et ritualisations*, Ed. L'Harmattan, Coll. Structures et pouvoirs des imaginaires, 2002, 228 p.

Weitekamp, E., The History of Restorative Justice, *In* G. Bazemore and L. Walgrave (eds.), *Restorative Juvenile Justice: Repairing the Harm by Youth Crime*, Monsey, 1999, Criminal Justice Press, pp. 75-102.

Weitekamp E.G., Kerner H.J. (Eds.), *Restorative justice. Theoritical foundations*, Willan Publishing, 2002, 372 p.

Weitekamp E., Kerner H.-J. (Eds.), *Restorative justice in context : international practice and directions*, Willan publishing, 2003, 368 p.

Wemmers J.-A., Une justice réparatrice pour les victimes, *In RICPT*, 2002-2, pp. 156-164.

Wemmers J., Canuto M., *Expériences, attentes et perception des victimes à l'égard de la Justice réparatrice. Analyse documentaire critique*, 2002, 47 p., Min. Justice Canada, Centre de la politique concernant les victimes, justice.gc.ca.

Wemmers J.-A., *Introduction à la victimologie*, Les presses de l'Université de Montréal, Coll. Paramètres, 2003, 226 p.

Wergens A., *Crime victims in the European Union*, 1999, 563 p.

Werner E., Children of the garden island, *In Scientific American*, 1989-260-4, pp. 106-111.

Werner E., Smith R.S., *Overcoming the odds: high risk children from birth to adulthood*, Cornell Univ. press, 1992, 280 p.

Wilson R.J., Picheca J.E., Prinzo M., *Cercles de soutien et de responsabilité : évaluation du projet pilote dans le Centre-sud ontarien*, Rapport de recherche, 2005, R-168, Service correctionnel du Canada, csc-scc.gc.ca.

Wright M., Galaway B., *Mediation and criminal justice : victims, offenders and community*, Sage pub., 1989, 288 p.

Wright M., *Justice for victims and offenders. A restorative response to crime*, 2nd ed. 1996, Waterside press, 223 p.

Wright M., *Restoring respect for justice. A symposium*, Waterside press, 1999, 222 p.

Wright M., Restorative justice : for whose benefit ?, *In Victim-offender mediation in Europe. Making justice restorative work*, SCS, Univ. Leuven Press, 2000-20, pp. 19-38.

Wright M., La justice restaurative et les victimes : l'expérience anglaise, *In Les cahiers de la Justice. Revue semestrielle de l'ENM*, 2006-1, pp. 175-193.

Wyvekens A., Entre médiation et justice pénale. L'activité judiciaire des maisons de justice du Rhône, *In Arch. Pol. Crim.*, 1997-19, p. 91 et s.

Wyvekens A., Les maisons de justice : sous la médiation, quelle troisième voie ?, *In* R. Cario (Dir.), *La médiation pénale : entre répression et réparation*, Ed. L'Harmattan, Coll. Sciences criminelles, 1997, pp. 61-81.

Yazzie R., Zion J., Navajo restorative justice : the law of equity and harmony, *In* B. Galaway, J. Hudson (Eds.), *Restorative justice : international perspectives*, Criminal Justice Press, Willow tree pub., 1996, pp. 157-173.

Zauberman R., Robert P., *Du côté des victimes. Un autre regard sur la délinquance*, Ed. L'Harmattan, Série Déviance, 1995, 295 p.

Zehr H., Umbreit M., Victim/offender reconciliation : an incarceration substitute, *In Federal probation*, 1982-46-4, pp. 63-68.

Zehr H., Retributive justice, Restorative justice, *In New perspective in crime and justice*, 1985-4, MCC Office of crime and justice pub.

Zehr H., *Changing lenses : a new focus for crime and justice*, Herald Press, 1990, 280 p.

Zehr H., Justice paradigm shift ? Values and visions in the reform process, *In Mediation Quarterly*, 1995-12-3, pp. 207-216.

Zehr H., *Doing justice : reflections of men and women serving life sentence*, Good Books Ed., 1996, 121 p.

Zehr H., Kay P., Gorczyk J.F. and al., Special issue : restorative justice, *In Corrections Today*, 1997-59, pp. 68-114.

Zehr H., Mika H., The fundamentals principles of restorative justice, *In The contemporary Justice Review*, 1998-1, pp. 47-55.

Zehr H., Journey to belonging, *In Just peace ? Peace making and pacebuilding for the new millenium*, Massey University, 2000, multigraph., 14 p.

Zehr H., *Transcending : reflections of crime victims*, Good Books Ed., 2001, 202 p.

Zehr H., *The little book of restorative justice*, Good books Pub., 2002, 72 p.

Zehr H., Toews B. (Eds.), *Critical issues in restorative justice*, Willan publishing, 2004, 412 p.

Zehr H., Evaluation and restorative justice principles, *In* E. Elliott, R.M. Gordon (Eds), *New directions in Restorative justice. Issues, practice, evaluation*, Willan publishing, 2005, pp. 296-303.

Zvekic U. and Alvazzi del Frate A., *Criminal victimization in the developing world*, Pub. UNICRI, Rome, 1995-55, 434 p.

Filmographie sélective en langue française :

Face aux meurtriers de mon fils, Sydney, Vidéo 1999, rediffusion M6, 2004, 54 mn.

Forum de justice communautaire, Gendarmerie Royale du Canada, 1999, Vidéo, 16 mn.

Le défi des conflits pour les collectivités. Points de vues sur la Justice réparatrice, Commission du Droit du Canada, Vidéo, 2000, 34 mn.

Lueur d'espoir, Office national du film du Canada, 1998, Vidéo, 52 mn.

Que justice soit faite, Radio Canada, Enjeux, 2003, Vidéo, 53 mn

Rencontre détenus-victimes, Centre de services de justice réparatrice, Montréal, Dvd, 2005, 13 mn.

Red Dust, film de Tom Hooper, 2005, 1h 50.

In my country, Film de John Boorman, 2005, 1h 43.

La réconciliation, Documentaire de Marion Stalens, 2005, 55mn.

Contre toute impunité, Documentaire de Frédéric Castagnède, Arte, 2006, 55 mn.

La révolte des victimes, Documentaire de Jacques Cotta et Pascal Martin, InfraRouge, 2008, 1h 10.

Secretos de luchas, 2008, film de Maianna Bidegain , 85 mn.

Rwanda : 10 ans après, Arte, 2004, 1h 55.

Mon voisin, mon tueur, documentaire et film d'Anne Aghion, 2009, 1h 20.

Quelques sites internet pertinents :

Arpenter le champ pénal (P. Tournier), arpenter-champ-penal.blogspot.com

Assemblée Nationale, assemblee-nationale.fr

Association Québécoise Plaidoyer-Victimes, aqpv.ca

Australian Institute of Criminology, aic.gov.au

Centre de Services de Justice Réparatrice, csjr.org

Centre Européen de Recherche sur le Droit des Accidents Collectifs et des Catastrophes, iutcolmar.uha.fr/cerdacc

Centre international pour la prévention du crime, crime-prevention-intl.org

Centre de la politique concernant les victimes, canada.justice.gc.ca/victime

Center for the study and prevention of violence, colorado.edu/cspv

Centre for restorative justice and peacemaking, cehd.umn.edu (M. Umbreit), Minnesota

Citoyens et Justice, Fédération des associations socio-judiciaires, citoyens-justice.fr

Coalition mondiale contre la peine de mort, worldcoalition.org

Conseil de l'Europe, coe.int

Conseil Economique et social, ces.fr

Conseil Economique et Social des Nations Unies, un.org/french/ecosoc

Ecole Nationale de la Magistrature, enm.justice.fr

Encyclopédie des violences de masse (J. Semelin), massviolence.org

European Forum for victim-offender mediation and restorative justice, euforumrj.org

Evaluation des programmes de prévention aux Etats-Unis, Rapport L.W. Sherman, ncjrs.org/works/overview.htm

Fonds de garantie des victimes d'actes terroristes et d'autres infractions, fgti.fr

Home Office, Research Development and Statistics Directorate Publications, London, homeoffice.gov.uk/rds

International Center for Transitional Justice, ictj.org

International Journal of Transitional Justice, ijtj.oxfordjournals.org

International Institute for democracy and electoral assistance, idea.int

International Institute for Restorative Practices, restorativepractives.org / iirp.org

International Victimolgy Institute Tilburg, tilburguniversity.nl/intervict.

Institut National d'Aide aux Victimes et de Médiation, inavem.org

Journal International de Victimology, jidv.com

Justice restaurative, restorativejustice.org

Prison Fellowship International, Centre for Justice and Reconciliation

La Stratégie nationale pour la prévention du crime, prevention.gc.ca

Le service public de la diffusion du droit, legifrance.gouv.fr.

Le portail de l'administration française, service-public.fr.

Master « Criminologie et droit(s) des victimes », criminologie.univ-pau.fr

Ministère de la Justice, justice.gouv.fr

Ministère la justice des Pays-Bas, wodc.nl ; victimology.nl

Native Law Center of Canada, usak.ca/nativelaw

Office of Juvenile Justice and Delinquency Prévention, ojjdp.ncjrs.org.

O.N.U.Vienne, unodc.org

Penal Reform International, penalreform.org

Preventing crime : what works, what doesn't, what is promising ?, preventingcrime.org.

Regroupement des organismes de justice alternative du Québec, rojaq.qc.ca.

Reporters sans frontière, rsf.org

Réseau Internet francophone Violence et handicap, Faculté d'Education Permanente de Montréal, fep.umontreal.ca/handicap

Restorative Justice Consortium, restorativejustice.org.uk

Revue Champ pénal, champpenal.revues.org

Sénat, senat.fr

Textes officiels français, legifrance.gouv.fr

U.S. Department of Justice, ncjrs.org

U.S. Department of Justice, *Office for victims of crime*, ojp.usdoj.gov/ovc

Union Européenne/Eurolex, europa.eu.int/eur-lex

Victim offender mediation (VOMA), voma.org

Index des auteurs cités

A

B

J

K

L

M

S

T

U

V

W

Y

Z

Table des matières

L'HARMATTAN, ITALIA
Via Degli Artisti 15 ; 10124 Torino

L'HARMATTAN HONGRIE
Könyvesbolt ; Kossuth L. u. 14-16
1053 Budapest

L'HARMATTAN BURKINA FASO
Rue 15.167 Route du Pô Patte d'oie
12 BP 226
Ouagadougou 12
(00226) 50 37 54 36

ESPACE L'HARMATTAN KINSHASA
Faculté des Sciences Sociales,
Politiques et Administratives
BP243, KIN XI ; Université de Kinshasa

L'HARMATTAN GUINÉE
Almamya Rue KA 028
En face du restaurant le cèdre
OKB agency BP 3470 Conakry
(00224) 60 20 85 08
harmattanguinee@yahoo.fr

L'HARMATTAN CÔTE D'IVOIRE
M. Etien N'dah Ahmon
Résidence Karl / cité des arts
Abidjan-Cocody 03 BP 1588 Abidjan 03
(00225) 05 77 87 31

L'HARMATTAN MAURITANIE
Espace El Kettab du livre francophone
N° 472 avenue Palais des Congrès
BP 316 Nouakchott
(00222) 63 25 980

L'HARMATTAN CAMEROUN
Immeuble Olympia
Face à la Camair
Yaoundé

Achevé d'imprimer par Corlet Numérique - 14110 Condé-sur-Noireau
N° d'Imprimeur : 932012 - Octobre 2019 - Imprimé en France

www.ingramcontent.com/pod-product-compliance
Lightning Source LLC
LaVergne TN
LVHW011458061026
849535LV00004BA/1124